# 아주 낯선 선택

**아주 낯선 선택**
'영남 없는 민주화'에 대하여

2016년 6월 2일 초판 1쇄

지은이 | 김욱

책임편집 | 김희중
디자인 | 이창욱
제  작 | 영신사

펴낸이 | 장의덕
펴낸곳 | 도서출판 개마고원
등  록 | 1989년 9월 4일 제2-877호
주  소 | 경기도 고양시 일산동구 호수로 662 삼성라끄빌 1018호
전  화 | (031) 907-1012, 1018
팩  스 | (031) 907-1044
이메일 | webmaster@kaema.co.kr

ISBN 978-89-5769-374-2 (03340)
ⓒ 김욱, 2016. Printed in Goyang, Korea

# 아주 낯선 선택

김욱 지음

개마고원

"나는 현실을 존중하기를 원한다. 그러나 나는 그것을 잘 알고 있고 두려워하기 때문에 그것에서 등을 돌리고 싶다." 아프리카의 종족은 군주를 대할 때 군주에게 가까이 가기 위해서는 반드시 등을 돌린 채 다가가야 했고 이로써 자신들의 존경과 공포를 보여주었다고 한다.

— 프리드리히 니체, 『아침놀』(책세상, 2004) 중에서

2016년 4·13 총선은 새누리당의 참담한 의석 상실과 더불어민주당의 제1당 이변, 그리고 국민의당의 캐스팅보터 지위 확보로 끝났다. 선거 전 거의 아무도 예상치 못한 천지개벽의 결과다. 이 천지개벽의 여소야대 정국은 앞으로 대한민국의 미래 정치발전에 합리적인 밑거름이 될 수 있다. 반대로 이는 역사적으로 반복됐던 예기치 못한 정변을 만들어낼 수도 있을 것이다.

돌이켜보면, 선거 전 국민의당이 등장하자 더불어민주당은 새누리당의 압승 가능성을 핑계로 모든 역량을 동원해 국민의 선택을, 특히 호남의 선택을 제압하려고만 했다. 개혁·진보적이라고 자칭하는 뉴스미디어가 그들의 입이 돼 맨 앞에서 활약했다. 마치 국민의당과 호남의 자유의지가 나라를 망치는 '역사의 죄'를 짓는 것처럼 몰아붙였다. 하지만 결과적으로 호남의 선택은 이번에도 틀리지 않았다. 국민의당이라는 제3당을 제안하고 선택함으로써 대한민국 정치의 판을 크게 흔들어놨다. '역사의 죄'를 지었던 건 '야권분열'이라며 국민의, 특히 호남의 정치적 선택의 자유를 '역사의 죄'로 몰아붙인 그들이었다.

정략적으로도 그들이 모두 틀렸음을 유권자들이 입증했다. 나는 전작 『아주 낯선 상식』을 통해 그들과 완전히 다른 말을 하긴 했지만 그 결과까지를 정확히 예측하고 그런 얘길 했던 건 아니다. 하지만 맹목적·정략적 틀로만 야권분열을 공격한 이들과 호남의 '복수정당제 쟁취'를 주장한 내가 근본적으로 다른 게 분명히 있었다. 난 정략 이전에 민주주의적 선택의 권리를 무엇보다 중시했다. 제도의 불합리성이라는 악조건이 있지만, 그 속에서 어떤 결과가 나오더라도 민주주의체제하에서 선택의 권리보다 더 중요한 가치는 없다고 믿었다. 특별히 호남의 입장에서는 새누리당의 반민주적인 영남패권주의 질서를 타파하기는커녕 어제나 내일이나 거의 아무 역할도 하지 못한(할) 더불어민주당만을 믿고 기약 없이 허송세월을 할 수는 없는 노릇 아닌가? 현실 정치상황을 감안할 경우에도, 내가 그런 모험적(?)인 주장을 거리낌 없이 할 수 있었던 근원적 이유가 있었다. 그것은 호남의 선택이 무엇이든, 그 결과가 무엇이든, 호남만이 대한민국 민주주의를 숙명적으로 책임져야 한다고는 결코 생각지 않았기 때문이다. 나는 대한민국 민주주의는 영남을 포함한 대한민국 전체의 책임이라고 믿었다.

문제는 이제부터다. 현재 주어진 상황을 활용해 최선의 정치가 이루어지도록 하려면 무엇보다 사태 그 자체를 있는 그대로 이해하는 능력을 기르는 것이 중요하다. 하지만 원치 않는 세상은 잘 이해하지 못하는 사람들이 있다. 심지어 자신이 원하는 세상만 진짜 세상이라고 우기는 사람들이 있다. 예컨대 지역으로 갈라져 패권과 저항을 지속하고 있는 세상은 가짜 세상이며, 진짜 세상은 오직 계급으로만 갈라져 빈부격차를 만들어내는 세상이라고 믿는 사람들이 있다. 어떤 경로로든 머릿속에 주입된 이상적(?) 분석틀인 계층·계급만이 세상을 진짜로 설명하는 유일기준이라고 믿는 것이다.

우리는 황금시대라는 이상적 확신을 가지고 모험을 찾아 현실세계를 떠돌았던 편력기사 돈키호테를 알고 있다. 그의 행동기준은 언제나 기사소설이다. 하지만 기사소설이 모든 것을 가르쳐주지는 않는다. 그래서 그는 종종 '알파고'처럼 헷갈린다. 예컨대 편력기사가 노잣돈이나 속옷, 상비약 등을 가지고 다녀야 하는지 알 길이 없다. 물론 기사소설에서 분명히 아니라고 한 것은 아주 쉽다. 아니라고 한 것은 무슨 일이 있어도 아닌 것이다. 돈키호테는 기사소설에 적혀 있는 기사도騎士道 때문에 분명히 느껴지는 현실의 고통을 기를 쓰고 부정하는 멍청한 짓을 서슴지 않는다.

"내가 아프다고 하지 않는 이유는, 편력 기사는 다쳐서 창자가 밖으로 빠져나온다 해도 아프다고 신음해서는 아니 되기 때문이라네."[1]

산초가 그렇듯이, 나도 돈키호테가 아니다. 기사소설에 무슨 고상한 얘기가 적혀 있든, 아프면 아픈 것이다. 눈앞에 계급문제가 있으면 있는 것이고, 지역문제가 있으면 있는 것이다. 책 속에 이상적인 분석틀이라고 적혀 있는 계급모순만 있어야 하니까, 책 속에서 가르쳐준 적이 없는 대한민국식 지역모순은 없다고 우기는 건 주입식 이데올로기의 전형을 보여주는 것이다. 자기 머릿속 세상의 이상이 아무리 숭고하다한들 내 눈에 보이는 현실이 곧 그 이상적 세상이라고 우기는 건 돈키호테가 세숫대야를 투구라고 우기는 것과 같다. 돈키호테의 황당한 눈으로 세상을 바라보면 이렇게 된다.

"내 말이 어째서 틀렸다는 건가, 이 의심 많은 불충한 자여!" 돈키호테가 말했다. "저기 머리에 황금 투구를 쓴 기사가 둥근 얼룩무늬에 거무스레한 말을 타고 우리 쪽으로 오고 있는 것이 보이지 않는단 말인가?" "제 눈에 보이는 것은……." 산초가 말했다. "제 당나귀와 비슷하게 생긴 잿빛 당나귀를 타고 번쩍거리는 물건을 머리 위에 얹고 오는 사람인데요." "그것이 바로 맘브리노의 투구라는 거다." 돈키호테가 말했다.[2]

돈키호테는 황당한 기사소설을 너무 많이 읽어 정말 정신이 나가버린 것일까? 현실 속에 사는 사람들의 눈에는 그렇게 보이지만 돈키호테는 스스로를 결코 그렇게 생각하지 않는다. 오히려 자신이 왜 그렇게 미친 사람 비슷한 기이한 눈을 가지게 됐는지 합리적으로 설명까지 한다. 정신 나간 돈키호테 두뇌구조의 비밀은 알고 보니 이런 것이었다.

"그래, 시인들이 자기들 멋대로 이름을 붙여서 찬양하는 여성들이 모두 실제로 있는 인물들은 아니지. (…) 다들 시의 소재로 쓰기 위해 만들어 낸 인물들인 게야. 자기들을 사랑에 빠져 있거나 그럴 만한 가치가 있는 인물로 만들기 위해서 지어낸 여인들이란 말일세. (…) 이로써 결론을 내리자면, 내가 말하는 것들이 모두 실제로 그러하다고 나는 상상한다는 것이네. 넘치는 것도 모자라는 것도 없이 바로 말 그대로 말일세. 나는 아름다움에 있어서나 고귀함에 있어서 내가 원하는 모습 그대로 그녀를 상상해 본다네. (…) 사람들이야 저 좋을 대로 말하라고 하게."[3]

돈키호테의 비밀은 상상의 세계를 현실로 가져와 현실이라고 믿는데 있다. 그 믿음의 정체는 뭘까? "자기들을 사랑에 빠져 있거나 그럴만한 가치가 있는 인물로 만들기 위해서"다. 돈키호테는 기사소설 속편력기사들의 사고思考에 관한 엄청난 천기누설을 했다. 그들이 여인을 숭고하게 사랑하는 건 단순히 그 여인에게서 그런 사랑이 느껴져서가 아니다. 그건 자신들이 숭고한 사랑에 빠져 있다는 것을 세상에 과시하기 위한 것이다.

돈키호테도 필요에 의해 이웃 마을 한 여인을 둘시네아라는 숭고한 여인으로 설정한다. 그리고 그 여인이 숭고하다는 상상을 현실 속에서 실제로 믿는다. 그렇게 그녀를 숭고한 여인으로 현실화할수록 자신이야말로 가치가 있는 인물로 승화되기 때문이다. 예컨대 노무현이 숭고해질수록 노무현을 숭배하는 친노도 덩달아 숭고해지는 것이다. 돈키호테에겐 둘시네아가 현실 속에서 어떤 여인인지 아무 상관이 없다. 마찬가지로 숭고함을 숭배하는 친노에겐 노무현이 현실속에서 어떤 정치인이었는지 아무 상관이 없는 것이다.

기이하게도 우리 현실 속에는 남녀노소, 배우고 못 배우고를 막론하고, 정치적 광신도가 넘쳐난다. 나는 어떤 정치인도 숭고한 인물로 설정하고 사랑하지 않는다. 안철수든, 천정배든, 문재인이든, 박원순이든 난 그들의 흔해빠진 광신도가 될 생각이 추호도 없다. 나는 유권자로서 나의 정치적 이해와 이상을 반영하는 한에서만 정치인들을 지지하고, 또 비판할 뿐이다. 언제라도 현실 정치인과 정당이 유권자인 나를 배신할 준비가 돼 있듯이 유권자인 나도 내가 지지하는 정치인과 정당을 바꿀 준비가 돼 있다. 한마디로 나는 특정 정치인을 숭고한 인물로 설정함으로써 내 자신의 믿음을 숭고하게 만들고, 나아가 나를 도덕적으로 숭고하게 보이도록 누군가에게 과시할 생각은 추호도 없다. 세속적인 나는 그들 세속적 정치인들이 세속적 유권자 앞에서 선택받기 위해 열심히 경쟁하기를 바랄 뿐이다.

대한민국의 현 정치상황은 결코 우연이 아니다. 우리가 지나온 날의 유전자가 차곡차곡 새겨져 있으며, 우리가 살아갈 날의 운명을 고스란히 담고 있다. 이번 4·13 총선 결과는 앞으로 4년간 우리의 삶을 지배할 것이다. 이 결과가 마음에 들든 안 들든, 우리는 이 결과를 인정하고 이 결과로부터 출발할 수밖에 없다. 정확히 이것이 우리가 살아가고 있는 우리의 현실이자 삶터이기 때문이다.

'민주화 이후의 영남패권주의' 시대인 지금까지도 우리나라의 이른바 '민주·개혁'세력은 신앙처럼 '호남몰표'에만 목숨을 건다. 하지만 그들이 생각하는 대로 우리나라가 아직 '민주/반민주' 구도 속에 있다면, 우리나라 민주주의는 호남몰표에 달려 있지 않다. 호남은 이미 민주화 돼있기 때문이다. 거꾸로 우리나라 민주주의는 '영남결집 해체'에 달려 있다. 그들의 주장 그대로 영남의 절대 지지를 받는 새누리당이 반민주세력이라면 그렇다.

문제는 여전히 반민주 상태에 머물러 있는 영남의 책임은 현실 바깥으로 추상화시키고, 현실 속 민주화의 근원인 호남몰표에만 정치공학적으로 집착하면서, '민주(선)/반민주(악)'를 부르짖는 위선적 이데올로기에 있다. 나는 이 아이러니한 위선적 이데올로기를 '영남 없는 민주화'라는 키워드에 담아 설명하려 한다.

이 책의 상당 부분은 『아주 낯선 상식』을 둘러싸고 벌어진 논쟁 혹은 인용과 관련돼 있다. 설명이 필요하기도 하거니와, 이 책의 논지와 불가분의 관련이 있기 때문이기도 하다. 그래서 이 책과 짝이 되는 『아주 낯선 상식』을 읽은 독자의 경우엔 이 책의 서술을 좀 더 쉽게 이해할 수 있을 것이다. 하지만 읽지 않는 독자도 이 책을 읽는 데 큰 무리는 없도록 기술했다.

『아주 낯선 상식』과 마찬가지로, 이 책의 주장 역시 흔히 접하는 정치비평서의 낯익은 상식은 아닐 것이다. 하지만 비판은 이 책의 주장을 일단 편견 없이 맥락 그대로 이해한 이후에도 얼마든지 가능하다. 그것이 소모적 논쟁과 그에 따른 정신적 에너지의 불필요한 낭비를 최소화하는 지름길이기도 하다. 이 책이 틀에 박힌 대한민국 민주주의와 정치발전 담론에 긴요한 자극이 되기를 기대한다.

2016년 5월

김욱

## 차례

〈일러두기〉

1. 인용문은 표기원칙을 준수하기보다 원문을 그대로 담는 걸 원칙으로 했다.
2. 인용문 중 [ ] 안에 들어간 부분은 원문의 오류를 정정하거나 이해를 돕기 위해 필자가 첨가한 내용이다.
3. 책과 신문은 『 』로, 기사 등의 제목은 「 」로, 인터넷 매체는 《 》로, 영화·음악·TV 프로그램은 〈 〉로 표시했다.

# 2016년 4·13
# 국회의원 총선거에 대하여

2016년 4·13 총선 결과는 다음[1]과 같다.

**〈정당별 의석수 현황〉**

(단위: 의석수/총 300석)

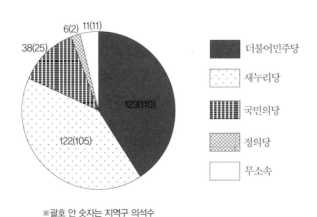

- 더불어민주당
- 새누리당
- 국민의당
- 정의당
- 무소속

123(110)
122(105)
38(25)
6(2)
11(11)

※괄호 안 숫자는 지역구 의석수

## 〈정당별 비례대표득표율(%) 및 의석수〉

(단위: %)

| 구분 | 새누리당 | 국민의당 | 더불어민주당 | 정의당 |
|------|----------|----------|--------------|--------|
| 전국 | 33.50(17석) | 26.74(13석) | 25.54(13석) | 7.23(4석) |
| 서울 | 30.82 | 28.83 | 25.93 | 8.50 |
| 부산 | 41.22 | 20.33 | 26.64 | 6.02 |
| 대구 | 53.06 | 17.42 | 16.30 | 6.07 |
| 인천 | 33.42 | 26.87 | 25.43 | 7.49 |
| 광주 | 2.86 | 53.34 | 28.59 | 7.32 |
| 대전 | 30.96 | 27.14 | 28.19 | 7.57 |
| 울산 | 36.69 | 21.07 | 22.76 | 8.72 |
| 세종 | 28.63 | 26.58 | 28.47 | 8.85 |
| 경기 | 32.28 | 26.96 | 26.83 | 7.78 |
| 강원 | 43.40 | 19.30 | 23.93 | 5.71 |
| 충북 | 38.60 | 21.43 | 27.57 | 5.64 |
| 충남 | 36.92 | 22.51 | 27.05 | 5.60 |
| 전북 | 7.55 | 42.79 | 32.26 | 8.14 |
| 전남 | 5.65 | 47.73 | 30.15 | 5.82 |
| 경북 | 58.11 | 14.81 | 12.89 | 5.20 |
| 경남 | 44.00 | 17.44 | 24.35 | 6.52 |
| 제주 | 34.97 | 22.41 | 29.59 | 7.03 |

## 〈지역별 투표율〉

(단위: %)

| 전국 | 서울 | 부산 | 대구 | 인천 | 광주 | 대전 | 울산 | 세종 |
|------|------|------|------|------|------|------|------|------|
| 58.0 | 59.8 | 55.4 | 54.8 | 55.6 | 61.6 | 58.6 | 59.2 | 63.5 |

| 경기 | 강원 | 충북 | 충남 | 전북 | 전남 | 경북 | 경남 | 제주 |
|------|------|------|------|------|------|------|------|------|
| 57.5 | 57.7 | 57.3 | 55.5 | 62.9 | 63.7 | 56.7 | 57.0 | 57.2 |

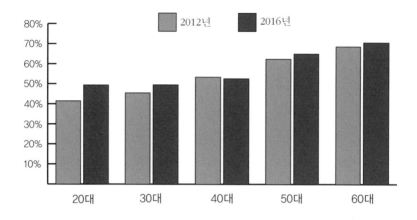

〈세대별 **투표율**(2012년 실제 투표율, 2016년 방송3사 출구조사)[2]〉

이 결과는 거의 모든 여론조사 기관과 전문가들의 예상을 벗어난 것이었다. 물론 내 예상도 벗어났다. 대부분 그랬겠지만, 내 예상을 벗어난 것은 수도권 지역구 투표결과다. 대한민국 정치에 무슨 일이 벌어진 것일까?

더불어민주당이 이른바 야권분열에도 불구하고 제1당이 됐다는 것과 호남에서 국민의당이 거의 석권하다시피 한 사건을 제외하고 미묘하게 눈에 띄는 점은 첫째, 호남이 영남에 비해 투표율이 유의 미하게 높다는 것, 둘째 20~30대 투표율이 2012년 총선 때보다 다른 연령대에 비해 상대적으로 다소 높아졌을 가능성이 있다는 것, 셋째 정당지지율과 의석점유율이 엄청난 괴리를 보인다는 것, 넷째 대구·경북에서의 국민의당 정당지지율이 더불어민주당보다 높다는 것 등이다.

언제나 결과에 대한 해석은 아전인수가 되기 십상이다. 그렇지만 일단 내 관점에서 몇 가지만 해석하면, 우선 정당득표율인데 새누리당의 정당득표율 33.50%는 2004년(제17대)부터 실시된 1인2표 방식의 별도 정당투표 이후 가장 낮은 득표율이다. 그뿐만 아니라 2004년 35.8%, 2008년 37.48%, 2012년 42.80%라는 추세적 상승도 꺾인 셈이다. 이는 제3당이 된 국민의당의 출현이 새누리당 지지자들의 표를 5% 이상 잠식했다는 얘기다. 물론 이 잠식은 현 정당구도가 지속된다면 지역구에서의 야권분열 효과를 동반할 수 있다. 하지만, 영남이 지지할 수 있는 제3당의 출현은 제도의 뒷받침(독일식 비례대표 내각제)이 있을 경우 새누리당을 약화시킬 수 있는 강력한 의미도 갖는다는 것을 보여준다.

이번 총선에서 가장 큰 미스터리는 아마도 야권분열에도 불구하고 더불어민주당이 제1당으로 올라섰다는 사실일 것이다. 일반적인 해석을 하자면 수도권 국민의당 지지자들이 지역구 투표에서 더불어민주당 후보에게 전략적 투표를 한 것, 영남세력의 결집력 약화, 20~30대 투표율의 상대적인 상승가능성, 새누리당의 실정에 실망한 장노년층의 새누리당 지지철회 등의 요인이 더해져 분열의 효과를 상쇄하고도 남았다고 볼 수 있을 것 같다.

나의 특별한 관심이 하나 더 있다. 다음은 영남에서의 비례대표득표율 현황이다.

2016년 총선에서 영남에서의 야권 비례대표득표율의 총합은 지금까지 유례를 찾기 힘들 정도의 큰 상승을 보였다. 다만 지금 당장 여기서 영남에서의 야권 득표율 상승현상을 정확히 판단할 수 없는 이

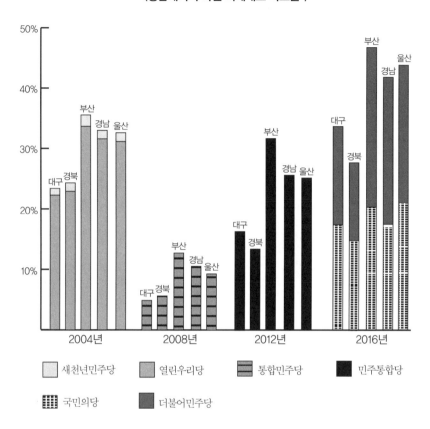

〈영남에서의 야권 비례대표 득표율[3]〉

유가 있다. 영남이 국민의당을 상당 폭 지지한 이유가 신생정당 국민
의당과 기존정당 더불어민주당의 지역적 정체성에 대한 혼란 때문
인지, 아니면 새누리당에 등을 돌린 영남의 보수적 유권자가 친노 이
미지를 싫어해 국민의당을 향한 것인지 정확히 알 수 없기 때문이다.
만약 호남의 정당선호와 상관없이 다음 2020년 총선에서도 영남의
현 야권 지지세가 안정적으로 늘어난다면 우리나라 정치판도의 지각
변동이 가능하다고 볼 수도 있다. 노무현이 '지역주의 양비론'의 산물

인 열린우리당을 창당해 이루려던 부당한 일이 영남유권자들의 성찰적 결합('반친노=반지역주의 양비론' 결합)으로 정당하게 이루어질 수도 있다는 측면에서 그렇다. 다시 강조하지만 아직은 그런 사태를 확신할 수 없다.

어쨌든 나는 지금 여기서 상세한 선거분석을 하려는 것이 아니다. 내 주된 관심은 이번 총선 과정에서 위기에 처한 민주주의의 근원에 관한 것이다. 나는 이것을 당장의 결과보다 훨씬 더 중요하다고 생각한다. 이번 총선 결과는 4년을 좌우할 뿐이지만, 민주주의의 근원을 바로 세우는 데 실패할 경우 대한민국 민주주의는 기약 없이 미래를 방황할 것이기 때문이다.

총선 전, 대한민국의 이른바 민주·개혁성향이라는 주요 언론 대부분은 호남의 선택을 존중할 생각이 전혀 없었다. 그들은 온갖 이데올로기를 총동원해 호남의 선택을 겁박했다. 이 책에서 하나씩 짚어나갈 것이다. 여기서는 선거를 목전에 둔 시점에 나온 『경향신문』 사설에 주목한다. 이 사설은 「호남의 선택을 주목한다」는 제목으로 나왔다. 형식적으로는 사설의 격을 갖춘 점잖은 표현이었다. 하지만 그 내용은 '영남 없는 민주화' 이데올로기를 전형적으로 표출시킨 프로파간다였다. 나는 지금 『경향신문』의 이 사설[4]이 가장 타락했다는 의미로 거론하는 게 아니다. 나는 이 글을 뉴스미디어에 넘쳐났던 '영남 없는 민주화' 이데올로기를 세련되게 잘 정리한 전형적인 글이라고 보고 이하에서 인용·비판한다.

사설은 서두에서 "(호남이) 저에 대한 지지를 거두시겠다면 대선에

도전하지 않겠다"는 문재인의 발언을 인용한다. 지난 2012년 대선 패배 직후 문재인은 이미 "개인적인 꿈은 접"[5]는다며 불출마 선언을 했다. 그런 식언은 제쳐두고 "정치적 배수진을 친 셈"이라고 큰 의미를 부여한다. 그러고는 "호남인은 한국 민주주의 역사의 고비고비마다 희생하고 헌신해왔다"고 강조한다. 다시 "희생하고 헌신"하라는 의미다. 무엇을 위해? 더불어민주당을 위해? 친노 수장 문재인을 위해? 더불어민주당과 문재인이 희생과 헌신의 대상인가? 사설은 "광주 시민은 지역주의 타파에 매진해온 영남출신 '바보 노무현'을 선택했다"고 상기시킨다. 사설은 그 '바보 노무현'의 "지역주의 타파" 이데올로기가 수치스럽게도 '영남패권주의에 투항한 지역주의 양비론'이었음은 애써 감춘다.

사설은 호남이 왜 친노와 문재인을 거부하는지를 모른다. 애초에 친노는 그런 사람들의 집합이다. 내가 『아주 낯선 상식』에서 그토록 설명하려고 했던 '투항적 영남패권주의' 따위의 얘기에 그들은 결코 귀 기울일 생각이 없다. 그들의 관심은 '친노에 대한 호남의 누적된 불만'을 낳은 논리적 이유나 사연이 아니다. 그들의 유일한 관심은 문재인의 집권, 즉 친노세력의 권력이다. 호남이 인질처럼 그들을 지지해주기만 하면 만사 오케이다. 그리고 그들에 반대하는 순간 이유 없는 지역주의적 감정의 표출(이유를 들을 생각이 없으니 이유를 알겠는가!?)이며 타도와 겁박의 대상이 된다.

사설은 "4·13 총선을 앞두고 호남의 표심이 그 어느 선거 때보다 주목받고 있다. 야권의 분열 때문이다"고 주장한다. 야권의 분열? 호남에서 야권이 분열돼서 새누리당이 당선될 가능성이 있는가? 만약 사설이 호남에서는 선택의 자유를 만끽하더라도 수도권에서는 야권 분열로 인한 새누리당의 압승이 우려되니 수도권 호남인은 당선이 가능한 야권후보에게 전략적으로 표를 몰아줬으면 한다고 설득했다면 그러려니 했을 것이다. 하지만 결코 그게 아니었다. 사설의 최종 결론은 이런 것이었다.

다만 언제나 눈앞의 이익보다 '가치'와 '대의' 편에 서온 호남, 개혁과 진보의 상징인 호남이 시대정신을 염두에 두고 사려 깊은 결정을 하리라 믿는다. 이번 총선에서 새누리당이 압승할 경우 정권의 오만과 폭주는 제어할 방도가 사라진다. 국회선진화법은 무력화되고, 박근혜 대통령이 밀어붙여온 '노동 개악'과 사이버테러방지법 입법은 현실화할 것이다. 박근혜 정권은 한 발 더 나아가 분권형 대통령제나 내각제 개헌을 추진함으로써 영구집권 체제 구축을 도모할 가능성이 크다. 지금 한국 민주주의가 백척간두의 위기에 섰다. 호남의 지역구 의석은 28석에 불과하지만, 호남인의 선택은 그보다 훨씬 크고 깊은 의미를 갖게 될 것이다.

잘 읽어야 한다. 사설은 결코 호남의 지역구 바깥만을 우려하는 게 아니다. 호남의 지역구 의석 28석을 포함하는 것이다! 말하자면 호남은 호남이라는 지역 안팎을 불문하고 국민의당을 선택해서는 안 된다는 겁박을 하고 있는 것이다. 그 이유가 뭔가? "한국 민주주의가

"다만 언제나 눈앞의 이익보다 '가치'와 '대의' 편에 서온 호남, 개혁과 진보의 상징인 호남이 시대정신을 염두에 두고 사려 깊은 결정을 하리라 믿는다."? 대체 언제까지 호남'만' 가치와 대의 편에 서란 말인가? 이 사설은 "선택을 존중"한다는 전제를 달았지만 선거철마다 진보·개혁 언론이 자행해온 호남 겁박의 전형적인 예다. (경향신문, 2016년 4월 9일)

백척간두의 위기에 섰"기 때문이다. 즉 국민의당은 민주주의를 지킬 수 있는 정당이 아니다. 그리고 호남은 호남 바깥은 말할 것도 없고 '호남 내에서라도' 국민의당을 선택하면 민주주의의 위기에 책임을 질 수밖에 없게 된다. 이런 반민주적인 음험한 프로파간다를 자칭 민주·개혁적이라는 언론에서 사설로 주장한 것이다.

　사설은 위 인용문 시작에 앞서 마치 무슨 면피용 코멘트처럼 "우리는 호남 시민이 어떠한 선택을 하든 존중받아야 한다고 본다"고 적어 났다. 하지만 진정으로 그런 생각이었다면 그렇게 주장해서는 안 되는 것이었다. 우리는 특별히 호남의 정치적 선택과 의지만을 공격하는 이런 식의 반민주적 주장을 스치듯 넘어가서는 안 된다. 도대체 민주주의라는 외피를 쓴 나라에서 특정 지역민에게 특정 정당에의 몰표를 요구하며, 그 몰표를 주지 않으면 민주주의가 위기에 처한다고 겁박하는 이른바 '민주언론'이 어디에 있단 말인가?

우리는 끈질기게 캐물어야 한다. 그럼 누가 그 민주주의를 위기에 빠트리는 새누리당을 지지하고 있는가? 민주언론은 그들 반민주주의 지역 혹은 지지자들을 직접 호명하거나 겨냥하지 않는다. 그저 호남의 정치적 자유와 의지만을 민주와 개혁의 이름으로 제한하고 겁박한다. 마치 더불어민주당을 지지하면 "'가치'와 '대의' 편"에 선 것이고, 국민의당을 지지하면 "눈앞의 이익"만을 탐하는 것처럼 말한다. 상상을 초월하는 어불성설이지만, 설령 호남의 국민의당 지지가 그런 것이라 치자. 사설은 호남만이 그럴 위험이 있어서 호남만 계몽하면 된다는 것인가?

이런 식의 '영남 없는 민주화' 이데올로기로 호남의 정치적 선택의 자유를 겁박하는 행태를 묵인하고 방치하는 건 우리가 이미 반민주주의의 입구에 성큼 들어섰다는 것을 의미한다. 이런 이데올로기는 곧이어 호남을 향해 '우리 없으면 고립된다. 그러니 고마운 줄 알라'는 반민주적 겁박을 낳고, 이는 또 정당한 연대를 부정하고 오직 제압을 통해 호남을 인질 삼으려는 정략적 '노무현(친노) 이데올로기'로 연결될 수밖에 없다. 이런 이데올로기적 총과정은 사실상 은폐된 투항적 영남패권주의 현상의 적나라한 노출이다.

더한 문제가 있다. 만약 총선이 『경향신문』 사설의 예측대로 야권의 참패와 새누리당의 압승으로 끝났다고 가정해보자. 그 책임은 누가 져야 하는가? 사설의 논리에 의하면, 부인할 수 없는 큰 책임을 뒤집어써야 할 주체는 분열적 투표를 한 호남이다. 대한민국에서 '(출신) 지역적!'으로 오직 호남만이 독재를 막아야 하는 책임이 있는데, 호남이 민주주의와 거리가 먼 국민의당을 반민주적으로 지지했으니 분열의 책임에서 벗어날 수 없는 것이다. 이것이 바로 이른바 민주·개혁세력이 호남에 옭아매놓은 '신성광주'의 숙명이자 빠져나올 수 없는 덫이다. 이것이 과연 민주주의를 지향한다는 세력의 민주주의적인 논리인가?

나는 뒤에서, 대한민국 민주주의의 구체적·현실적 책임은 언제나 호남에 지우는 반면, 반민주주의의 실현 주체는 추상화·관념화해 영남을 그 현실적 책임으로부터 보호해주는 영남패권주의 메커니즘과 이데올로기를 파헤칠 것이다. 대한민국이 영남패권주의적 죄의식을 호남에 투사하는 심리적 현상이 바로 '영남 없는 민주화' 이데올로기다. 영남패권주의를 청산해간다는 것은 단지 선거 한두 번의 승패에 달린 문제가 아니다. 그 이데올로기를 청산해가지 않으면 우리나라 민주주의는 근원적 타락에서 벗어날 수가 없다. 대한민국 민주주의는 영남패권주의 이데올로기가 청산되는 꼭 그만큼만 앞으로 나아갈 것이다. 이것이 지금부터 내가 하려는 이야기다.

1장
----

나서지 않는 지배이념,
'민주화 이후의
영남패권주의'

# 1

## 영남패권 주류세력의 여유로운 침묵과 그 비밀

2013년에 개봉된 영화 〈설국열차〉는 무한궤도의 바깥세상에 대한 철학적 모티브를 훌륭하게 영상화했다. 영화는 진지한 철학적 모티브를 알기 쉽게 대중적으로 담아냈다. 그 철학적 모티브에 대한 성찰은 우리 얘기의 실마리를 찾는 데도 도움이 된다.

지구에 닥친 빙하기, 인류의 마지막 날. 소수의 인간만이 여러 칸으로 나뉜 열차에 올라타 끝없이 궤도를 돌고 있다. 이 노아의 방주를 연상케 하는 열차는 철저하게 계급으로 나뉘어 있다. 맨 끝 꼬리 칸에는 짐승처럼 생존해야만 하는 인간들이 바글대고 있고, 한 칸씩 앞으로 나아갈수록 점점 더 나은, 심지어 술과 마약까지 즐길 수 있는 사치스런 생활이 보장돼 있다. 그리고 맨 앞 엔진 칸에는 열차를 지배하는 절대권력자가 자리 잡고 있다.

열차가 달리기 시작한 지 18년째, 꼬리 칸의 젊은 지도자 커티스는 오랜 시간 준비한 폭동을 일으킨다. 그의 목표는 당연히 열차의 심장인 맨 앞 엔진 칸을 장악한 후 꼬리 칸을 해방시키는 것이다. 그 혁명을 정신적 지도자인 늙은 길리엄이 돕는다. 마침내 커티스는 절대권력자 윌포드가 도사리고 있는 엔진 칸 바로 앞에 도달한다. 그런데 예상치 못한 문제가 생긴다. 엔진 칸 앞에서 커티스와 그의 조력자 남궁민수의 의견이 충돌한다. 커티스는 엔진 칸의 문을 열어젖혀 절대권력자를 심판하려 하고, 남궁민수는 열차 옆문을 열고 아예 바깥으로 나가고 싶어 한다.

그때 갑자기 엔진 칸에서 윌포드의 여비서가 나타나 남궁민수의 옆구리를 쏴 쓰러트린다. 그러고는 윌포드가 커티스를 저녁식사에 초대했다고 말한다. 총을 겨눈 점령군이 아닌 총으로 위협당한 손님으로 엔진 칸에 들어선 커티스는 너무나 여유롭고 편안한 절대권력자 윌포드와 마주한다. 커티스는 그를 앞에 두고 저녁식사를 즐기는 윌포드의 여유로움에 오히려 생경한 무력감을 느낀다. 이 무한궤도를 달리는 열차가 혁명의 위기에 처해 있는데 윌포드의 여유는 도대체 어디에서 나오는 것일까? 둘은 이런 대화를 나눈다.

　　윌포드: 여기라고 좋기만 한 줄 알아? 시끄럽고 또 외롭지.

　　커티스: 그래? 스테이크에, 넓은 공간에, 원하면 뭐든 대령하는 저런 계집까지 있는데?

　　윌포드: 커티스, 다들 애초부터 정해진 자리가 있고, 너만 빼고 모두가 그 자리를 지키고 있어.

커티스: 좋은 자리에 있는 놈들이 그런 배부른 소릴 하지. 이 열차의
누구라도 당신 자리를 원할 걸.

여기까진 비슷한 상황이라면 어디에서나 등장할 법한 익숙한 대화
다. 그런데 그 다음 윌포드의 말이 인상적이다.

윌포드: 그럼 나랑 자리 바꿀까?

그냥 해본 농담이었을까? 농담이 아니었다. 잠시 후 윌포드는 커
티스에게 자신은 이제 늙었다며 자신의 자리를 맡아달라고 진지하게
말한다. 우리는 문제의 핵심을 이해해야 한다. 열차를 움직여가는 것
은 단순히 한 인간으로서의 절대권력자 윌포드가 아니다. 열차의 동
력은 신비한 빛을 발산하며 작동하고 있는 엔진 그 자체다. 윌포드는
자체발광하는 엔진의 관리자일 뿐이다. 그 엔진의 관리자가 윌포드
든, 커티스든, 그게 중요한 게 아니다. 커티스는 윌포드로부터 자기
대신 엔진의 관리자가 돼달라는 농담 같은 제안에 욕설로 응답했다.
그렇다면 그가 (이끄는 계급이) 열차 안에서 해방될 수 있는 다른 방법
이 있는가?

영화적 은유를 현실에 직접 대입해보자. 자본주의 열차의 엔진은
여유롭게 스테이크를 즐기고 있는 인간 자본가가 아니다. 정확히 말
하면 광채를 발하고 있는 가시적인 엔진(돈) 그 자체도 아니다. 문제
는 그 형태를 눈으로 가늠하기 힘든 엔진(자본)의 끊임없는 '운동과정'

그 자체다. 그 운동의 관리를 누가 하든 자본은 무한궤도를 돌 뿐이다.

〈설국열차〉는 계급의 문제를 형상화했다. 하지만 계급이든, 민족이든, 지역이든, 성이든, 종교든 사회를 지배하는 주요 메커니즘은 모두 그렇게 눈에 보이지 않는 엔진의 운동과정으로 은유할 수 있다. 그것은 단지 절대권력을 휘두르는 사람의 문제가 아니라 세상을 지배하는 메커니즘의 문제인 것이다. 그리고 눈에 보이지 않는 그 메커니즘을 표현하기 위해 우리는 '가치법칙' '헤게모니' '소외' '문화' '이데올로기' 같은 용어를 사용하는 것이다.

우리 사회의 영남패권주의는 계급의 문제와 마찬가지로 단지 눈에 보이는 사람의 문제가 아니다. 그것은 대한민국을 지배하는 엔진의 운동과정 그 자체의 문제다. 그 엔진의 운동과정에 대한 근원적 이해와 부정·극복이 없는 한 그 엔진관리를 누가 맡아도 크게 달라질 일은 없다. 심지어 혁명을 꿈꾸는 커티스가 그 엔진을 맡아도 달라질 건 거의 없다. 커티스는 "이 열차의 누구라도 당신 자리를 원할 걸"이라고 말했다. 그는 그 한계 밖을 상상한 적이 없는 것이다. 그런 커티스의 망연자실은 자신의 한계를 깨달은 자의 깊은 절망이다. 그리고 윌포드의 여유로움은 열차 엔진의 무한 운동과정을 이해한 자의 평화로운 함몰로부터 나오는 것이다.

나는 『아주 낯선 상식』에 대한 일련의 뉴스미디어 보도과정을 통해 영남패권 주류세력의 윌포드식 여유로움을 인상적으로 느꼈다. 그들은 여러 마이너 뉴스미디어의 한 귀퉁이에서 벌어진 작은 소동을 침묵으로 즐겼다. 이른바 조·중·동은 영남패권 주류사회 바깥에서 벌어지는 영남패권주의 논란을 여유롭게 관조할 뿐이었다.

나의 이런 관찰은 그간 '영남패권주의' 개념으로 사회현상을 설명하는 것에 대한 뉴스미디어의 불편한 분위기를 염두에 둔 것이다. '영남패권주의'라는 용어 그 자체는 무슨 국가보안법이나 보도지침을 통해 공공연하게 금지됐던 건 아니다. 하지만 그와 관련된 용어는 기껏해야 '지역감정' '지역주의' 등 가치맹목적 개념으로, 잘해야 '지역패권' 'TK패권' 'PK패권' 등 기득권을 표현하는 정치용어로, 심지어 '호남패권'이라는 전도된 가치 개념으로, 혹은 지극히 파편적인 개념으로만 때때로 뉴스미디어에 등장했을 뿐이다. 따라서 본격적인 '영남패권주의 논란'은 영남패권 주류세력이 꽤 민감하게 반응할 수도 있는 현상이었다. 하지만 예외적인 기사를 제외하고는 거의 여유롭게 묵살하며 방임했다.

조·중·동을 포함해 영남패권 주류세력은 (예컨대 '영남패권주의는 없다'는 식으로) 왜 처음부터 아예 그 싹을 잘라 제압하려 하지 않았을까? 대체로 세 가지 이유였을 것이다. 우선 하나는 굳이 작은 소동에 개입해 이슈를 키워줄 필요가 없다고 판단했을 것이고, 다음으로는 자신들이 아니더라도 친노세력이 자신들의 보호막 역할을 충실하게 해줄 수 있다는 걸 믿었을 것이며, 마지막 하나는 어떤 경우라도 영남패권주의 엔진 그 자체의 운동을 위협하진 못할 거라는 믿음이 있어서 여유롭고 흥미롭게 관조했을 것이다.

나는 그들이 '영남패권주의적 위엄'을 훌륭하게 보여줬다고 생각한다. 하지만 그들이 보여준 그런 '위엄'은 영남패권주의 대한민국 엔진이 작동하는 일면일 뿐이다. 나는 이 책에서 대한민국은 영남패권주의 엔진 그 자체를 이해·부정·극복하는 것이 왜 그토록 힘든 일인지 그 이유를 적나라하게 파헤칠 것이다. 그것을 위해 나 또한 그들 영남패권 주류세력의 관조적 반응을 관조하며 내 길을 계속 갈 것이다.

다시 〈설국열차〉로 돌아가 보자. 윌포드는 더 충격적인, (사실 따지고 보면 그리 충격적이랄 것도 없지만) 하지만 우리에게 뭔가 익숙한 기시감을 느끼게 하는 비밀을 커티스에게 들려준다.

> 윌포드: 앞 칸과 꼬리 칸은 서로 돕는 관계라네. 사실, 길리엄은 단순한 파트너가 아니라 진정한 내 친구였어.
>
> 커티스: 웃기지 마. 당신 말 안 믿어.
>
> 윌포드: 애초 계획은 그 터널에서 폭동을 끝내는 거였어. 그리고 생존자들은 꼬리 칸으로 돌아가 좀 넓어진 공간에서 살 수 있게 말이야.
>
> 커티스: 헛소리 집어치워! 길리엄이 그랬을 리 없어.
>
> 윌포드: 결국 다 좋게 끝났잖아. 자네의 반격으로 훨씬 흥미진진하긴 했지만 덕분에 앞쪽의 손실도 예상보다 컸어. 그래서 길리엄이 대가를 치른 거지. 아이러니해, 그렇지? 죽고 사는 게 정말 종이 한 장 차이야.

모두의 삶이 무한궤도 열차의 엔진에 의존한다는 걸 인정하는 순간, 윌포드와 길리엄이 은밀하게 적대적 공생을 해왔다는 사실이 크게 낯설지 않다. 정부와 정부로부터 지원금을 받는 시민단체, 자본가와 자본가로부터 부당한 혜택을 받는 귀족노조, 마초 남편과 공생하는 페미니스트 아내, 영남패권 주류세력과 그에 투항한 지역주의 양비론자 노무현… 이런 유의 균형적 공생이 하늘이 무너져도 있을 수 없는 불온한 상상이라고 생각하는 건 순진하다. 어차피 세상의 균형은 그런 식으로라도 맞춰지고 있기 때문이다.

결국 문제는 열차 엔진관리권만을 둘러싼 채 적당한 타협을 하고 살 것인가, 아니면 아예 열차 밖으로 나가 그 엔진에 의존하는 삶을 거부할 것인가로 제기된다. 영화는 남궁민수의 염원이 실현되는 희망을 보여주며 끝난다. 남궁민수는 열차의 옆문을 폭파시키고, 열차는 탈선해 나뒹군다. 그리고 남궁민수의 딸 요나와 어린 소년이 살아남아 열차 밖으로 걸어 나온다. 바깥세상은 남궁민수의 믿음대로 빙하기가 사라지고 있었다. 그리고 멀리엔 살아 움직이는 백곰 한 마리가 그들을 바라보며 서 있다.

사실 이 바깥세상의 도래에 관한 상상은 역사의 오래된 수수께끼였다. 이 수수께끼 같은 미래에 대해 마르크스는 "한 개인이 어떤 사람인가를 그 자신이 무엇을 생각하느냐에 따라 판단하지 않듯이 그러한 변혁기를 이 의식으로부터 판단할 수는 없"[1]다고 말했다. 우리는 열차 안의 기존 이데올로기에 찌든 우리의 의식으로부터 바깥세상을 이해하고 그 도래를 판단할 수 없는 것이다. 물론 마르크스는 그 혁명적 의식의 변화를 물적 토대의 변화로부터 설명하려 했다. 하지만 저 너머에 대한 생각을 그저 수동적인 인간 의식의 반영으로만 설명하기에는 난점이 있다.

〈설국열차〉 속 남궁민수는 끊임없이 차창 바깥세상을 관찰하고 있었다. 그래서 추락한 비행기가 꼬리만 보이다가 해가 지날수록 점차 몸체가 드러나는 것을 발견했다. 말하자면 물적 토대가 변화하고 있었다. 하지만 아무도 바깥세상에 대해 관심이 없는데 누가 그 변화를 인지하겠는가? 모두 밖을 보면서도 보고 싶은 풍경만 감상하고 있었을 뿐이며, 감히 열차 밖으로 나갈 생각을 하는 사람은 아무도 없었다. 우리에게 열차 바깥세상에 대한 선행하는 열망이 없다면, 즉 열차 안에서 살아가던 의식을 떨쳐버리고 바깥세상에 대해 선험적으로 상상하지 않는다면, 아무리 세상의 물적 토대가 변화하고 있어도 새로운 의식은 발현될 기회조차 없다고 봐야 한다.

이 바깥세상에 대한 상상의 어려움을 담아 낸 유명한 노래도 있다. 이글스의 노래 〈호텔 캘리포니아〉는 또 다른 방식으로 접근한 〈설국열차〉다. 우선 그 노랫말 후반부를 감상해보자.

> 천장을 덮은 거울, 얼음을 띄운 핑크빛 샴페인. / 그녀는 이렇게 말했지. '이곳에서 우리는 모두 우리 스스로가 만든 도구의 포로일 뿐이죠.' / 주인의 연회장으로, 그들은 연회를 위해 모이고 / 강철 나이프로 음식을 자를 뿐, 야수를 죽이지는 못하네. / 내가 마지막으로 기억하는 건 문을 향해 뛰었던 것. / 내가 전에 있던 곳으로 돌아갈 길을 찾아야 했었지. / '진정해요.' 경비원이 말했어. '우리는 손님을 받기만 하게 돼 있어요.' / '당신은 좋을 때 언제라도 방을 비울 수 있어요. 하지만 절대로 이곳을 떠날 순 없을 거예요.'

언제라도 기회만 있으면 발현되는 아메리칸 드림, 미국적 향락, 한 번 발을 디디면 벗어날 길 없는 도취, 이것은 일종의 마비된 삶이다. 우리는 '우리 스스로가 만든 도구의 포로', 즉 소외된 삶을 살아가야만 한다. 그것이 자본이든, 권력이든, 종교든, 영남패권이든 이곳으로부터 빠져 나갈 방법이 있을까? 우리는 우리 삶을 지배하는 근원의 '야수'를 죽일 능력도 용기도 없다. 그저 그 야수의 그늘에서 얻어지는 식탁 위의 한 덩어리 고기를 썰며 만족하며 살아갈 뿐이다.

우리는 노래의 끝부분에서 가장 의미심장한 가사와 마주한다. 경비원은 "당신은 좋을 때 언제라도 방을 비울 수 있"다고 했다. 그럼 당장이라도 방을 비우고 떠나면 될 것 아닌가? 우리의 속마음을 익숙하게 들여다보듯 경비원이 단언한다. "하지만 절대로 이곳을 떠날 순 없을 거예요." 왜 떠날 수가 없단 말인가? 경비원이 이곳을 떠날 수 없도록 막아서가 아니다. 기존의 질서에 도취된 우리는 도무지 그럴 수가, 즉 그럴 생각을 할 수가 없는 것이다.

나는 이 책에서 계급문제가 아닌 영남패권문제를 다루고 있다. 하지만 역사의 영구 수수께끼가 돼버린 계급문제가 아닌 가까운 시일 내에 해결가능할 것으로 믿고 싶은 지역문제라 할지라도 그것이 우리 사회를 지배할 정도의 모순이라면, 그것을 지양하는 게 그렇게 간단한 문제는 아닐 것이다. 영남패권주의를 지양한다는 것은 단순히 영남패권세력을 대변하는 권력자를 부정하는 문제가 아니다. 앞의 〈설국열차〉에선 '엔진'으로 표현되고, 〈호텔 캘리포니아〉에선 '야수'로 표현된 사회의 근원적 지배동력의 문제로 이해해야 한다. 더 나아가 우리를 미혹하는 영남패권주의 지배이데올로기와 그 과거사까지를 모두 재구성하는 문제라고 생각해야 한다.

하지만 영남패권 주류세력을 넘어서기 위해서는 우선 그들의 보호막 역할을 하고 있는 노무현(친노)의 은폐된 투항적 영남패권주의를 넘어서야만 한다. 노무현(친노)세력에게 박정희의 역사는 '영남패권주의 독재'가 아니라 '독재 일반'일 뿐이고, 전두환의 역사는 '영남파시즘'이 아니라 '파시즘 일반'일 뿐이다. 그들은 아예 영남패권주의 역사 그 자체를 부정하려 한다. 우리는 영남패권주의 역사를 허구로 치부하는 이런 식의 노무현(친노) 이데올로기를 넘어서야 한다. 그렇지 못하면 여유롭게 침묵하며, 침묵으로 지배하는 영남패권 주류세력과 절대로 만나지 못할 것이다.

문제는 언제나 그렇듯이 사람이 자신의 생각을 온전히 바꾸기가 쉽지 않다는 데 있다. 그래도 불가능한 건 아니라고 믿는다. 영화 〈설국열차〉에서 열차 안의 절대권력자에게만 집착했던 커티스는 처음에 열차 옆문에 부착된 폭발물을 발화시킬 마지막 성냥 하나를 요나에게 넘겨주는 걸 거부했다. 하지만 결국 그걸 넘겨준다. 그리고 무한궤도를 달리는 열차는 종말을 고한다. 그렇게 우리는 다른 세상으로 나아가야만 한다.

## 2

# 영남패권주의의 보호막: 노무현 이데올로기와 친노

전인류의 고질병인지 아니면 우리나라만의 풍토병인지는 모르겠지만 그런 사회적 병이 있다. 여당을 상대로 야당이 싸울 때, 자본가를 상대로 노동자가 싸울 때, 마초를 상대로 페미니스트가 싸울 때, 하다못해 집안에서 사나운 형을 상대로 동생이 싸울 때 그저 '싸우지 마!'를 외치는 사람들이 있다. 그들은 싸우는 사람들이 무엇 때문에 싸우는 것인지는 아무 관심이 없고 그저 평화로운 상태를 원한다. 마치 이 세상의 정의와 평화가 싸우지 않는 것, 즉 불의에 대한 복종에 달려 있는 것처럼 생각하는 사람들이다.

당연히 영남패권주의자들을 상대로 반영남패권주의 싸움을 하는 사람들을 향해서도 그런 태도를 보이는 무리들이 있다. '싸우지 마! 둘 다 잘못한 거야. 감정만 풀면 돼.' 그들이 이 싸움을 말리기 위해 싸움의 원인에 관심이 없는 데까진 그나마 양반이다. 그들은 싸울 이유가 없는데 싸운다고 왜곡하기까지 한다. 얼마나 듣기에 좋은가? 싸울 이유가 없는데 싸우고 있다면 말리는 '양비론자'들만 제 정신을 가진 사람들 아닌가? 말할 것도 없이 싸우는 사람들은 그들보다 못한 비이성적 무리가 되는 것이다. 그들 지역주의 양비론자들은 확신이 넘치는 나머지 자신들이야말로 세상을 구원할 '개혁세력'이 되는 것이다.

노무현은 바로 이 '지역주의 양비론'을 대변하는 역사적 상징이다. 그는 '지역주의 양비론'의 역사 그 자체다. 더군다나 그는 비극적 죽음으로 이제 신화가 되었다. 그에게서 만약 '지역주의 양비론'이라는 이데올로기를 제거한다면 정치적 상징이라는 의미에서 그에게 남는 것은 사실상 아무것도 없다. 말을 바꾸면 노무현을 숭상하려면 지역주의 양비론을 숭상해야 하고, 그를 비판하려면 지역주의 양비론을 비판하면 된다. 그것이 그가 만든 신화의 전부다!

다음은 노무현의 지역주의 양비론 신화의 전개과정이다. 『아주 낯선 상식』을 안 읽은 독자를 위해 내 블로그 글[2]에 약간의 첨삭을 해 정리했다. 이를 읽고 다시 논의를 이어가겠다.

\* \* \*

노무현은 1988년(제13대) 국회의원에 당선됨으로써 정치활동을 시작했다. 따라서 그가 정치인으로서 1987년의 김대중 대선 독자출마에 대해 찬반의견을 표명할 기회는 없었다. 하지만 그는 정치인으로서 1990년의 김영삼 3당합당은 직접 반대했다. 이후 그는 이른바 '꼬마민주당'의 일원으로 활동하며 '양김청산'의 확장판인 '3김청산' 이라는 이데올로기적 신념을 분명히 한다.

'양김(3김)청산론'은 김대중의 대선 독자출마와 김영삼의 3당합당이 모두 잘못이라는 생각에 근거한다. 그리고 그 근원에는 영남의 패권주의와 호남의 지역적 저항이 모두 잘못이라는 '지역주의 양비론'이 자리 잡고 있다. 엄격히 말한다면 '지역주의 양비론' 자체가 이미 영남패권주의에 투항하는 생각이기도 하다.

그런데 근대 민주화 역사 속에서 가해세력과 피해세력을 동렬에 놓고 둘 다 잘못이라고 평가하는 양비론 이데올로기를 추앙하면서 이에 이의를 제기하는 피해세력을 핍박하는 사이비 민주·개혁세력이 작금의 우리나라 말고 또 있었을까? 그것이 민주고, 그것이 개혁이라면 정말이지 역겨운 일이다. 하지만 관대하게 말하자면 그나마이 수준의 양비론엔 아직 영남패권주의에 대한 부정적 의식도 한편에 자리 잡고 있다고 할 수는 있다.

그런 양비론자 노무현이 1997년 대선을 앞두고 김대중의 새정치국민회의에 입당한다. 이 상황을 어떻게 이해해야 할까?

대선 막바지에 김원기 대표를 비롯해 통추의 대부분은 김대중 후보를 지지하며 국민회의에 입당했다. 그들이 주창했던 '3김시대 청산과 지역주의 타파'라는 목적과는 다소 동떨어진 결정이었다. 당시 다른 사람들과 함께 국민회의에 결합했던 노무현은 그와 같은 결정에 대해 "조금 부끄럽고 민망하다. 솔직히 현실정치에서 살아 남아 잘 해보고 싶다"며 계면쩍은 고백을 털어놓기도 했다.<sup>3</sup>

노무현의 "조금 부끄럽고 민망하다"는 말은 무슨 의미였을까? 통상적이라면 자신이 지금까지 신념으로 삼던 '양비론'을 접고 그 한쪽 당사자인 김대중당에 입당한 것이 "조금 부끄럽고 민망하다"는 의미로 이해해야 할 것이다. 누가 이 말을 '지금은 내가 신념을 감추고 김대중당에 입당하지만 언젠가 때가 오면 반드시 내 신념을 드러내고 양비론을 실천하겠다'는 의미로 이해하겠는가?

하지만 노무현의 숨은 뜻은 후자였다. 그는 호남몰표에 힘입어 대통령에 당선되고 기회를 잡자 온갖 역경을 헤치고 기어이 열린우리당을 창당한다. 열린우리당 창당은 자신을 대통령선거 후보로 공천해준 새천년민주당의 정통성·정당성을 부정하는 근대 정당사에 유례를 찾기 힘든 기행이었다.

정확히 사실을 말하자면, 노무현은 직접적이라기보다는 간접적인 방식으로 새천년민주당의 정통성·정당성을 부정했다. 심지어 그는 신당 창당에 개입하지 않았다고까지 했다. 하지만 중요한 건 말보다 행동이다. 그런 관점에서 볼 때 열린우리당의 창당을 실질적으로 주도한 신당추진세력의 이데올로기가 '사실'로써 아주 중요해진다. 그들은 분명한 '용어'로 새천년민주당의 정통성·정당성을 부정했다. 그 논란의 와중에 나온 대표적인 한 가지 발언 사례만 상기시키자면, 유시민은 정확히 이렇게 표현했다.

개혁신당은 민주당에서 무엇을 가져가야 하겠습니까? '법통'이 아닙니다. 국고보조금도 아닙니다. 민주당에서 가져가야 할 것은 '법통'이나 국고보조금이 아니라 민주당의 자유주의적 정치개혁 노선과 대북평화정책, 그리고 참여형 정당에 공감하는 민주당 소속의 정치인과 당원들이라고 제[는] 확신합니다.[4]

그래도 여기까진 아직 한나라당을 부정하는 일면이 있는 양비론이다. 이후 노무현은 열린우리당 창당의 후속 작업인 개헌과 독일식 선거법 개정이 필요했다. 이를 위해 한나라당에 정권이양 수준의 대연정을 제안한다. 이에 대한 헌법적 문제는 차치하고, 우리의 주제에만 한정한다면 그는 이 대연정 제안을 통해 한나라당의 정통성·정당성을 승인하자고 국민들에게 이렇게 호소한다.

[한나라]당의 역사성과 정통성에 대한 인식의 차이는 대타협의 결단으로 극복하자는 것입니다.[5]

이것은 무엇을 의미하는가? 호남이 90% 지지를 하며 지켰던 새천년민주당의 정통성과 정당성을 헌신짝 버리듯 부정하며 열린우리당을 창당했던 노무현이 영남이 패권적으로 지지한 한나라당의 역사성과 정통성에 대해서는 아무 조건 없이 승인하자는 의미다. 노무현은 한나라당에 역사적 사과 따위를 요구하지도 않았다. 다시 말을 바꾸면 이것은 이제 문자 그대로 '지역주의 양비론'이 아닌 '영남패권주의에의 투항'을 의미하는 것이다.

노무현의 영남패권주의에 대한 투항은 이데올로기적 극단까지 나아간다. 그는 '새천년민주당의 정통성과 정당성을 부정한 열린우리당'과 '아무 조건 없이 그 역사성과 정통성을 인정하고 싶은 한나라당'과의 양대산맥론으로 최종적인 투항을 한다.

> 정치가 제대로 된다면 [열린우리당과 한나라당의] 양대산맥이 계속
> 유지돼 가야 한다.[6]

그런데 우리는 어떤 특정 인간의 정체성을 이데올로기로 규정할 수 있을까? 예컨대 '노무현 이데올로기'라는 표현으로 노무현을 규정할 수 있을까? 온갖 잡다한 모순적 사고로 가득 찬 보통 사람의 정체성을 이데올로기로 규정하는 건 당연히 힘들 것이다. 하지만 정치인 노무현은 가능하다고 본다. 노무현은 자신의 정치인으로서의 의미를 이렇게 말한 바 있다.

> 저도 대통령으로서 여러 가지 정치적 목표를 가지고 있지만 대통령에 당선되기까지 제가 내걸었던 가장 중요한 정치적 목표가 지역구도의 해소였다. 어떻게 보면 제가 정치를 한 가장 중요한 목표가 우리 정치에 있어서의 지역구도 해소였다고 말할 수 있다. 또 어떻게 보면 제가 그런 목표를 내걸었기 때문에 이번에 대통령에 당선된 것이라고 저는 그렇게 생각한다. 이번 국민들의 선택에 대해서 여러 가지 해석이 가능하겠지

만 그러나 결국 지역주의에 가담하지 않고 지역주의에 맞서왔던 정치인에 대한 신뢰나 지지의 표현으로 저는 그렇게 생각한다. 실제로 그것 말고 제가 특별히 다른 후보들보다 더 잘난 데가 없지 않나. 저는 그렇게 지금까지 믿고 있다.[7]

이쯤 되면 우리가 노무현 이데올로기를 (자신의 지역에 대한 관념이 무엇이든) 지역문제와 연관해 생각하는 것이 무리는 아니라고 본다. 그래서 나는 노무현 이데올로기를 간단히 이렇게 정의했다.

　　　노무현 이데올로기는 영남패권주의에 투항한 지역주의 양비론이다.[8]

나는 현실적으로 발현되는 노무현 이데올로기는 좀 더 구체적으로 다음과 같이 정의했었다.

　　　노무현 이데올로기란, '허구적 지역주의' 현실 속에서 새정치민주연합이 대통령 선거에 승리하기 위해서는 영남에서 득표력이 있는 영남후보를 내세워 호남몰표로 뒷받침해야 하고, 그렇게 당선된 영남 대통령은 '민주성지' 호남의 정신적 양해 속에서 세속적인 영남을 물질적으로 유혹해 지역주의를 구조적으로 타파해야 한다는 '은폐된 투항적 영남패권주의'에 입각한 위선적 정치공학이다.[9]

노무현은 죽는 날까지 하늘을 우러러 한 점 부끄럼도 없이 '영남패권주의에 투항한 지역주의 양비론' 이데올로기를 실천하고 지키기 위해 애를 썼다. 그리고 나는 노무현의 그런 과거사와 이데올로기를 추앙·추종하는 세력을 친노라고 규정했다. 나는 위와 같은 이유로, 즉 호남의 반영남패권주의 민주주의 투쟁사를 모욕하고 영남패권주의에 투항한 이유로, '노무현 죽음의 충격과 새누리당에 대한 공포'를 배경 삼아 시대를 지배하는 노무현 이데올로기의 역사적 궤멸을 추구한다.

*　*　*

나는 『아주 낯선 상식』이 불러일으킨 논쟁에서 한 가지 주목할 사실을 확인했다. 그것은 앞서도 잠깐 언급했듯이 영남패권 주류세력보다는 친노세력이 더 적극적으로 영남패권주의를 부정하고 있다는 사실이다. 그들의 태도는 영남패권주의를 방어하는 훌륭한 보호막이 된다. 물론 그 근원 역시 노무현이 제공하고 있다. 노무현은 대통령이 된 후 이렇게 단언했다.

"지역에 있어서의 소외감이라든지 지역갈등이라든지 지역감정이라든지 이것 다 정치인이 만들어낸 허구이다. 분명히 제가 말씀드리겠다. 그러면 92년 이전 30년동안 대구출신의 대통령이 막강한 권력 무소불위의 권력으로 국가의 자원을 주무를 때 진짜 호남을 소외시켰나? 인정하시겠나? 그 30년 동안에 대구경북이 살이 찐 부자가 됐으면 얼마나

부자가 되었나? 그때 대구경북이 덕 많이 봤나? 일일이 거기에 대해서
솔직하게 대답을 그렇다고 말할 수 있어야 다른 문제에 대해서도 같
은 논리로 말할 수 있는 것이다."[10]

나중에 다시 언급하겠지만, 노무현의 영남패권주의 보호발언엔 속
임수 혹은 자기기만이 들어 있다. 노무현은 영남패권주의(노무현의 표
현으로는 지역감정·지역갈등) 논쟁의 핵심규명은 "'영남패권주의(수도권
을 지배하는 영남패권계층+영남) vs 반영남패권주의(수도권의 호남출신 등
소외계층+호남 등 소외지역)'"[11]라는 사태가 아니라 그저 지방으로서의
영남이 다른 지방에 비해 얼마나 수혜를 많이 받았느냐에 대한 사실
에 달려 있다고 주장한다. (정치적 폭압 역사는 차치한다고 해도) 노무현
의 주장은 경험적 사실을 왜곡한 것이다.

나는 노무현이 먼저 사실관계를 확인한 뒤 그것을 토대로 지역주
의 양비론을 펼친 것이 아니라 지역주의 양비론을 펼치기 위해서 사
실관계를 왜곡한 것이라고 본다. 생각해보면 아주 간단한 일이다. 영
남개혁세력 입장에서 영남패권의 역사를 인정한다면 반영남패권주
의 투쟁을 할 수밖에 없다. 그들이 반영남패권주의 투쟁을 피하기 위
한 유일한 방법은 영남패권주의 역사를 아예 부정하거나 최소한 양
비론의 역사를 확립해야만 한다. 노무현이 그 지역주의 양비론의 역
사를 선도적으로 써나갔고, 친노세력이 그것을 열정적으로 따르는
것이다. 노무현의 책사 유시민이 2003년 열린우리당 창당을 위해 김
근태에 반대하며 펼친 논리를 상기해보자.

김 의원님은 '수평적 정권교체와 정권재창출을 이룬 대중을 분열시킬 위험'만을 강조하십니다. 쉽게 말해서 선거 때마다 민주당 후보를 지지한 유권자들을 그대로 안고 가야 한다는 것입니다. 저는 또 반문합니다. 그렇다면 지금까지 죽어라고 한나라당만 찍어온 대중은 어떻게 하시렵니까? 정권재창출을 이룬 대중은 소중하고 거기 협조하지 않은 대중은 그냥 버려 두어도 좋다는 말입니까? 만약 개혁신당 말고 영호남 유권자를 통합하는 다른 길을 제시하신다면 저도 개혁신당론을 접고 그 길을 따르겠습니다.[12]

여기서 물어야 한다. 영남개혁세력은 왜 반영남패권주의 투쟁을 할 수 없는가? 왜 친노는 지역주의 양비론을 그렇게 사수하는가? 그들의 머릿속에 지역관념이 철저하게 도사리고 있기 때문이다. 겉으로는 마치 지역관념이 없는 사람들처럼 개혁을, 혹은 계층·계급적 정책만을 생각하자고 주장하지만 그들은 영남이라는 지역관념을 절대로 떨쳐버릴 수 없는 것이다. 나는 그것이 한편으로 당연하다고 본다. 내가 문제 삼는 것은 그러니 '지역을 생각하지 말자=영남패권주의를 없는 척 묵인하자'는 반민주적·반개혁적 위선은 떨지 말라는 것이다. 그래서 지역적 관념으로 접근하는 반영남패권주의 세력을 악마화하지 말라는 것이다. 다시 말해 지역이라는 관념을 전제로 해결책을 모색하자는 것이다.

# 3

# 야권 분열, 연대, 통합
# 이데올로기의 심연

2016년 4·13 총선을 앞둔 3월 17일 국민의당 선대위 상임위원장 김한길은 총선불출마를 선언했다. 그의 불출마 선언 이유는 이랬다.

> "저는 작금의 정치상황에서 집권세력의 압승이 불러올 끔찍한 상황을 막아내고, 동시에 우리당이 수도권에서도 의석을 확장하기 위해서는 당차원의 야권연대가 필요하다고 주장해왔으나 이를 성사시키지 못한 데에 스스로 책임을 물어 20대 총선에 출마하지 않기로 합니다. 선거를 앞두고 있기에 말씀을 줄입니다."[13]

우리 정치사에서 이른바 '야권분열 책임론'은 야권을 지배하는 수십 년 멍에였다. 김대중·김영삼의 분열을 시작으로 수십 년에 걸친

선거의 가장 지속적이고 중요한 야권의 이슈는 '야권 분열/통합'이었다. 우리에겐 이 '야권 분열/통합'이라는 명칭부터가 아주 익숙하다. 현 야권이 10년의 집권경험도 가지고 있지만 수십 년 야당의 이미지가 더 강하기 때문일 것이다. 하지만 꼭 그 때문만은 아니다. 사실상 분열/통합이라는 이슈는 거의 언제나 현 여권이 아닌 현 야권의 문제였기 때문이다.

나는 『아주 낯선 상식』에서 우리 정치사를 지배한 야권분열의 원인을 자세히 설명했다. 여기서는 2016년의 더불어민주당과 국민의당의 분열과 연대 혹은 통합이라는 이슈, 그리고 그 책임을 둘러싼 이데올로기의 심연을 들여다보고자 한다.

새정치민주연합(현 더불어민주당)에서 안철수 등이 탈당해 국민의당을 창당한 주요 동기는 피상적으로 말하면 '친노패권주의'라는 명분이었고, 좀 더 내면적으로는 '호남의 반새누리당 투쟁을 인질삼아 영남패권주의에 투항한 친노에 대한 호남민심의 반발'이었다. 여기서 '친노패권주의'라는 형식과 '영남패권주의에 투항한 친노에 대한 호남민심의 반발'이라는 내용을 구별해 이해할 필요가 있다.

정치인들과 뉴스미디어는 친노패권주의라는 용어를 주로 사용해왔는데 이 용어만으로는 문제의 본질을 정확히 이해하기 힘들다. 왜냐하면 이 용어는 마치 그것이 한낱 권력을 차지하고 휘두르는 일시적 무리라는 인상만을 주기 때문이다. 이런 인상을 강조하면 친노는 마치 친박, 친이, 심지어 친노와 구별되는 친문처럼 정권마다 등장하는, 혹은 언제 어디서나 흔히 볼 수 있는 권력적 친소관계에 따른 계파에 불과한 것으로 이해될 수 있다.

하지만 이런 식의 권력을 둘러싼 이합집산만으로는 결코 친노를 이해할 수 없다. 그들의 본질은 노무현의 '영남패권주의에 투항한 지역주의 양비론'이라는 심연의 이데올로기를 떠받드는 세력이다. 물론 그들은 '지역주의 양비론'을 주장하면서도 그것이 '영남패권주의에 투항'하는 이데올로기라는 사실을 이해하지 못하거나 또는 인정하지 않는 논리적 버그를 드러낸다. 말하자면 친문을 친노와 구별해 사용하더라도 그들은 최소한 이런 이데올로기의 심연에 함께 빠져 있는 집단이다. 이 점을 이해하지 못하면 이른바 야권 분열, 연대, 통합의 논리를 지배하는 이데올로기적 심연을 결코 들여다 볼 수 없다.

4·13 총선을 앞두고 언제나 그래왔듯이 분열의 걱정이 야권을 지배했다. 당연히 대다수 야권 출마자들은, 특별히 수도권 출마자들은 간절한 마음으로 상식적인 정략을 원할 수밖에 없었다. 출마자 개인의 입장에서는 야권의 표를 몰아 받고 싶고, 그러기 위해서는 야권 연대든 통합이든 당선에 도움이 된다면 뭐든지 하고 싶었을 것이다. 조금 더 생각을 크게 하면 야권분열로 인한 참패를 받아들일 수 없고, 그 책임에 대한 우국충정까지 발휘할 수도 있을 것이다. 김한길의 불출마 선언은 이런 여러 생각을 반영하여 담고 있는 전형을 보여 준다.

그런데 '우국충정의 불출마 선언'을 한 김한길은 야권 연대와 통합의 정략적 필요를 벗어나 그 본질에 대한 정확한 이해를 하지 못했던 것으로 보인다. 아니 어쩌면 이런 사태는 김한길의 문제가 아니라 대한민국 전체가 직면하고 문제인지도 모른다. 그도 그럴 것이 우리는 수십 년 동안 대중적으로 야권 연대 혹은 통합의 이데올로기에 대한 근본적 의심을 해본 적이 없기 때문이다.

김한길은 "선거를 앞두고 있기에 말씀을 줄"인다고 했다. 하지만 그의 측근 최재천의 발언에 따르면 그들이 추구했던 야권분열 해결책이 무엇이었는지 대략의 경과는 엿볼 수 있다. 보도에 따르면 정황은 이렇다.

> 최 의원은 "더민주가 친노(친노무현) 패권주의를 어느 정도 정리해주면 조건부 통합을 하자는 분위기였는데 천 대표가 갑자기 연대로 가버렸다"며 "(지난 4일) 국민의당이 최고위원회-의원총회 연석회의를 통해 통합 불가를 당론으로 정하면서 통합 논의는 힘들어졌다"고 말했다. 하지만 천 대표는 연합뉴스와의 통화에서 "개인적 생각이 있을 수 있지만 제 입에서 통합의 'ㅌ'자도 꺼낸 적이 없었다"며 "통합은 당의 정체성이나 존립에 관련된 일인데 연석회의에서 아니라고 해서 흔쾌히 정리된 사안"이라고 반박했다.[14]

최재천의 일방적 주장만을 곧이곧대로 믿을 수는 없다. 하지만 천정배는 그런 주장에 대해서도 "연석회의에서 아니라고 해서 흔쾌히 정리된 사안"이라는 정도로만 반박했다. 말하자면 연석회의에서 통합을 결정하면 본인은 별 반대 없이 흔쾌히 따를 수도 있었다는 코멘트다. 이는 더불어민주당과 국민의당은 언제라도 통합할 수 있는 정당이라는 생각이 어느 정도 깔려 있는 반응이다. 짐작컨대 더불어민주당과 척진 그들 정치인들의 생각엔 '친노패권주의'가 문제였으니 그것만 해결된다면 통합을 하지 않는 게 오히려 더 이상하지 않느냐는 생각이 있을 수도 있다.

그 점을 잘 알고 있다는 듯 더불어민주당 비상대책위원회 대표 김종인은 한 술 더 떴다. 3월 초에 그는 "국민의 여망에 부응하기 위해서라도 야권이 4·13 총선의 승리를 거두기 위해 단합된 모습을 보여야 한다"며 "야권이 다시 한 번 통합에 동참하자는 제의를 드린다"고 말했다.[15] 그의 생각에 처음부터 연대는 마음에도 없었고, 그저 더불어민주당의 친노세력 중 문재인에게 껄끄러운 인물 위주로 대충 솎아내는 시늉을 한 다음 국민의당의 기세를 제압해 더불어민주당으로의 흡수통합만을 생각했던 듯하다.

그의 시도는 안철수의 맹렬한 반발로 저지됐다. 김종인은 "현재 야권이 분열된 모습을 보이게 된 계기란 것이 대단히 간단하다. 더민주를 탈당한 의원 대다수가 더민주 당시 지도부의 문제를 걸고 탈당계를 낸 분들이기 때문에 그 명분은 다 사라지지 않았나 생각한다"[16]고 말했다. 나는 정치인들은 물론 심지어 수십 년 동안 비새누리당에 90%의 표를 던지는 호남유권자들 중 상당수도 이 말이 이상하게 생각되지 않았을 수도 있다고 본다.

하지만 국민의당의 발생과 존재의의는 좀 더 심사숙고해야 할 필요가 있다. 먼저 '친노패권주의'라는 형식과 '영남패권주의에 투항한 친노에 대한 호남민심의 반발'이라는 내용이 정확히 조응하는 것인지를 따져봐야 한다. 말하자면 '친노패권주의'가 사라진 듯 보이면 '영남패권주의에 투항한 친노에 대한 호남민심의 반발'도 사라지는 것이 당연하냐는 것이다. 당연하지 않다.

친노패권주의라는 인적 형식이 친문패권주의라는 인적 형식으로 바뀌었다고 해도(심지어 친노·친문이라는 인적 세력 자체가 사라져도), 근원적으로 영남패권주의에 투항한 지역주의 양비론에 대한 이데올로기가 유지되고 있다면 사실상 바뀐 것은 아무 것도 없다고 봐야 한다. 친노·친문 정치인들과 그 열렬한 지지자들은 영남패권주의에 투항한 지역주의 양비론이라는 노무현 이데올로기를 성찰하기는커녕 끝없이 자랑스러워하는 인간집단이다.

그런데도 친노패권주의를 이유로 야권분열을 감수한 정치인들이 더불어민주당의 인적 구성이 친노에서 친문으로 재편된 것을 문제의 근원적 해결이라고 생각한다면 어이없는 일이다. 더군다나 안철수 지지세력의 주력은 1987년 이후의 테크노크라트세력의 성장과도 깊은 관련이 있다. 말하자면 국민의당이 탄생한 것은 '더 이상 노무현 이데올로기의 인질로 살지 않겠다는 호남민심'과 '수십 년 동안 진전이 없는 이른바 민주/반민주 구도에 진저리를 치는 테크노크라트세력'의 결합이라는 측면이 있다. 이들 국민의당세력이 '친노'라는 인적 구성을 '친문'이라는 인적 구성으로 바꿔 다시 한 번, 아니 기약 없이 '노무현 이데올로기'를 실현하려는 더불어민주당과 야권통합을 하는 것이 아무 모순이 없다고 생각했다면 큰 오산이다.

그러므로 국민의당 김한길이나 천정배가 야권연대가 아닌 통합 제안만을 툭 던져놓고 느긋하게 반응을 떠본 김종인의 수작에 동요한 것은 기본적으로 이데올로기적 확신의 결여라고 할 수밖에 없다. 통합과 연대는 하늘과 땅 차이만큼이나 큰 간격이 있음에도 그들의 사고에는 그저 단순한 선택의 문제로 자리하고 있었던 것이다.

그렇다면 다음 제기되는 문제는 야권은 통합은 아니더라도 연대하는 것이 당연한 전략 아니냐는 생각이다. 우리나라 선거제도상 제1당이 아닌 정당은 연대라는 정략을 피하기가 아주 힘들다. 그러므로 기본적으로 연대라는 정치공학을 생각하는 것이 무턱대고 잘못이라고 할 수는 없다. 하지만 문제는 연대라는 정치공학의 성격을 제대로 이해하는 것이다. 그 본질을 제대로 이해하지 못하고 연대 논의를 하는 건 스스로 독배를 드는 것과 같다.

연대는 정치적 목적을 달성하기 위한 정파적 수단이다. 그러므로 연대는 우호적 연대뿐만 아니라 적대적 연대도 얼마든지 있을 수 있다. 그 적대는 이데올로기적인 적대일 수도 있고, 단순한 권력적 적대일 수도 있다. 예컨대 DJP연대나 노무현-정몽준의 연대는 우호적 연대라고 할 수 있다. 반면 국가 차원에서 행해졌던 중국의 국공합작이나 제2차 세계대전의 연합군은 언젠가는 폭발할 수밖에 없었던 적대적 연대의 적나라한 예라고 할 수 있다. 나는 더불어민주당과 국민의당의 연대도 (이뤄졌다면) 노무현 이데올로기가 국민의당의 존립을 부정한다는 의미에서 적대적 연대에 가깝다고 봤다. '오월동주吳越同舟'라는 고사가 괜히 전해지는 게 아니다. 한마디로 연대의 정치공학은 복마전이다.

어쨌든 이번 4·13 총선에서 더불어민주당과 국민의당은 연대가 가능했을까? 불가능했다. 더불어민주당의 김종인은 "언론에서 자꾸 얘기하는데 연대는 무슨 연대를 해. 선거구 공식적으로 나눠 갖자는 건가? 나는 그런 거 절대 안 한다"[17]고 분명히 의사를 밝혔다. 그는 연대가 아닌 국민의당이라는 정당을 부정·제압하는 흡수통합만을 원했다. 만약 이런 상황에서 국민의당이 연대를 구걸한다면, 실제 양당 간 연대협상이 이뤄져도 더불어민주당 좋은 일만 할 뿐 국민의당으로서는 문자 그대로 구걸 이상의 효과를 얻을 수는 없었다. 힘이 앞선 상대가 연대를 원하는 것은 연대를 해서 주는 것보다 연대를 하지 않아서 잃는 것이 훨씬 더 많을 때다. 말하자면 벼랑 끝 전술은 강자보다는 약자의 무기다. 그런데 더불어민주당은 연대가 없어도 잃을 것이 별로 없다고 생각했다. 그렇다면 얘기 끝이다. 궤멸의 위험으로부터 살아남기 위한 상호 전쟁만이 남을 뿐이었다.

나는 『아주 낯선 상식』에서 2003년 유시민의 개혁당이 소수정당으로서 어떻게 새천년민주당을 겁박했는지를 상기시켰다. 그때 유시민은 한나라당(현 새누리당)의 대승을 걱정했을까? 전혀 하지 않았다. 이것이 유시민과 김한길·천정배의 이데올로기의 차이다. 그렇다면 진지하게 물을 수밖에 없다. 그 차이는 어떻게 해서 발생하는가? 단순한 인간적 성품 차이인가? 아니다. 그건 이데올로기의 반영이다. 유시민은 이데올로기적으로 개혁당과 새천년민주당은 절대 하나가 될 수 없는 당이라고 생각했고, 김한길·천정배는 더불어민주당과 국민의당은 얼마든지, 언제라도 하나가 될 수 있는 당이라고 생각한 차

**'야권연대 오늘까지 답 달라'**
**천정배, 안철수에 최후통첩**

천 대표쪽 "거부땐 합당 이전으로 돌아갈 것"

천정배(사진) 국민의당 공동대표가 '야권 연대'를 촉구하며 안철수 공동대표에게 11일까지 답을 달라고 최후통첩한 것으로 전해졌다.

천 대표는 지난 9일 안 대표에게 '야권 연대'에 결국 공감대를 이루지 못할 경우 '중대 결심'도 가능하다며 11일까지 답을 달라고 통보한 것으로 알려졌다. 천 대표 쪽 관계자는 "맨 마지막 카드는 (국민의당과 국민회의가 통합한) 1월25일 이전으로 돌아가는, 분당 수준의 탈당이 될 수 있다"며 "11일이 결정의 날이 될 것"이라고 말했다. 안 대표가 야권연대를 계속 거부할 경우 과거 국민회의 인사들과 함께 집단 탈당하는 방안까지 검토하고 있다는 뜻이어서 11일이 총선을 앞둔 국민의당 미래에 분수령이 될 것으로 보인다.

분당이라는 극단적 상황까지 거론하며 천 대표가 안 대표 압박에 나선 것은 새누리당의 압승 저지 및 개헌저지선 수호가 절실하다는 판단 때문이다. 천 대표는 지난 1월25일 국민의당·국민회의 통합 합의문 첫머리가 "다가오는 총선에서 박근혜·새누리당 정권의 압승을 저지하기 위해 양측을 통합하기로 합의"라고 명시해 있음을 언급하며 야권 연대 필요성을 거듭 강조한 바 있다. 천 대표는 지난 7일 저녁 국민회의 운영위원과 만나 야권연대를 촉구하는 제안들을 수렴했다. 당시 운영위원 대부분은 천 대표에게 '초심으로 돌아가라'며 새누리당의 압승 저지 필요성을 강조한 것으로 알려졌다.

안 대표는 이날 기자들과 만나 천 대표의 '중대 결단' 발언과 야권 연대에 대해 "상황이 종료됐다고 본다"며 불가 입장을 밝혔다. 하지만 천 대표는 이날 <한겨레>와의 통화에서 "아직 지도부 내부에서 논의중이다. 결론 난 바 없다"며 이견을 보였다.

송경화 기자 freehwa@hani.co.kr

야권연대와 관련한 천정배와 김한길의 행보는 그들이 여전히 야권분열에 따른 책임을 호남정치인과 호남유권자에게 묻는 영남패권주의 이데올로기에서 자유롭지 않음을 보여준다. 4·13총선에서의 성과에도 불구하고 국민의당은 계속해서 이런 적반하장의 공세에 직면할 것이다.(한겨레, 2016년 3월 11일)

이다.

유시민은 자신의 개혁당이 새천년민주당과 DNA가 다르다고 생각했을 것이다. 그러므로 어차피 통합은 논외고, 연대를 한다면 벼랑 끝 전술로 겁박해 세력 이상의 엄청난 결과를 꿈꿨을 것이며, 가장 좋기로는 노무현을 등에 업고 선거도 없이 새천년민주당을 궤멸 상태로 몰아넣어 그 정치적 에너지만을 단절적으로 흡수해 새 출발하는 상황이었을 것이다.

반면 김한길·천정배는 국민의당이 더불어민주당과 DNA가 같은 정당이라고 믿었을 것이다. 그러므로 조그만 차이로 분열돼 새누리당이 대승을 거둔다면 너무나 고통스런 일이라고 생각했을 것이다. 그래서 그들은 연대와 통합의 차이를 가볍게 생각하고, 연대를 구걸하려는 태도를 취했던 것이라고 볼 수밖에 없다. 다시 한 번 확인하자면 통합은 정체성의 문제고, 연대는 전략·전술의 문제다.

이제 이데올로기적으로 진짜 문제를 풀어야 한다. 나는 유시민이 그런 태도를 취할 수 있었던 것은 설령 당시 한나라당의 대승이 있을

지라도 그런 사태에 책임감을 느끼지 않을 확신이 있었기 때문이라고 본다. 정의당도 야권분열 책임을 별로 걱정하지 않는다. 옛 통진당 등의 계열 정당도 마찬가지였다. 그들은 새누리당이나 더불어민주당이나 마찬가지라고 주장하면서 어떤 당이 승리해도 자신들의 행위에 대한 큰 자책을 하지 않는다. 그들은 왜 자신들의 득표(분열)가 새누리당의 승리에 기여했다는 책임감을 별로 느끼지 않는 것일까?

이런 차이는 앞으로도 국민의당이 직면하고 풀어가야 할 큰 숙제다. 이를 풀지 못하면 국민의당은 앞으로도 날이면 날마다 자신의 존재를 위협하는 이데올로기의 공세 속에서 시달리게 될 것은 불을 보듯 뻔하다. 단언컨대 그 숙제를 풀기 위한 첫걸음은 대한민국을 지배하는 영남패권주의 이데올로기의 심연을 제대로 이해하는 것이다.

나는 야권 연대 혹은 통합, 무엇보다 야권분열에 대한 '책임' 이데올로기의 이면에 영남패권주의 이데올로기가 똬리를 틀고 있다고 생각한다. 즉 야권분열의 책임, 즉 야권에 표를 분산시켜 투표한 유권자의 책임(주로 호남정치인과 호남유권자가 그 대상이다)을 묻는 사람들은 지금까지 수십 년 영남패권주의 역사 속에서 여권, 즉 새누리당 계열에 표를 결집시켜 투표한 유권자의 책임(주로 영남정치인과 영남유권자가 그 대상이다)을 물은 적이 없다. 이는 대한민국 민주주의의 책임을 새누리당을 찍는 영남유권자가 아닌 비새누리당을 찍는 호남유권자에게 묻는 적반하장의 영남패권주의 이데올로기다. 이것이 문제의 핵심이다!

왜 야권분열의 책임을 묻는 자들은 영남유권자에게 여권결집의 책임을 묻지 않는가? 왜 그들에게 대한민국 반민주주의의 책임을 묻지 않는가? 이는 명백히 영남패권주의 이데올로기에 노예적으로 지배 당하는 태도다. 그런 관점에서 말한다면 야권분열의 책임을 묻는 행위는 언제나 그래왔듯이 문제의 해결이 아닌 영남패권주의적 도발로써만 제기될 뿐이다. 나는 이 책에서 이런 '영남 없는 민주화' 이데올로기로 야권분열의 책임을 묻는 자들의 이데올로기적 본질을 그 심연까지 추궁할 것이다.

# 2장

영남패권사회와
그 친구들

# 1

# '친노'라 불리는
# 정치권의 친구들

2003년에 열린우리당 창당에 앞장섰던 천정배는 2015년에 자신의 과거 그런 행위가 잘못됐음을 사과했다. 다음은 그의 사과의 변을 보도한 기사다.

국민회의 창당위원장인 천정배 의원은 29일 열우당 창당에 대해 "지난날의 전략적 과오에 대해 책임을 통감하며 호남 주민 여러분께 진심으로 사과드린다"고 밝혔다. 천 의원은 이날 오전 광주시의회에서 기자회견을 갖고 "호남의 정치가 이 지경이 된 데에는 누구보다도 저에게 커다란 책임이 있다"고 말했다. 그는 "열린우리당 창당에 앞장섰지만 통합에 실패해 민주개혁세력과 호남의 정치력을 약화시키고 지지자들께 깊은 상처를 드렸다"고 말했다. 이어 "저는 열우당 창당이 정치개혁의 시발점이 될 것으로 단순하게 생각했다"며 "지역주의에 관한 그릇된 양비론에 영향을 받아 호남의 희생을 바탕으로 패권의 싹이 자라나게 했다"
고 자성했다. 그러면서 "이제 호남정치의 부활과 복원으로 제 빚을 갚고
자 한다"며 "이를 위해 저는 어떤 희생과 헌신도 마다하지 않겠다"고 강
조했다.[1]

천정배는 자신과 열린우리당의 과거사문제가 무엇인지를 정확히
적시했다. 그 자신은 열린우리당 창당을 "정치개혁의 시발점"으로만
생각했는데, 그 이데올로기는 "지역주의에 관한 그릇된 양비론"이었
으며, 바로 그 이데올로기로 인해 "호남의 희생을 바탕으로 패권의
싹이 자라나게 했다"는 것이다.

어떤가? 천정배의 사과가 가슴에 와 닿는가? 가슴에 와 닿기는커
녕 '웬 뚱딴지?'라는 느낌이 오는가? 『아주 낯선 상식』에서 천정배의
사과를 요구한 나조차도 막상 그의 사과에서 그간의 긴 세월의 간극
을 느꼈으니 다른 사람들이야 오죽했겠는가? 『머니위크』 기사엔 「뜬
금없는 '과거사 사과'?」[2] 「12년 전 '케케묵은 과오' [끄]집어낸 이유」[3]라
는 제목이 달릴 정도였다. 어쨌든 바로 이 '소통불능' 사태가 우리나
라 정치가 어려움에 처해 있는 근원적 이유다.

사실 계층·계급문제나 다른 정치적 이슈는 아무리 해결책에 대한
합의가 어려워도 기본적으로 뭐가 문제라는 것은 이해당사자 간에
서로 인지는 하고 있다. 하지만 우리나라 지역문제는 뭐가 문제라는
것조차 모르는 무지 속에서 서로 다투고 있는 것이다.

기본적으로 천정배의 사과가 '뜬금없이' 생각되는 이유는 그간 아

무도 이 문제에 대해 치열하게 사과를 요구하지 않았기 때문이다. 생각해보자. 지금까지 '일본군 위안부' 할머니들이 일본에 대해 어떤 사과 요구도 없이 그냥 초야에 묻혀 살고 있었는데 어느 날 갑자기 일본 국왕이나 총리가 '일본군 위안부' 문제에 대해 사과한다고 머리를 숙이면 어떤 느낌이 들겠는가? 그 사과를 들은 대한민국 기자들은 "뜬금없는" "70년도 넘은 '케케묵은 과오'에 대한 사과를 왜 했을까"라는 기사를 쓰지 않을까?

내가 『아주 낯선 상식』을 둘러싸고 벌어진 논쟁에서 느낀 가장 큰 장벽 중 하나는 현재의 정치를 논하는데 왜 그렇게 케케묵은 노무현 당시 얘기를 해대느냐는 문제제기였다. 분명히 말하겠다. 내가 노무현의 열린우리당과 그 이데올로기를 끈질기게 상기시키며 투쟁하는 이유는 바로 그 사태가 오늘의 문제를 잉태한 이유였으며, 앞으로도 그 이데올로기를 둘러싼 싸움이 끝없이 계속될 것이라는 점 때문이다. 내가 보기에 이번 총선 결과는 노무현 이후 누적된 영남패권주의에 대한 호남의 분노가 이론이 아닌 직관을 통해서 표심으로 폭발한 것이다. 그리고 그 호남표심의 폭발을 '영남패권사회와 그 친구들'이 기를 쓰고 공격했다고 본다.

영남패권사회의 친구들인 친노는 정치권 안이든 밖이든, 호남의 반영남패권주의 투쟁현상을 이해하려는 최소한의 노력조차 하지 않는다. 원하는 건 그저 호남몰표뿐이며, 그조차도 인질 호남을 조롱하고, 모욕하고, 공격할수록 쏟아진다고 생각한다. 천정배의 사과라는 현상이 나타나자 뉴스미디어는 기껏 "천 의원의 이런 행보는 여전히 열린우리당 창당에 상당한 반감이 있는 호남 민심을 달래서 호남 민심이 안철수 의원 측으로 쏠리는 것을 막고 호남민심의 물꼬를 국민회의쪽으로 돌려 신당 주도권을 잡겠다는 취지라는 관측이 나오고 있다"[4]는 등의 일회성 보도를 하는 것으로 만족한다. 그 "반감이 있는 호남 민심"의 정체가 뭔지에 대한 깊은 고민을 했거나 하려는 사람은 거의 없다.

그런 고민은커녕, 정치권의 대표적 친노 중 한 사람인 신기남은 천정배의 사과 예정 소식을 듣고 자신의 트위터에 친노 정치인의 평소 가려진 민낯을 적나라하게 공개한다.

> 천정배 동지, 사과하신다고요? 그건 사과할 일이 아닙니다. 우리 진영 최초로 과반의석을 만들고 정치개혁을 선도한 금자탑 아니었소? 그것은 단순한 한때의 추억이 아니라 다시 도래해야 할 우리의 미래가 아니겠소?[5]

어떤가? 이것이 신기남 개인만의 신념일까? 절대 아니다. 이 신념은 평소에 드러날 일이 별로 없는(누가 따지질 않으니 사실상 드러날 일이 별로 없다) 친노의 자기정체성이다. 신기남은 천정배가 사과했던 "지역주의에 관한 그릇된 양비론"을 "단순한 한때의 추억이 아니라 다시 도래해야 할 우리의 미래"라고 믿고 있는 것이다. 내가 '과거' 열린우리당이라는 기이한 사건으로 표출된 노무현 이데올로기와 싸우는 건 신기남 등 친노세력이 꿈꾸고 있는 바로 그 '미래'와 싸우는 것이다.

노무현을 비롯한 친노 정치인들은 자신의 이데올로기적 '꿈'을 감춘다. 노무현은 1997년 대선을 앞두고 김대중의 새정치국민회의에 입당하며 자신의 지역주의 양비론 이데올로기를 언젠가 기어이 실현하겠다고 말하지 않았다. 따라서 노무현의 그 배신을 경험한 내가 지금 눈앞의 친노 정치인들도 당연히 노무현처럼 그렇게 하고 있다고 느끼는 건 당연한 인지상정이다. 난 바보가 아니며 그들에게 두 번 다시 속을 생각이 없다.

사실 문재인은 천정배보다 훨씬 더 일찍 열린우리당 창당사태를 사과했다. 2012년 9월 27일, 민주통합당 대선후보 문재인은 광주 김대중컨벤션센터에서 열린 광주·전남 핵심당원 간담회에 참석해 다음과 같이 사과했다.

제가 관여했던 일은 아니지만 그 일(민주당과 열린우리당의 분당)이 참여정부의 큰 과오였다고 생각합니다. 호남에 상처를 안겨주고 참여정부의 개혁역량을 크게 떨어뜨렸습니다. 지금도 그 상처가 우리 속에 남아있다는 것을 느낍니다. 제가 사과드리겠습니다.[6]

열린우리당 사태와 관련해 문재인의 이 사과가 처음도 아니다. 그는 이미 2012년 당내 대선후보 경선 과정에서 "민주당 분당은 호남지역에 실망과 아픔을 줬다는 점에서 잘못된 점이다"[7]고 사과한 바 있다. 문제는 이 사과가 친노세력의 이데올로기에 무슨 의미가 있는가 하는 점이다. 우리가 때때로 정치인의 사과를 요구하는 건 그 자

17대 대선을 앞두고부터 문재인은 민주당 분당사태를 비롯, 참여정부가 호남에 준 상처에 대해 수차례 사과했다. 이를 거론하며 친노진영은 그만하면 충분히 사과하지 않았냐며 항변한다. 그러나 영남패권주의로의 투항이라는 '노무현 이데올로기'를 폐기하지 않는 사과는 일회성 면피일 뿐이며 호남과 친노의 간극은 좁혀질 수 없다.(서울신문, 2012년 9월 28일)

체의 사과기록이 향후 역사의 투쟁자산이 된다는 데서 의미를 찾자는 것이지 단순히 그 입놀림에서 감정적 만족감을 찾자는 게 아니다. 가장 최악은 그 사과조차 단순한 정략적 발상으로 내뱉고 순진한 사과상대의 호의적 반응을 이용하는 사태다. 일본의 과거사에 대한 사과가 대표적이다.

내가 문재인과 친노세력에게 의심을 갖는 건 그들이 ①"호남에 상처를 안겨주고", ②"참여정부의 개혁역량을 크게 떨어뜨렸"으며, ③"지금도 그 상처가 우리 속에 남아있다"는 사과의 의미를 제대로 알고 있느냐는 것이다. 특히 열린우리당이 "호남에 상처를 안겨 주"었다는 말이 이해가 되는가? 나는 사과를 한 당사자인 문재인조차도 그

의미를 잘 모른다고 생각한다.

친노세력에게는 '지역주의 부패세력(새천년민주당 정치인들)'과의 단절을 위한 열린우리당 창당과 '무고한 호남인'이 무슨 상관이기에 "상처를 안겨주"었는가 하는 점이 미스터리일 것이다. 그들은 호남이 수십 년을 새천년민주당과 그 정치인들을 통해 자부심과 정당성을 갖고 반영남패권주의 투쟁을 해왔다는 사실을 애써 외면한다. 그들은 (지금도 줄기차게 그러고 있지만) 이데올로기적으로 호남정치인과 호남인을 분리시키려는 데만 열중한다. 영남파쇼정권이 김대중과 호남을 분리시키려는 이데올로기를 빼닮았다. 그러니 그들 친노세력이 "지역주의에 관한 그릇된 양비론에 영향을 받아 호남의 희생을 바탕으로 패권의 싹이 자라나게 했다"는 천정배 사과의 의미를 제대로 이해할 리 만무하다.

단언컨대 나는 대부분의 친노세력은 천정배의 사과보다 신기남의 사과반대에 더 열정적으로 공감할 것이라고 확신한다. 바로 그것이 호남과 친노를 가로막고 있는 심연 같은 절벽이다. 그리고 그것이 바로 대한민국이 2016년 4·13 총선에서 호남의 투표 결과를 낯설게 바라보는 이유다. 특히 대한민국의 야권은 '야권분열'의 책임만을 추궁하고, 극렬 친노세력은 호남에 대한 저주만 퍼부을 줄 알았지 의식적·무의식적으로 그 분열의 이유를 이해하고자 하는 노력은 전무하다. 그들은 순익을 많이 남겨준 오래된 관행에 맹목적으로 집착하며 호남을 단지 집권을 위한 인질로만 생각한다. 그들은 호남이 생각이 다르면 다른 대로, 그 다른 생각을 인정하며 민주주의를 위한 공평한 연대의 대상으로 볼 생각은 추호도 하지 않는다.

2009년 노무현의 죽음 이후, (아마도 우리나라 국민 특유의 감성적인 이유로) 친노 정치인에 대한 지지율이 상승했다. 이에 편승해 친노 정치인은 민주당과의 통합(사실상의 '접수')을 하기 위한 수순에 들어간다. 이해찬도 '시민주권'이란 시민정치운동단체를 만들어 열심히 활동한다. 그 무렵인 2011년, 그는 『한겨레』와의 인터뷰에서 김대중이 2008년의 점심모임에서 했다는 '유언'을 전한다.

> "통합을 해야 한다. 모든 세력이 통합을 해야 하는데, 민주당이 70%고 나머지가 30%니까 민주당이 70을 먹고 나머지에 30을 주겠다는 자세로 통합하려 하지 말고, 내가 70%지만 70을 내주고 30%만 먹고도 통합하겠다. 이런 자세로 해야 한다. 이건 내가 죽기 전에 하는 마지막 말이다."[8]

이해찬이 "70을 내주"라는 김대중의 '유언'을 강조한 까닭은 자신을 포함한 친노세력이 70%를 내줄 테니 민주당은 통합에 나서라고 강조하기 위한 것이 아니다. 자신들이 갖고 있는 정치적 지분보다 훨씬 많은 지배적인 통합을 하고 싶으니 민주당은 순순히 응하라는 강박이다. 단순한 추론이 아니다. 이해찬은 위 인터뷰에서 이런 말도 남겼다.

> "내 생각엔, 단일정당을 만드는 게 승리에 더 확실하다. 뿐만 아니라

단일정당을 통해 진보세력 30~40명이 원내에 진출하면 그건 정체성을 잃고 흡수되는 게 아니라 당을 주도하게 된다. (…) 진보 진영도 자신감을 좀 가져야 한다. 내가 20년 정치하면서 경험을 보면, 정치도 결국은 올바른 방향으로 열심히 하는 방향으로 주도권이 넘어간다."[9]

나는 이해찬이 무슨 음모를 꾸미거나 나쁜 의도로 이런 주장을 한 것이라고 생각하지 않는다. 나도 현 야권보다 더 진보적인 정치인들이 득세하길 바란다. 하지만 그건 민심이 그걸 원하고, 그들을 뒷받침한다는 전제하에서 그렇다. 국회의원 모두는 민심을 반영한다. 다수의 국회의원이 설령 이해찬보다 덜 똑똑해 의원활동이 서투르다 해도 민심을 서투르게 반영할 뿐이다. 그들이 무능하고 서투르니 30~40명의 진보(?)가 당을 지배하고, 그것만이 바로 "올바른 방향"이라고 윽박지르는 것, 그것이 바로 반민주적 패권정치다. 돌이켜보건대, 이해찬과 친노가 주도했던 패권적 정치활동이 무슨 대단한 진보적 투쟁도 아니었다.

흥미롭게도 문재인도 4·13 총선에서의 야권연대가 좌절될 기미를 보이자 페이스북에 김대중의 그 '유언'을 다시 꺼내 올리고 국민의당을 윽박지른다.

"김대중 대통령은 내가 가진 70%를 버려서라도 함께 가야 한다고 유언하셨습니다. 그 길로 가야합니다. 흠집내기나 정치적 수사가 아닌 야권연대를 위한 진정성 있는 모습을 보여야 합니다."[10]

문재인은 더불어민주당이 70%를 포기할 테니 국민의당은 야권연대에 응하라는 취지였을까? 천만의 말씀이다. 이번 총선에서 더불어민주당의 행태로 봤을 때 문재인의 말은 국민의당은 모든 것을 포기하고 야권연대에 응하라는 취지였다. 그런데 왜 이 70% 포기 운운했을까? 70% 포기는 당연히 상대의 일이지 자신들과는 무관한 일이라고 생각했기 때문에 아무 생각 없이 그런 말을 한 것이다.

역사경험적으로 볼 때 자기세력에 걸맞지 않는 과도한 지분을 확보하기 위한 이런 유의 치킨게임은 이른바 영남개혁세력인 친노만이 휘두를 수 있는 전가의 보도였다. 그 힘의 근원은 '자신들이 아니면 호남은 고립된다'는 인종주의적 영남패권주의다. 김대중의 꼬마민주당 이기택에 대한 양보, 김대중의 노무현·김정길 등 꼬마민주당 영남인사들의 대선 협조에 대한 장관직 보은, 노무현의 대통령 당선과 이후 호남의 지지, 2012년 민주통합당 출범시 친노 등에 대한 과도한 정치적 지분 등등 단 한 번도 그들은 자신들의 정치적 지분의 70%를 포기한 적이 없었다. 추호라도 그런 압박이 있으면 분열은 당연했다. 그들은 1987년 이후 그렇게 자기 세력을 넓히는 데만 천재적 재능을 발휘했다. 참다못한 호남이 이의를 제기했고, 2016년의 분열은 그렇게 다시 시작됐다.

한 가지 의문이 남았다. 김대중은 왜 매번 선선히 70%(물론 70%까지는 아니었다)를 포기해도 된다고 생각했을까? 아주 간단하다. 김대중으로 대변되는 호남은 말하자면 70% 아니라 99%를 내준다고 생각해도 그 최고 수뇌부, 혹은 대통령은 배출할 수 있다는 자신감이 있었기 때문이다. 그래서 그런 주장이 가능했다. 하지만 지금 김대중은 없다. 호남이 51%를 내주면 친노는 100%를 원한다. 4·13 총선에서 더불어민주당이 '지역구 나눠먹기'를 못한다며 국민의당 지지자들의 100% 인질투표를 원한 게 그 현실적 증좌다. 이것은 민주주의가 아니다. 호남과 친노 사이에서 벌어지는 잔혹정치일 뿐이다. 누구라도 이 반민주적인 치킨게임의 책임을 호남에 묻는 것은 민주주의를 하지 말자는 것이다.

# 2

# 『한겨레』에 등장한 친구들

빗발치듯 총알이 날아다니는 전쟁터에서, 종군기자가 총을 들고 적군과 싸우지 않고 그저 그 참담한 광경의 사진을 찍고 기사를 쓰는 일에만 열중하는 것을 사람들이 비난하지 않는 이유가 뭘까? 그들이 '기자'이기 때문이다. 사람들이 기자의 가장 우선적인 사명은 세상을 만드는 것이 아니라 세상을 기록하는 것임을 알고 있기 때문이다. 세상은 그 직업적 가치를 인정한다. 그래서 아무리 급박한 상황이라 할지라도 그들이 직접 나서지 않고 기록만 하는 일을 법적·윤리적으로 보호해주는 것이다.

물론 언론이 생각하는 방향성이라는 게 있다. 하지만 기사가치에 대한 판단과 사실성만으로도 그 방향성은 상당한 수준에서 실현할 수 있다. 설령 그 방향성을 사설이나 기자칼럼 등으로 더 강하게 반영할 수 있다 해도 그건 언론의 사명과 윤리, 즉 공정성 안에서 실현

돼야 된다. 이런 생각에 반대한다면 언론인은 총을 들고 적군과 직접 싸우는 일에 나서야 한다. 기자는 세상을 만드는 일에 종사할 것인지 아니면 기록하는 일에 종사할 것인지를 분명히 선택해야 한다. 한편으로 총을 들고 적군과 직접 싸우면서, 다른 한편으로 사진 찍고 기사 쓰는 걸 보도의 자유라는 이름으로 합리화해서는 안 된다. 즉 기자라는 직업으로 위장해 세상을 직접 만들려고 해서는 안 된다. 그건 적십자로 위장해 적군을 쏘는 것과 같다.

이번 4·13 총선기간 중 『한겨레』는 야권분열(국민의당) 비난과 야권연대 촉구가 거의 사시社是였다. 마치 야권연대가 안 돼 야권이 패배하면 그 종말적 책임이 자신들에게 있는 것처럼 안달했다. 그런 보도태도 자체도 상식적으로 이해하기 힘든 일이었지만, 논설위원 김종구 칼럼(인터넷 『한겨레』 톱)[11]은 심했다. 『한겨레』는 이 칼럼에 대한 해명 또는 사과, 그게 싫다면 최소한 성찰이라도 하기 바란다. 김종구의 칼럼 제목은 「정치인의 얼굴, 그리고 거울」이었다. 그리고 그 칼럼 도입부에 다음 사진을 게시했다.

김종구 칼럼의 주제는 박근혜, 안철수 두 사람의 관상평이다. 그나마 박근혜의 관상평에서는 뭔가 이유를 적시하고 있다. 그런데 안철수의 관상평은 기껏 다음 내용이 사실상 전부다.

안 대표의 지금 얼굴은 강인함, 결기, 단호함 등의 단어로 대표된다. 반면에 예전의 해맑고 선하고 온유한 모습은 찾아보기 어렵다. 정치가 얼마나 사람의 얼굴을 쉽게 변화시킬 수 있는지를 보여주는 좋은 예다. 그리고 아쉽고 안타깝다. 한때 안 대표에 대한 대중의 열광적 지지는 그런 해맑고 선한 얼굴에 대한 신뢰와 사랑의 표시였는데 그 얼굴은 어디로 갔을까. 게다가 그의 강고함이나 단호함마저도 날이 갈수록 집착과 미련, 안간힘으로 다가오는 이유는 뭘까.

웬만한 교양인이면 하지 않는다는 전형적인 인신공격이다. 이 치졸한 칼럼에 할 말이 대단히 많았는데, 다행히『한겨레』가 ('방송'을 '보도로 고쳐 읽긴 해야 하지만) 사설로 내 수고를 덜어준다. 이쯤 되면 '코믹 셀프 디스의 본좌'라 할 만하다.

방송의 공정성이 무너지면 민주주의가 위협받는다. 편파적인 선거방송을 더는 방치할 수 없다. 공정보도를 위해 싸우고 있는 방송인들에게 격려와 지지를 보내면서 사태의 심각성을 몰각한 채 당략에 매몰된 야당의 각성도 촉구한다. 시민과 유권자들이 편파방송을 감시하고 고발하지 않는다면 공정방송도, 공정선거도, 민주주의도 위기에 몰린다는 점

을 다시 확인해야 할 요즘이다.[12]

　나는 김종구를 '영남패권사회와 그 친구들'이라는 주제 하에 언급하고 있다. 그의 칼럼이 '그 친구들'임을 입증하는 직접증거라고 생각해서가 아니다. 그의 칼럼은 『한겨레』의 총선 보도태도 속에서 교묘하게 작동하고 있을 뿐이다. 내가 보기에 『한겨레』는 노무현(친노) 이데올로기의 선봉장이다. 그들은 '새누리당이 겁나니, 반새누리당 인질 호남은 닥치고 더불어민주당에 몰표를 줘야 한다'는 명제 하나로 자신들의 모든 비이성적·비윤리적 보도태도를 정당화·합리화하려 한다. 이런 행태가 내 눈엔 바로 '그 친구들'의 모습으로 보인다는 것이다.

　『한겨레』의 김의겸은 바로 그 『한겨레』의 명제를 자신의 칼럼 「호남 자민련이라고요? DJ가 하늘에서 통곡합니다!」[13]라는 제목으로 실었다. 그리고 난 그 칼럼에 반론했다. 아래에 그 반론 글 「분열하면 안 된다고요? 노무현이 하늘에서 웃겠습니다!」[14]를 전재한다. 김의겸의 글은 전재할 수 없으니 찾아서 읽기를 바란다. '그 친구들' 『한겨레』에 대한 내 입장은 이 글로 대신한다.

＊　＊　＊

　나는 『한겨레』 김의겸 기자가 나쁜 사람은 아니라고 믿는다. 하지만 나쁜 사람이 아니라고 해서 그가 하는 말이 모두 나쁜 소리가 아니라고 생각하는 건 순진하다. 이 글은 김 기자의 「호남 자민련이라고요? DJ가 하늘에서 통곡합니다!」에 대한 반론 성격의 글이다.

나는 지금 김기자에게 학술적인 반론을 하려는 것이 아니다. 그건 공평치 못할 것이다. 나는 단지 그에게 기자로서 진실에 바탕을 둔 공정한 기자칼럼을 요구하려는 것뿐이다. 기자가 뉴스미디어라는 무기를 활용해 지면 없는 학자의 주장을 왜곡하는 건 공평치 못하다. 더군다나 그것이 정치사회적 문제일 경우에는 더욱 그렇다. 나는 『한겨레』가 허용한 이 지면을 통해 김의겸 기자가 왜곡 소개한 『아주 낯선 상식』에서의 내 주장을 포함해 최근 벌어지고 야권분열 현상에 대한 내 입장을 정확히 해명하고자 한다.

어떤 누군가 내 책을 직접 읽지 않고 김의겸 기자가 쓴 칼럼을 통해 내 주장을 알게 됐다면 그는 틀림없이 나를 무슨 '동네바보'로 생각했을 것이다. 나는 그렇다 치자. 내 책에 공감을 표시한 강준만, 고종석, 주승용 같은 분들과 또 다른 독자들은 어떻게 되는가? 그분들은 무슨 '동네바보'의 책을 읽고 공감을 표시할 분들이 절대 아니다. 김기자는 "나만 이상한 건가"라고 자문하고 있다. 내 보기에 김의겸 기자'만' 이상한 건 아니겠지만, "이상한 건" 틀림없는 사실이다.

우선 김의겸 기자는 내가 "알고 보니 노무현 대통령도 영남패권주의자였을 뿐"이라고 주장했다는데 나는 노무현을 '영남패권주의자'라고 규정한 적이 결코 없다. 나는 노무현을 '은폐된 투항적 영남패권주의자'라고 주장했다. 알아듣기 쉽게 비유하면 '적군'과 '투항한 아군'은 전혀 다르다. 더군다나 많은 사람들이 투항했다고 생각하지 않는 투항이라는 점에서 '은폐된 투항'이라고 했을 뿐이다. 김기자는 자신의 독해를 바탕으로 내가 "김대중-노무현이 같은 편이 아니라, 노무현-이명박·박근혜가 같은 편으로 보이는지도 모르겠다"고 함정을 파듯 편을 갈랐다. 하지만 그건 김기자의 왜곡된 분류방식일 뿐이다. 내 분류에 따르면, 이명박·박근혜는 영남패권주의자고, 노무현은 양비론자이며, 김대중은 반영남패권주의자다. 참고로 우리나라 진보세력은 대부분 '계급환원주의자'다.

이런 정확한 분류방식이 왜 중요한가? 반영남패권주의자들은 영남패권주의자들과 연대할 수 없지만 양비론자들은 영남패권주의자들과 반영남패권주의자들 모두를 비판하며, 모두와 연대할 수 있기 때문이다. 실제로 양비론자 노무현은 '양김(또는 3김)청산'을 주장했고, 한나라당에 '대연정'을 제안했으며, 심지어 정치가 제대로 된다면 (양비론 정당 열린우리당과 영남패권주의 정당 한나라당의) '양대산맥'이 계속 유지돼 가야 한다고까지 주장했다. 다시 분명히 확인해줄 수 있다. 내가 '호남은 노무현 이데올로기를 거부해야 한다'고 주장하는 이유는 바로 이 '양비론'을 거부해야 한다는 것이지, 죽은 사람을 두고 눈물 흘리는 김대중을 거부하자는 따위의 감정적인 얘기가 아니다.

우리나라가 아무리 역사의식이 없는 나라라고는 하지만, 지난 일제강점기 시절에 대해 '일본과 한국이 모두 잘못했다'고 주장하는 양비론자들이 무슨 구국의 이상주의자들처럼 주류 행세를 하지는 못한다. 아무리 둘러봐도 반일/친일이 통상의 이데올로기 대립이다. 그런데 지난 수십 년 영남패권주의 시절에 대한 극복과 관련해서는 웬일인지 양비론자들이 무슨 대단한 개혁적 신념을 가진 자들처럼 이데올로기적 주류 행세를 한다. 그리고 반영남패권주의를 주장하는 사람들을 향해 김의겸 기자처럼 '고립된다'며 겁박한다. 이것이 정상적인 이성을 가진 나라인가! 권컨대 대한민국의 영남패권주의에 대해 양비론을 개혁이라며 선전하고 싶거든, 일제강점기 시절에 대한 '한일 양비론'도 함께 개혁적 신조로 떠받들며 살기 바란다.

김의겸 기자가 민낯으로 잘 보여줬듯이 친노 양비론자들의 최후의 무기는 언제나 호남을 향해 고립된다며 겁박하는 것이다. 여기서 다시 반복 비판하진 않겠지만 김기자는 심지어 5·18 광주학살도 '영남파시즘으로 무장한 영남군부세력'에 의해 '호남양민이 학살'된 것이 아니라 마치 호남이 뭘 잘못해서 벌어진 일처럼 "호남이 고립되었기 때문"에 일어났다며 경악시킨 바도 있다. 내겐 김기자의 주장이, 호남이 고립되느냐 마느냐는 전적으로 친노에게 달려 있으니 '친노의 인질'로 사는 것이 "호남이 영구적으로 영남 패권세력의 하위 파트너"로 사는 것보단 낫지 않느냐는 사탕발림으로 들린다.

김의겸 기자를 비롯해 일부 양비론자들은 내 주장을 그런 의미의 '평민당 프로젝트'로 치환시키고 싶어 안달한다. 호남을 하나의 단위로 묶어세워 거래하자는 주장으로 상상한다. 김기자는 "호남이 홀로서는 순간 호남은 선택할 파트너가 없어진다"고 걱정한다. 걱정도 팔자다. 난 호남을 하나로 묶어세우자고 주장한 적 없다. 난 단지 호남도 이제 '선거 전엔 호남몰표 겁박, 선거 후엔 지역주의 비난'을 이데올로기로 삼고 있는 친노의 양비론을 극복하자고 주장했을 뿐이다.

어떻게? 호남의 한 표 한 표 앞에서 대한민국의 모든 정당이 '반영남패권주의' 경쟁을 하도록 만들자는 것이었다. 그래서 그들의 한 표 한 표가 어디로 향하냐고? 그 표가 어디로 향하든 그건 그들의 선택일 뿐이다!

생각해보라. 더불어민주당의 문재인이 생뚱맞은 '호남특위'를 제안하고, 국민의당 안철수가 어울리지 않게 '호남의 한' 운운하고, 국민회의 전 친노 천정배가 양비론을 이념 삼은 열린우리당 창당에 앞장선 것을 '사과'했으며, 심지어 새누리당까지 나서 '호남예산 당정협의회' 운운한 것이 무엇으로 가능했다고 보는가? 간단하다. 호남이 친노의 '양두구육 양비론'의 인질임을 거부하고 자기 생각인 반영남패권주의를 말하기 시작했기 때문이다.

김의겸 기자도 인정하듯이 "우리나라를 이 정도로까지 민주화시키고 진보의 길로 이끈 두 바퀴는 호남과 민주화세력"이었다. 그런데 문재인은 바로 그것을 부정하고, '양비론'을 자신의 신조로 삼던 노무현을 추종하는 상징적 인물이다. 도대체 호남이 민주화의 역사에서 뭘 잘못했기에 역사적 양비론의 인질이 돼야 하는가? 문재인이 호남의 지지를 받고 싶으면 노무현의 양비론을 심장과 뇌수로부터 부정하면 된다.

김의겸 기자는 무슨 금과옥조처럼 2005년 동교동을 찾아온 노무현의 비서실장에게 김대중이 한 말을 인용했다. "김대중 시대가 따로 있고, 노무현 시대가 따로 있는 게 아닙니다. '김대중-노무현 시대'로 가야 합니다. 줄여서 '김-노시대'입니다. 그렇게 해야 성공합니다." 그래서 노무현이 그렇게 했는가? 김기자는 하나 되기를 거부했던 노무현 이데올로기를 옹호하면서 김대중의 이 호소가 무슨 의미가 있다고 인용씩이나 했는가?

노무현은 자신의 양비론적 '분열!'에 대해 결코 후회하지 않았다. 2006년에도 문재인은 열린우리당과 민주당의 합당론에 대해 "어느 지역이건 다른 정파들 간에 경쟁과 균형을 이뤄야지 독식 구조가 되면 부패하기 마련"이라며 "(합당은) 호남에서 또 하나의 1당 구조가 돼 버리니까 대통령이 반대하는 것"이라고 노무현의 생각을 전했다. 현 야권분열 사태에 임해서도 진정한 친노(예컨대 조국 교수)는 분열을 마다하기는커녕 재촉까지 했다.

문제는 언제나 그랬던 것처럼 패권에 의한 분열 혹은 민주주의의 위기 책임을 호남에 떠넘기는 것이다. '반새누리당 몰표'를 통해 역사적으로 가장 크게 민주주의에 기여한, 그리고 아마 앞으로도 가장 크게 기여할 호남에 왜 분열의 책임을 떠넘기기 위해 애를 쓰고 있는가? 그 시간에 차라리 더불어민주당은 소중한 전국당이니까 전국적으로 균일하게 표를 얻어야 한다고 호소해야 하지 않겠는가? 이 땅의 민주주의가 어떤 특정 지역의 신성한 의무감에 의한 몰표로만 진보할 수 있다고 믿는가? 도대체 양비론자들이 호남몰표에 대해 어떤 존경심이 있어 그렇게 호남몰표 내놓으라고 겁박하는가? 호남이 무슨 선택을 하든 설마 다른 지역보다 비민주적인 선택을 하겠는가? 그러니 호남이 무슨 선택을 하든 존중하라. 그것이 내 주장이다.

이제 진짜 왜곡이 남아 있다. 김의겸 기자는 내가 야권분열에 대한 우려에 대해서는 '역설'로 대응한다며, "현재와 같은 야권분열 상태가 오히려 야당의 집권에 절대적으로 유리한 조건을 제공한다"고 인용한다. 나아가 "야권 제 세력이 편을 갈라 싸울수록, 그래서 각자의 확고한 지지자들이 뭉칠수록, 이 경향은 결정적으로 선거를 유리하게 만들 것"이라고 주장했단다. 새빨간 거짓말이다. 굳이 현실을 거론하자면 '호남 경쟁, 비호남 경쟁적 연대'를 주장했을 뿐이다. 김의겸 기자에게 조언한다. 야권분열이 그렇게 걱정되면 더불어민주당 해산을 호소하면 어떤가? 난 야권의 어떤 정당을 상대로도 그런 반헌법적인 호소를 할 생각이 없다.

아무리 학자가 아닌 기자라도 그렇다. 거두절미한 채 흰 종이 위의 검은 글씨를 뽑아 아무렇게나 조합해 그것을 인용이라고 가장하며 혹세무민하면 안 된다. 내가 위의 그런 주장을 한 건 '독일식 비례대표 내각제'를 쟁취하면 그럴 것이니 제도투쟁을 하자는 취지였다. 영남패권주의는 영남패권주의 선거제도에 의해 유지되니 궁극적으로는 제도투쟁만이 해결책이라는 것이었다. 난 도저히 이해하기 힘들다. 그 말을 이해하는 것이 그렇게 어려운가?

정리하겠다. 난 친노의 양두구육 양비론을 비판하고 반영남패권주의 투쟁을 주장했을 뿐이다. 김의겸 기자 말도, 내 말도 믿지 않는 양비론자가 있을 것이다. 책을 소장한 도서관에 가서 직접 확인해보기 바란다. 그렇게 모두가 알고 있는 '상식'을 자기 머리로, 자기 눈으로 다시 한 번 돌이켜보라. 틀림없이 '낯선' 신세계가 열릴 것이다. 내가 기대하는 건 그뿐이다.

# 3

# 『시사IN』에 등장한 친구들

2016년 1월, 『아주 낯선 상식』의 주장과 관련해 나를 인터뷰한 『시사IN』 김은지는 기사의 서두에서 이렇게 내 말을 전했다.

저자는 자신의 말에 다 동의해달라고 주장하지는 않는다. 대신 이해해달라고 했다.[15]

한데 그 다음달인 2월, 바로 같은 잡지 『시사IN』에 이해는커녕 왜곡이 담긴 굽시니스트의 만평[16]이 실린다. 나는 블로그에 이 만평에 대해 문제제기를 했다. 일단 그 글[17]로부터 시작한다.

* * *

굽시니스트(김선웅)는 『시사IN』 만화가다. 그는 그림으로 자신의 생각을 표현한다. 경우에 따라서는 특정 저서에 대한 비판을 만화로 표현하는 경우도 있는 듯하다. 예컨대 인터넷 『시사IN』(제441호, 2016년 2월 29일)의 「아주 쉬운 상식」이 그런 경우로 보인다. 그가 내 책 『아주 낯선 상식』을 직접 거명하며 이 만화를 그린 것은 아니다. 하지만 명백히 내 책의 주장을 비판조로 패러디한 것으로 보인다.

누군가 글로 내 주장을 반박하면 나도 글로 반박하면 된다. 한데 만화가가 만화로 내 주장을 반박하면 나는 어떻게 해야 하는가? 대략 난감한 일이다. 만화가가 아닌 나는 그림을 그려 그의 반박에 대응할 수가 없다. 내가 할 수 있는 건 어쨌든 그의 그림 속 글을 바로잡는 일뿐이다.

그런데 굽시니스트(김선웅)는 패러디한 만화에서 심각한 인격적 문제를 노출시키고 있다. 그는 (자신이 그러는 것이 아니라) 영남에서 호남을 '홍어'라고 비하한다는 것을 핑계 삼아 만화 속에서 호남을 마음 놓고 '홍어'라고 지칭하고 있다. 이런 비하적 용어('홍어'뿐만 아니라 예컨대 과메기, 원숭이, 낙타, 니그로, 조센징 등 유사한 용어는 아주 많다)를 한두 컷도 아니고 전체적인 기조 속에서 키워드로 활용하고 있다면 상식적으로 좀 문제가 있지 않은가?

그나마 거기까진 변명이 가능하다. 그런데 중간의 한 컷에서는 호남인(대변자)이 "으음… 호남의 자원으로 영남 짝퉁 홍어들이 저리 나대는 건 좀 거시기한데… 누가 저런 끔찍한 혼종을 만들어냈단 말인가…!"라고 탄식하는 글을 적어 놓고 있다. 내 상식으론 호남인이 호남인 스스로를 '홍어'라고 비하하는 경우는 없다. 더군다나 "끔찍한 혼종"이라니?! 이는 명백히 굽시니스트(김선웅)의 인종주의적 자의식의 발로다.

그의 "끔찍한 혼종"이라는 표현은 얼핏 『아주 낯선 상식』이 무슨 인종주의적 영남배척을 주장하는 것처럼 오해를 야기시킨다. 이는 명백한 모함이다. 아니 개인적 모함 여부를 떠나 어떻게 이런 인종주의적 발상으로 그림을 그릴 생각을 하는가? 나는 굽시니스트(김선웅)뿐만 아니라 그에게 지면을 줘 활약케 하는 『시사IN』도 이런 식의 인종주의적 표현에 대해 함께 책임지고 사과해야 한다고 생각한다.

굽시니스트(김선웅)의 수준에서 이해한 『아주 낯선 상식』의 주제는 그야말로 가관이다. 그는 『아주 낯선 상식』의 주장을 기껏 "호남 당 잡아먹은 영남놈들 극혐!!! 저기 붙어먹은 호남놈들은 배신자다! No more 퍼주기!!" 하면서 기관총을 갈기는 수준이다. 그리고는 "영남 스파이들을 제거했습니다!"라고 환호한다. 그의 눈에는 "이것이 『아주 낯선 상식』이 주장한 영패주의 척결!"인 것이다. 내 상식으로는 상상하기조차 힘든 정파적 이해력이다.

글이 아닌 만화를 글로만 설명하며 반박하려니 쓰는 사람이나 읽는 사람이나 서로 답답한 노릇이다. 어쩔 수 없이 나도 굽시니스트(김선웅)가 패러디한 「아주 쉬운 상식」 속 만화 그림을 재활용해 다시 패러디로 돌려주려 한다. 그래서 그가 지어내고, 『시사IN』이 널리 퍼뜨린 명백한 왜곡과 모함을 바로잡고자 한다. 다음이 내가 『아주 낯선 상식』에서 담아내려 했던 왜곡 없는 주장이다.

위 글에 대한 보충설명이 필요하다. 나는 굽시니스트가 (내가 위에서 지적한 지나친 표현기조를 차치하고, 그가 주장하고자 한 맥락에만 한정한다면) 친노의 생각을 아주 잘 정리했다고 본다. 굽시니스트의 원 만평 글은 친노가 바라보는 노무현 이데올로기와『아주 낯선 상식』이 비판하는 노무현 이데올로기에 대한 나름의 이해를 중첩적으로 잘 버무려 그럴 듯한 메시지를 전달했다.

굽시니스트의 만화가 특별히 내 주목을 끄는 이유는 그의 메시지에서 내가 친노에게 갖고 있는 의문을 풀 결정적 실마리가 보인다는 점 때문이다. 그건 '왜 친노는 내가 반복적으로 설명하는 노무현 이데올로기에 대한 내 비판의 맥락을 그렇게도 이해하지 못 하는가'에 대한 것이다. 이런 의문을 풀기 위해 그의 만화를 텍스트로 삼아 주의 깊게 분석해볼 필요가 있다.

나는 앞에서 열린우리당으로 표출된 노무현 이데올로기가 과거가 아닌 현재, 그리고 미래까지 지속될 것이어서 그 과거사를 중시한다는 말은 했다. 그런데 진짜 문제는 그에 대한 인지부족이 아니다. 더 중요한 문제는 친노(굽시니스트의 관점을 친노의 전형적인 관점으로 간주하고 말한다)는 내 주장을 단순히 호남과 영남의 권력쟁탈전으로 간주해 버린다는 사실이다. 그래서 "호남의 자원으로" "호남당 잡아먹은 영남놈들" 같은 표현이 등장한다.

물론 (굽시니스트의 도입부 표현대로) 친노가 민주주의 혹은 정책이라는 이름으로 그 권력의 정당성 문제를 연관시키기는 한다. 그리고 나 또한 정치적 권력지분, 물질적 분배정의를 주장하는 건 틀림없다. 한 데 여기서 빠진 게 있다. 단순히 뭔가가 빠진 게 아니라 민주·개혁세 력이라면 가장 근원적으로 합의해야 할 전제가 빠진다. 그것은 그 민 주주의를 쟁취하기 위해 호남이 행했던 과거의 정통성·정당성에 대 한 인정이다. 그런데 노무현과 친노는 그것을 돌이킬 수 없이 부정하 고 모욕했다. 내가 『아주 낯선 상식』에서 상세히 설명한 그 모욕의 상 징적 사건이 바로 열린우리당으로 표출된 노무현 이데올로기다. 그 리고 그 노무현 이데올로기는 바로 영남패권주의에 투항한 지역주의 양비론이다.

친노에겐 유일한 관심일지 모르지만, 영호남 권력지분과 분배정의 는 사실 그 다음 문제다. 호남이 노무현으로부터 그런 식으로 '배신' 당한 이후의 현실적 문제제기일 뿐이다. 만약 그런 역사적 '배신'이 없었다면, 내 생각엔 친노에 대한 호남의 인내와 희망은 훨씬 더 길 게 지속됐을 것이다. 그런데 지금에 와서 친노 자신들이 원하는 '신성 광주'가 권력과 분배에만 집착하는 '세속광주'로 타락했다고 비판하 는 것은 친노식 아전인수일 뿐이다.

나는 친노가 노무현과 열린우리당이라는 과거사 속에서 호남의 민 주주의를 향한 투쟁의 역사적 정통성·정당성을 어떤 식으로 모욕하 고 배신했는지 깨닫기를 절망적으로 기대하며 『아주 낯선 상식』을 썼 다. 하지만 굽시니스트식의 이해와 비판이 거의 전부였던 것 같다. 그들은 호남이 갖은 핍박과 홀대 속에서도 지키고자 했던 그 처절한 긍지를 짓밟은 다음, 이제 와서 '노무현과 친노가 권력을 잡고 호남을 홀대해서 지역주의가 다시 도졌냐'고 조롱하는 태도를 보인다. 그것은 호남을 두 번 모욕하는 것이다. 남편에게 자신의 헌신적 사랑을 모욕당한 아내가 '그럼 이제 우리 관계는 위자료로 정산할 일밖에 없겠다'고 하자 '당신은 아는 게 돈 밖에 없냐'고 조롱하는 것과 다를 바 없다. 그런 페렝기Ferengi적 인생관을 가진 친노는 아마 앞으로도 세상을 그렇게만 볼 것이다. 그러니 호남이 그런 친노를, 친노가 그런 호남을 어떻게 서로 이해하겠는가?

# 4
# 《프레시안》에 등장한 친구들

영산대 장은주가 《프레시안》에 『아주 낯선 상식』에 대해 반론한 것을 계기로 6인이 논쟁에 참여해 총 9편의 글을 기고했다. 나는 장은주의 글에 대한 반론 1편과 동아대 정희준의 글에 대한 반론 1편을 기고했다. 여기에 그 두 편의 내 글을 전재한다. 다른 논쟁 참여자의 관련 글은 《프레시안》에서 참조하기 바란다.

장은주는 첫 글에서 이렇게 주장했었다.

문제를 지역주의라는 잣대로 볼 일은 결단코 아니다. 아무리 5.18 같은 현대사의 특별한 상황을 염두에 둔다고 하더라도, 도대체 지금과 같은 시대에 민주공화국의 서로 다른 지역이라는 것이 어떻게 그렇게도 서로 화해할 수 없는 대립과 갈등을 빚어낼 수 있다는 것인지, 또 어째서 그 엉뚱한 지역모순이라는 걸 계속해서 정치적 인식의 토대로 삼겠

다는 것인지, 참으로 씁쓸하고 어처구니가 없다.[18]

그래서 나는 다음과 같이 「선거 전엔 '호남 몰표'! 선거 후엔 '호남 없는 개혁'? 호남의 '민주주의'가 부족하다고?」라는 글로 '열심히' 반론[19]했다.

* * *

이 글은 내 책 『아주 낯선 상식』(개마고원 펴냄)에 대한 논박을 담은 장은주 교수의 시평(《프레시안》, 2016년 1월 27일)에 대한 반론이다. 나는 이 반론을 쓰기까지 상당히 주저했다. 내가 보기에 장 교수의 시평은 논리를 담고 있다기보다는 감성적 호소에 더 가까웠기 때문이다. 논리는 반박할 수 있지만 감성은 반박할 수 없다. 그럼에도 불구하고 내가 반론하려는 것은 이런 글이 많은 이들에게 마치 어떤 논리를 담고 있는 것으로 선전될 수 있다는 우려 때문이다.

우선 나는 장 교수의 글에서 "'지역모순'이라 지칭되기도 하고 '반(反)영남패권주의'라고 불리기도 하는 둥, 도무지 통상적인 사회과학적 인식 틀로는 포착하기도 힘들어 보인다"는 문구를 읽고 내 두 눈을 의심했다. 도대체 무슨 말인가? 지역문제가 "통상적인 사회과학적 인식 틀"과 전혀 관계없단 말인가 아니면 지역문제와 우리나라 현 정치상황이 관계없단 말인가? 어느 쪽이라고 대답하든 가히 충격적이다.

말이 나온 김에 나도 확인해둔다. 내 책에 담긴 호남의 복수정당제 쟁취주장을 분열이라는 이름으로 공격하는 친노세력은 노무현의 '지역주의 양비론'을 떠받들고 있다. 그런데 패권지역과 피패권지역 모두 잘못했다고 주장하는 이 양비론이야말로 나로선 듣도 보도 못한 지구상에 족보도 없는 이데올로기다. 아, 어쩌면 '일베'에는 있는지도 모르겠다.

장 교수는 "도대체 지금과 같은 시대에 민주공화국의 서로 다른 지역이라는 것이 어떻게 그렇게도 서로 화해할 수 없는 대립과 갈등을 빚어낼 수 있다는 것인지"라고 한탄한다. '대립과 갈등을 빚어낼 수 있는 것인지'가 아니라 "대립과 갈등을 빚어낼 수 있다는 것인지"다. 실제로는 그런 일이 없는데 그렇게 보는 사람이 뭔가 잘못됐다는 것이다. 그래서 그는 "어째서 그 엉뚱한 지역모순이라는 걸 계속해서 정치적 인식의 토대로 삼겠다는 것인지"라고 거듭 한탄한다.

그렇다면 이제 영남패권주의가 '있다'는 나와, '없다'는 장 교수의 입장 차이가 분명해졌다. 내 입장을 문제 삼았으니 당연한 얘길 정리하겠다. 만약 영남패권주의가 없는데 내가 지금 이러고 있다면 그건 내 죄다. 하지만 세상이 그렇게 돼 있다면, 그걸 "정치적 인식의 토대로 삼"는 건 결코 내 잘못이 아니다. 오히려 지상을 외면하는 천상의 신선들이 사죄할 문제다.

장 교수는 위와 같은 내 주장이 "5.18은 북한에 조종된 호남인들의 반란을 영남 사람들이 나서 막는 과정에서 생긴 사건이라는 식으로 말하는 영남패권주의세력의 그 말도 안 되는 마타도어에 포섭될 때에야 나올 법하지 않은가?"라고 묻고 있다. 놀랍게도 장 교수는 지금 막 온 천하에 천기누설을 했다. '영남패권주의세력이 있다!'는 것이다. 그럼 위에서 내 "정치적 인식의 토대"가 잘못됐다고 공격한 건 어찌되는가?

아마도 장 교수는 영남패권주의세력을 영남패권주의세력이라고 말하면 그들의 프레임에 걸리는 것이니 상대하지 말라고 충언하는 건지도 모르겠다. 아니, 영남패권주의세력이 무슨 홍길동 아버지라도 되는가? 어떻게 영남패권주의를 반대하는 것이 영남패권주의세력의 주장에 "포섭"되는 것으로 돌변하는가? 단언컨대 내겐 장 교수 같은 착한 영남인이 아니라 그들 "영남패권주의세력"에 저항하는 게 더 중요하다. 장 교수 같은 사람이 아니라 바로 그들의 유사 이데올로기가 지금도 대한민국을 지배하고 있고, 과거엔 광주 양민까지 학살했기 때문이다.

장 교수의 이상한 논리는 바로 그 뒤에 이어져 나오는 "주위 사람들의 온갖 질시와 배척을 견디면서도 '전라도당'이라고 낙인찍힌 당에 투표해 온 많은 영남 사람들은 이제 어찌해야 한다는 것일까?"라는 말에서 극에 달한다. 심지어 호남이 이제 세속화되어야 한다는 내 주장과 관련지어 "영남의 소수파 민주 진보세력은 (…) 호남 사람들에게 큰 배반감을 느끼지 않을 수 없을 것 같다"는 말까지 하고 있다. 난 그것이 알고 싶다. "영남의 소수파 민주 진보세력"은 대한민국의 민주 진보를 위해서가 아니라 "전라도당"을 위해서 투표했는가? 그래서 호남사람들에게 "배반감"을 느낀다는 말인가?

장 교수는 그들 영남사람들이 어찌해야 하는지를 묻고 있다. 내게 물은 것 같으므로 내가 대답하겠다. 그냥 투표하고 싶은 대로 알아서 하시라. 이 세상의 모든 유권자는 성인이다. 설령 "영남의 소수파 민주 진보세력"이라 할지라도 모두 성인이다. 새누리당에든, 더불어민주당에든, 국민의당에든, 정의당에든, 녹색당에든, 그 어떤 당에든 각자 자신의 양심껏 투표하면 된다. 정통성이나 정당성 없는 당만 아니라면 유권자의 투표행위는 누구에게 욕먹을 일도 아니고, 누구에게 과시할 일도 아니다. 그건 호남인도 마찬가지다.

읽고 보니 위 말보다 더 이해하기 힘든 말이 바로 밑에 있었다. 장 교수는 "영남의 개혁 및 진보세력은 선거 때마다 사실상 그저 무의미한 사표만 행사"했고, "지역에 자신을 대변해 줄 국회의원 하나 없을 뿐만 아니라 기초 의회부터 광역 단체장에 이르기까지 온통 새누리당 차지"라는 것이다. 하지만 "호남은 늘 자신들의 정치적 대변자들을 가져왔"으며, "적어도 지역 정치는 자신들 마음대로 할 수 있었다"는 것이다.

이쯤 되면 논박을 계속해야 하는지가 의심된다. 그럼 호남의 일당 독재에 진저리를 치는 호남의 개혁 및 진보세력은 없다고 보는가? 호남에선 그나마 찍고 싶은 당에 찍는 사표보다 더한 인질들의 사표를 낳는다. 호남의 사표가 되는 새누리당 유권자들의 불만이야 마치 없는 것처럼 시침 뚝 떼겠다.

내 주장은 간단하다. 호남에서도 헌법이 보장하는 '복수정당제'를 쟁취하자는 것이다. 이는 대부분의 호남유권자들이 새누리당을 찍을 수 없기 때문에 하는 주장이다. 호남의 일당독재를 고수하자면 개혁의 표현이고, 복수정당제를 주장하면 "호남의 일부 엘리트 출세주의자들의 은폐된 욕망의 표현"인가? 호남도 당을 선택할 수 있어야 한다는 말이, 설령 결과적으로 몰표가 나오더라도 선택적 몰표여야 한다는 주장이 그렇게 반동적인가?!

장 교수는 "세계 최고의 복지국가 스웨덴은 사회민주당의 오랜 장기집권이 없었다면 존재할 수 없었을 것"이라며, "호남은 왜 그런 모범을 따르지 못했나"라고 추궁한다. 즉 "왜 그동안 호남은 그 유리한 정치적 조건을 이용하여 호남지역을 더 민주적이고 더 복지 친화적이며 더 인간적인 삶의 공간으로 만들지 못했는가?"라는 것이다. 그는 궁극적으로 "호남의 경우 진짜 문제는 여전히 '민주주의의 부족'이라고 할 수 있"다고까지 극언한다.

지금 장 교수는 영남이 나쁜 새누리당의 일당독재 지방자치를 통해 지상낙원을 만들지 못한 것은 당연하지만, 호남은 착한 더불어민주당의 일당독재 지방자치를 통해 왜 지상낙원을 만들지 못했냐고 추궁한 것이다. 장 교수가 볼 때 국가차원의 경쟁 속에서 스웨덴 사회민주당이 장기집권한 것이 호남 지방자치 차원의 강요된 지역저항 체제 속에서 더불어민주당이 장기집권한 상황과 똑같아 보이는가? 그래서 '호남'의 "민주주의의 부족"을 개탄하는가?

장 교수는 결론적으로 "지금 새누리당은 한국의 국민전선이다. 특히 호남에게는 더더욱 그럴 수밖에 없다"고 주장한다. 아니, 이런 최종적 자기부정의 반전이 기다리고 있었다니!? 영남의 절대적 지지를 받는 새누리당을 프랑스 국민전선에 비유하면 새누리당이 영남 극우패권주의의 본산이란 말 아닌가? "호남에게는 더더욱 그럴 수밖에 없다"니? 이는 지역투쟁을 하자는 말 아닌가? 그럼 위에서 "어째서 그 엉뚱한 지역모순이라는 걸 계속해서 정치적 인식의 토대로 삼겠다는 것인지"라고 한탄한 사람은 장 교수가 아니라 도플갱어였는가?!

장 교수는 "한국의 민주주의는 절체절명의 위기에 처해 있다"고 말한다. 그러면서 "지역 엘리트들의 출세가 아니라 이런 위기의 민주주의를 구원하는 것이 호남의 긍지가 되면 왜 안 되는 것일까?"라고 묻는다. 난 호남이라는 지역단위에 호소하는 이 대목에서 장 교수가 급기야 지역주의자로 커밍아웃 했다고 본다. 장 교수가 굳이 상기시키지 않더라도 호남은 충분히 긍지를 갖고 살았고, 충분히 조롱받았다. 그러니 "호남은 더 신성화되어도 된다. 아니, 그래야만 한다"고 너무 들이대지 않았으면 좋겠다.

진심으로 묻는다. 장 교수는 대한민국의 민주주의가 대한민국의 책임이 아니라 호남의 책임이라고 믿는가? 대한민국의 개혁진보세력은 대한민국의 민주주의가 어떤 한 지역의 신성한 의무감에 의해서만 구원돼야 한다고 믿는 지역주의자들인가? '호남 없는 개혁'이야말로 대한민국 개혁진보세력의 로망이 아니었던가? 아, 선거 전엔 '호남 몰표'가 로망이고, 선거가 끝난 후에만 '호남 없는 개혁'이 로망인가?

내 관심은 특정 정당의 집권이 아닌 위선 없는 정치논리다. 단언컨

대 친노세력의 '지역주의 양비론'과 호남의 '반영남패권주의 호남몰
표+개혁 진보세력론(반새누리당 연대론)'은 논리적으로 양립할 수 없
는 상극이다. 너무나 슬프게도, 지금 내가 호남의 복수정당제를 주장
하는 것이나 호남이 이러는 건, 지난 13년 동안의 세월 속에서 친노
세력의 '지역주의 양비론'에 (내가 과거 열린우리당 사태 때 그토록 지키고
싶었던) 호남의 '반영남패권주의 호남몰표론'이 이데올로기적으로 패
배한 결과다.

정치공학이 아니라 논리적으로, 앞으로 친노세력이 떠받드는 노무
현의 '지역주의 양비론'이 득세할수록 호남의 '반영남패권주의 호남
몰표론'은 몰락할 수밖에 없을 것이다. 대한민국의 이른바 개혁 진보
세력은 이념적으로 노무현의 '지역주의 양비론'을 택하든지 아니면
호남의 '반영남패권주의 호남몰표론'을 택하든지 둘 중 하나만을 선
택해야 한다. 노무현의 '지역주의 양비론'을 숭상하면서 '반영남패권
주의 호남몰표'를 원하는 건 부끄러움도 모르고 '나쁜 천사'를 갈망하
는 것이다. 양식이 있고, 논리를 안다면, 제발 이러지들 마시라!

*　*　*

이렇게 반론했더니, 장은주는 다음 글에선 이렇게 말을 바꾼다.

먼저 내가 이른바 '영남패권주의'의 존재를 부정하지 않는다는 점을
분명히 해 두어야겠다. 나는 그것을 영남이라는 지역기반 위에서, "우리

가 남이가"라는 식의 선동과 그 '우리'에 속하지 않는 '남', 특히 호남사람들에 대한 근거 없는 혐오와 배제를 통해 사회적-정치적 이득을 누리려는 세력들의 한국적 인종주의 정도로 이해하고 싶다. 바로 새누리당을 이끌고 지지하는 세력들의 지배적 이데올로기다.[20]

첫 글에서는 "문제를 지역주의라는 잣대로 볼 일은 결단코 아니다"더니, 이젠 재반박이라며 "내가 이른바 '영남패권주의'의 존재를 부정하지 않는다는 점을 분명히 해두어야겠다"란다. 이런 식으로 횡설수설하며 '공소유지'조차 못하는 글을 상대로 더 이상 논쟁할 수 없었다. 어쨌든 친노세력의 내 주장에 대한 주된 반발지점은 영남패권주의는 새누리당세력을 중심으로 하는 것인데 왜 친노를 거기에다 연루시키냐는 것으로 보인다. 그들은 '투항'이든 뭐든 그런 주장을 인정할 수 없다고 주장한다.

한편 동아대 정희준은 이런 식으로 내 주장을 반박했다.

김욱은 한국 정치의 주요모순은 지역문제라고 했다. 동의한다. 그렇다면 우리는 무엇에 주목해야 하는가. '영남 대 호남'인가? 그렇지 않다. 한국 사회의 권력이 어디에 있는가. 친노에게 있나? 아니다. 대한민국의 권력은 서울에 있다. 서울 사는 영남사람, 호남사람 모두 자기 고향은 이권 챙길 때 써먹을 뿐이다.[21]

정희준은 가장 심각한 '서울' 내부의 영남패권을 부정하거나 아무 관심이 없다. 그가 보기에 서울에 살면 그들은 모두 '서울사람'이기 때문이다. 나는 「'노무현 이데올로기'를 죽여야 세상이 바뀐다! 서울의 영남 패권세력과 그 모(母)지방 영남」이란 제목으로 반론[22]했다.

*    *    *

이 글은 내 책 『아주 낯선 상식』에 대한 반론을 담은 정희준의 「'친노'도 '영남 패권'도 없다! 문제는 '서울'!」이라는 글에 대한 응답이다. 정희준의 글을 반론하는 데 있어 가장 큰 어려움은 횡설수설의 긴 글을 요령 있게 요약해 쟁점을 찾아내는 것이었다.

우선 정희준은 내가 "영남패권주의의 정의 또는 실체를 밝히는 것을 포기"했다고 썼다. 그래서 "황당함을 넘어 실소를 금치 못했다"고 목소리를 높였다. 그는 자신의 불성실한 독해를 근거로 내 주장을 비판하기 위해 장문의 원고 거의 4분의 1을 낭비하고 있다. 나는 분명히 영남패권주의를 '정의'했다. 지면 낭비를 무릅쓰고 책의 내용을 다시 적는다.

> 나는 현대적 의미의 영남패권주의를 "영남인들이 폭압적인 정치권력을 통해 호남인들을 차별·배제하는 전략으로 전국적 규모의 경제적 지배관계를 확대재생산하고 이러한 지역적 지배관계에 대해 사회·문화적인 차원에서 은밀하게 이데올로기적 동의를 얻어내는 극우헤게모니"라고 정의한 바 있다. (33쪽)

내가 "정의한 바 있다"고 적은 것은 2005년에 출간된 내 책『김대중의 끝나지 않은 이야기』(인물과사상사 펴냄)에서의 정의를 그대로 다시 인용했기 때문이다. 이 정의에 대한 오독이 있을까봐 "나는 1987년 6월 항쟁 이후로 영남패권주의가 '폭압적인 정치권력'에서 '이데올로기적 동의'로 점차 이행해 왔다고 본다"(33쪽)는 말까지 추가했다.

정희준은 "나 역시 영남패권주의의 존재를 정교하게 입증할 수 없다"(217쪽)는 내 책 속의 문장을 "영남패권주의의 정의 또는 실체를 밝히는 것을 포기"하는 말이라고 덮어 씌웠다. 하지만 내가 포기한 건 '개념 정의'가 아니라 '정교한(!) 입증'이었다. 나는 대신 "정황증거만을 제시할 것"이라고 썼다. 그것이 나로선 "실체를 밝히는 것"이었다. 그리고 내가 '정교한 입증'을 포기하는 이유는 책에 밝혔고, 아래에 다시 설명하겠다.

그런데 정희준은 마치 내가 개념 정의도 하지 않고 책을 쓴 것처럼 왜곡해 "세상에 이렇게 '개념 없는' 저술이 또 있던가"라고 제 홀로 쓸데없이 탄식한다. 읽고 싶지 않았던 부분에 개념이 있고, 그래서 이제 '개념 있는' 저술이 됐는가?

어이는 좀 없지만 흔히 당하는 일이므로 내 책에 대한 왜곡은 차치한다. 정희준의 장황한 주장을 나름대로 간추리면, 글 제목에 표현된 대로 우리나라 지역문제는 '서울/지방' 문제라는 인식이 핵심 내용이 아닌가 싶다. 정희준은 "나는 한국 사회의 패권이 영남에 있다는 주장에 동의하지 않는다. 패권은 서울이 쥐고 있다. '서울공화국'이라지 않는가"라고 주장한다.

내가 조금 놀랐던 건 정희준이 서울 집중문제를 단순한 지역문제가 아니라 '지역패권문제'로 인식한다는 점이었다. 그럼 쟁점이 분명하다. 난 '영남패권'이 문제라고 보고 있고, 정희준은 '서울패권'이 문제라고 보고 있다. 이런 관점의 차이를 있게 한 핵심 이유에 대해선 다시 말하겠다.

헌데 많이 놀랐던 건 정희준은 어쩌면 나보다 더 '패권'적 지역 구분에 민감하다는 점이었다. 그는 내가 "'영남패권'에 대해 그렇게 관심이 많다면 그 권력이 '영남'이라기보다는 대구-경북의 폐쇄적 권력이라는 정도는 말해야 하지 않았을까"라고 권한다. 그러면서 "대구-경북은 부산-경남(PK)을 같은 영남으로 보지 않는다. 그들은 부산·경남 사람들을 '아래 하' '하도(下道)사람들'이라고 폄하해 부르기도 했다"고 전한다.

잠깐! 정희준은 아예 '영남패권주의는 없다'는 입장 아니었던가? 그렇다면 TK든, PK든, 이런 실없는 얘기가 지금 왜 필요한가? 본인은 편의상 '서울패권'을 주장하지만, 나를 위해서 영남패권은 'PK'를 포함한 영남이라기보다는 'TK'패권이라고 제대로 된 진실을 넌지시 알려주는 건가? 나름의 '천기누설'이 고맙긴 하지만, 그리고 그에 대한 정리된 내 생각도 있지만, 이런 논리적 아수라장은 좀 곤란하지 않은가?

그보다는 반드시 짚고 넘어갈 일이 있다. 난 책에서 영남패권주의의 '정황증거'를 대기 위해 정리된 통계수치 중심의 13쪽 분량을 할애

했으며, 책 전체가 사실상 그와 관련된 이데올로기의 입증이었다. 그런데 정희준은 도대체 무엇을 근거로 '서울패권'이니 '영남패권은 곧 대구–경북의 폐쇄적 권력 아니냐'느니 하는 주장과 권고를 하는 것일까?

놀랍게도 정희준이 근거로 삼은 건 "서울공화국", 혹은 "하도사람들"이라는 시쳇말 한마디씩뿐이다. 그래서 난 내가 정의한 '영남 패권주의'처럼 그의 '서울패권' 개념에도 '서울사람'이 '지방사람'을 극우적으로 차별·배제하고, 이데올로기적 동의를 얻는 요소가 들어있다는 것인지를 알 수가 없다. 나는 정희준이 '영남패권주의'만 아니라면 아무 '개념 정의'나 '실체적 입증' 없이도 모든 패권 주장과 그 권고가 가능하다는 시범을 보였다고 생각한다.

내가 영남패권주의에 대한 '정교한 입증'을 하며 인생을 낭비하지 않기로 한 건 영남패권주의를 방조하는 바로 이런 식의 불공평한 입증책임 요구 때문이다. 내가 여생을 바쳐 영남패권주의를 '더' 엄밀하게 입증한다한들 정희준이 혹은 영남패권주의자들이 내 입증에 무슨 관심이 있겠는가? 오히려 논문이나 책을 읽고 '실소'하는 것이 아니라 '실소'하기 위해 논문이나 책을 건성으로 읽는 강박증만 더해질 것이 뻔하다.

어쨌든 이제 정희준과 나의 핵심적 관점의 차이인 '영남패권'이냐 '서울패권'이냐에 관한 내 입장을 말하겠다. 우선 난 강준만의 '서울/지방 식민지론'에 동의하지 않는다. 정희준은 내 책의 이 부분도 읽지 않았는지 생뚱맞게 "만약 '지방은 서울의 식민지'라는 강준만 교수의 주장에 동의한다면"이라는 문구를 적어놓고 다시 한참 지면을 낭비한다. 난 그런 주장이 "아주 의심스럽다"(61쪽)고 책에서 분명히 내 입장을 밝혔다.

나는 서울(수도권)의 위상이 절대적이라는 사실을 부정하는 게 아니다. 내가 문제를 삼는 건 그 서울 내부를 영남패권세력이 장악하고 있고, 그 모(母)지방 영남이 상당한 패권적 혜택을 받고 있다는 점이다. 이는 영남패권주의 서울이 영남인에게는 출세를 위한 희망과 약속의 땅이라는 의미이기도 하다. 그래서 그들은 패권적으로 연대한다.

그런데 정희준은 "유시민도 영남패권주의자가 아니라 서울사람이다. 지금도 서울에 살고 있고 서울에서 죽을 것이다"고 말한다. 그도 인정하는 '서울패권의 하위패권으로서의 영남패권'은 그저 "서울에서 벌어지고 서울에서 마무리"되는 개념일 뿐이다. 나는 '서울의 영남패권세력과 그 모(母)지방 영남'의 패권적 연대가 대한민국 영남패권주의의 핵심적 사태라고 생각하지만 설령 그것이 서울만의 사태라고 해도 문제가 아닌가?!

비유하면, 정희준은 유대인이 월스트리트의 금융자본을 패권적으로 지배하고 있다는 주장에 대해 유대인이 뉴욕에 살면 뉴욕사람이고 뉴욕의 패권이지 그게 어디 유대인의 패권이냐고 우기는 것과 같다. 이 놀라운 단순함과 지적 게으름을 내가 무슨 수로 당하겠는가?

나는 서울의 영남패권세력과 그 모(母)지방 영남의 수혜 차이, 그리고 서울과 대립하는 지방의 공동 이익이 존재한다는 것을 부정하는 게 아니다. 다만 나는 한국의 주된 지역 모순을 '서울/지방'이 아니라 '서울의 영남패권세력＋그 모(母)지방 영남 수혜/서울의 호남 등 피패권지역 이주민＋그 모(母)지방 호남 등 소외'로 보는 것뿐이다. 그리고 이는 서울의 빈·부촌에 따른 지방 이주민 분포와 투표 성향을 참고하건대 계급적 지위와도 상당 부분 중첩될 것으로 추측한다.

나는 내 주장이 우리나라 자본가 계급의 자산 소유 상위 1~10%의 1~3세대 출신지역을 확인할 수 있는 통계자료만 나오면 명백히 밝혀질 것이라고 확신한다. 그리고 이것이 내가 영남을 포함한 모든 지방은 같은 입장이니까 연대해 서울을 상대로 반식민지 투쟁을 하자는 주장에 동의하지 않는 이유다. 실제로 그렇게 되지 않는 데는 다 이유가 있다. 난 유권자가 바보여서 영남(출신)의 새누리당 지지와 호남(출신)의 반새누리당 투표행태가 나오는 건 아니라고 본다.

정희준은 내가 노무현 이데올로기와 친노를 공격하는 것이 오래전 무슨 감정적인 말로 호남이 조롱당해 분을 못 풀어 이러는 것이라고 보는 듯하다. 그는 "십 몇 년 전 서울사람 유시민이 호남인들을 조롱했다 해서 그것을 지금 힘도 없는 영남인에게 되돌려 주는 것은 좀 과한 것 같다"고 말한다. 아니다! 내가 문제를 삼는 건 (유시민뿐만 아니라 누구라도) 사적 차원의 감정적인 말실수 따위가 아니다.

내가 관심을 갖는 건 '노무현 이데올로기'다. 그런데 정희준은 내가 독자를 위해 쉽게 풀이한 노무현 이데올로기의 정의가 길다고 비아냥댔다. 짧은 게 좋다니 책에서 수없이 반복한 그 핵심 명제를 다시 짧게 정의하겠다. 노무현 이데올로기는 영남패권주의에 투항한 지역주의 양비론이다.

지금이라도 주위를 한 번 둘러보기 바란다. 노무현의 '지역주의 양비론'에 입각한 양김청산론, 열린우리당 창당 그리고 '영남패권주의에 투항'한 대연정론, 열린우리당과 한나라당의 양대산맥론, 심지어 지역주의 미해결을 이유로 하는 호남 대선후보 불가론 등이 호남을 모욕하고 잘못된 일이었다고 진심으로 후회하고 성찰하는 민주개혁 세력이 얼마나 되는가?

심지어 대부분은 그것이 호남을 모욕했다는 인식 자체도 없다. 그들의 유일한 관심은 그저 '대가를 지불할 필요가 없는 반새누리당 호남 인질표'뿐이다.

나는 정치인이든 유권자든, 노무현 이데올로기를 추종하는 사람을 '친노'라 부른다. 그들은 정파적 밀집도와 신념의 차이가 있을 뿐 도처에 깔려 있다. 심지어 유명 친노 중엔 일베적 성향을 보이는 인물도 있다. 내가 볼 때 전두환식의 단순한 영남(파시즘)패권주의보다 더 극복하기 힘든 문제는 노무현식의 은폐된 투항적 영남패권주의다. 친노는 결코 '폐족'이 아니다.

하지만 내 주된 관심은 사람으로서의 친노보다는 노무현 이데올로기에 있으며, 정파로서의 친노의 궤멸보다는 노무현 이데올로기의 궤멸에 있다. 난 사람으로서의 친노가 영남패권주의가 아닌 반영남패권주의에 투항하기를 원한다. 만약 그들이 노무현이 그랬던 것처럼 영남패권주의에 투항한다면 노무현 이데올로기는 과거가 아닌 현재, 나아가 미래의 문제다. 물론 과거사는 과거사대로 정리해야 할 것이다. 그래서 내겐 '노무현 이데올로기'와의 투쟁은 결코 "허깨비와의 싸움"이 아니다.

나는 책에서 미래사에 반복적 위험을 초래할 '노무현 이데올로기'를 떠받들며, 자신들을 '개혁세력'이라고 자칭하는 '친노'의 어처구니 없는 반민주적 반개혁적 사태를 적시했다. 호남은 그들 친노로 인해 이제 어쩔 수 없이 막다른 골목에 몰렸다. 그래서 난 호남에 '조롱받는 인질들의 호남몰표' 대신 '호남표 획득을 경쟁하는 복수정당제 쟁취'를 제안했다. 그것은 '플랜B' 해결책일 뿐이었다. 별 관심 없겠지만 나로선 참담한 마음이었다.

그러니 '실소'를 하기 위해 책을 보지 말고, 책을 읽고 난 뒤에 '실소'가 나오면 그때 하기 바란다. 그때도 내 주장에 '실소'가 나온다면 난들 귀하의 양식을 어찌하겠는가?!

\*　　\*　　\*

그랬더니 정희준은 황당하게도 이런 식으로 재반론을 폈다.

유대인이 뉴욕에 살고 있으니까 월스트리트를 지배하는 금융 자본가가 되는 것이지 텔아비브에 있었으면 패권이 있겠는가. 월스트리트 패권은 그 유대인이 없어도 패권이다. 얼마든지 대체 가능하다. 그러나 그 유대인은 월스트리트 없으면 그냥 유대인일 뿐이다.[23]

정희준의 상상을 초월하는 이런 해괴한 주장에 대해서는 지역평등
시민연대 대표 주동식이 다음처럼 아주 잘 반론했다.

월스트리트가 없어져도 유태인의 패권은 존재한다. 필요하다면 월스
트리트 아니라 미국의 다른 도시에도 비슷한 기능을 구현할 수 있다. 또
유태인의 패권은 월스트리트에만 있는 게 아니다. 전 세계에 걸친 네트
워크가 유태인 패권의 핵심이다. 그런데도 유태인 패권이 아닌 월스트
리트만 얘기한다는 것은 그 패권의 실체를 덮어주자는 얘기이고 그 동
조자 역할을 하겠다는 얘기이다. 영남패권도 마찬가지다. 서울은 영남
패권이 작동하고 기능하는 기지이자 메커니즘이다. 영남패권이 국가권
력을 통해 대한민국의 자원을 편파 배분했다는 사실은 이미 지적했다.
이를 위해 권력의 중앙 집중화는 필수적이었다. 즉, 서울의 비대화는 영
남패권의 결과라고 말할 수 있다. 정희준의 주장은 강도가 소지한 칼이
문제일 뿐, 강도는 문제가 아니라는 논리이다. 만일 일본이 다시 한국을
병탄해서 일본인들이 서울에서 총독이 되고 고위 관료가 되어 한반도를
지배한다고 하자. 그런 경우에도 정희준은 "서울패권이 문제지 일본인
들이 왜 문제냐?"라고 할 셈인지 묻고 싶다.[24]

정희준이 주장하는 '서울/지방'이 전부라는 주장은 뒤에서 다시 다
루기로 한다. 그리고 정희준처럼 '호남패권' 운운하며 '패권주의'라는
용어를 남발하는 사태에 대해서도 뒤에서 다시 다루기로 한다.

# 5

# 『한국일보』에 등장한 친구들

2015년 12월, 개그맨 이윤석이 곤욕을 치렀다. 그가 TV조선 〈강적들〉에 출연해 한 발언 때문이었다. 그는 '야당 총선 승리를 위한 신의 한 수'를 주제로 벌어진 대화에서 "보수적이지만 현재 보수당에 만족하지 않은 사람들이 야권을 지지하지 못하는 이유가 있다"면서 "(야당은) '전라도당'이나 '친노당'이라는 느낌이 있다"고 주장했다. 그러면서 "나처럼 정치에 별로 관심이 없었던 사람들은 기존 정치인이 싫다. 이번에 전면전을 치를 수 있도록 해준다면 나 같은 사람들은 (지지할 의사가 있다)"고 밝힌 것이다.[25]

이윤석은 나름의 생각으로 계파와 지역감정을 버리고 새로운 인물들에게 기회를 준다면 야당이 총선에서 승리할 가능성이 있다고 보고,[26] 구체적으로는 '안철수'를 지지하며[27] 이런 말을 한 것 같다. 그는 자신의 발언이 문제가 되자 "부적절한 표현으로 인해 불쾌감을 느끼신 모든 분들께 사과"[28] 했다.

흥미로운 건 네티즌이 이윤석을 비난하는 이유다. 그들은 '전라도 당'이나 '친노당'이라는 표현을 문제 삼았다. 그들은 왜 그 표현을 문제 삼았을까? 다음 둘 중 하나다. 당시 새정치민주연합(현 더불어민주당)은 '전라도당'이나 '친노당'이 아니라고 생각하거나, 아니면 '전라도당'이나 '친노당'인 건 맞지만 그렇게 딱 꼬집어 말하지 말라는 것이다. 아마도 전자가 아닌가 싶다. 그런데 이윤석의 생각은 달랐다. 자기가 보기에 '전라도당'이나 '친노당'이 맞고, 그런 당을 탈피하면 잘될 것으로 본다는 생각이었던 같다.

내가 보기에 네티즌과 이윤석의 생각 차이는 그렇게 크지 않다. 그들은 모두 '전라도당'이나 '친노당'이 나쁘다는 데 의견일치를 보고 있다. 그게 나쁜데, 네티즌들은 지금 새정치민주연합은 그렇지가 않다는 것이고, 이윤석은 그런 것 같으니까 그렇지 않은 새 당을 원한다는 취지다. 둘 다 '전라도당'이나 '친노당'이 없는 세상을 꿈꾸고 있다. 그런 면에서 그들은 사실상 같은 이데올로기의 안과 밖에서 다퉜을 뿐이다. 단지 네티즌은 위선적인 것이 탈이었고, 이윤석은 솔직한 것이 탈이었다.

내가 지금 말하려고 하는 요점은 네티즌이나 이윤석의 문제는 그들이 원치 않는 현상이 왜 존재하는지에 대한 성찰이 없다는 것이다. 그래서 다툼이 일어나면 기껏 이런 식의 위선과 솔직함 사이에서 소통의 단절을 느낀다. 그러면서 강자는 해결책 없는 비난을 하고 약자는 맘에도 없는 사과로 사태를 마무리 지을 뿐이다.

분명히 '전라도당'이나 '친노당'의 이미지는 존재한다. 실제로 호남의 절대적 지지를 받는다거나, 친노세력이 절대적으로 지지하면 그런 이미지는 당연히 생성된다. 문제는 그들 세력이 왜 존재하느냐는 것이다. 그리고 그 '나쁜' 이미지의 정체가 무엇이냐는 것이다. 이 사태는 기본적으로 '전라도당'의 대립물인 '경상도당'이 패권을 행사하며 대한민국을 지배하고 있고, '반노세력'은 새정치민주연합의 '친노패권'에 맞서 탈당을 감행했다는 사실에 대한 인식의 합의가 있어야 한다. 그렇지 않으면 있는 사실을 있는 그대로 얘기해도 다음처럼 서로 이상한 소리로 변형돼 해석될 수밖에 없다.

먼저, 네티즌의 시각 중 '전라도당'을 부정하는 논리부터 보자. 새정치민주연합을 '전라도당'이 아니라고 주장하는 네티즌은 대한민국에 멀쩡히 존재하는 새누리당도 '경상도당'이 아니라고 할 가능성이 높다. 이렇게 되면 반영남패권주의 투쟁은 불필요한 것이 된다. 아니면 논리적으로 이런 생각일 수도 있다. '패권적 경상도당만 존재하고 그에 투쟁하는 '반경상도당=전라도당'은 없다.' 하지만 이런 주장을 실제로 들어본 적은 없다.

이제, 네티즌은 '친노당'을 어떻게 부정할까? 논리적으로는 반노도 없고, 친노도 없다고 주장할 수 있다. 하지만 그보다는 반노만 존재하고 패권적 친노는 없다는 주장이 압도적이다. 이에 따르면 반노투쟁은 유령을 상대로 한 잘못된 투쟁이다. 한데 친노 수장 문재인은 지난 2012년 대선 패배의 원인과 관련해 "후보의 부족함 이외에도 많이 얘기되고 있는 친노(친노무현)의 한계일 수 있고 민주당의 한계일 수도 있다"[29]며 친노의 존재를 자인한 바 있다.

위 두 경우의 관점을 현실적으로 종합하면, '패권적 경상도당/저항적 전라도당' 같은 건 없고, '패권적 친노세력'은 없는데 '나쁜 반노세력'만 존재한다는 이데올로기라고 할 수 있다. 이는 전형적인 친노 이데올로기다. 이에 지배받는 친노네티즌이 진짜 하고 싶은 말은 이런 것이라고 본다. '영남패권이 있든 없든 그냥 가만히 있으라! 그러면 영남패권이 있다며 싸우는 나쁜 호남(반노)이 아닌 영남패권이 없다고 생각하는 착한 우리가 구원해줄 것이다. 하지만 우리를 반노와 대립하는 친노라 부르지는 말라. 우리는 현실대립 너머의 초월적 존재다!!'

이윤석이 꿈꾸는 세상은 이와 많이 다를까? 별반 다를 것 없다. 새정치민주연합(더불어민주당)이 그런 대립만 일삼는다고 지지할 수 없었다지만 안철수당이라고 그 존재하는 대립관계를 초월할 수 있을까? 이윤석도 대립의 지양을 꿈꾸는 것이 아니라 초월을 꿈꾼다. 그 결과가 무엇일까? 만약 국민의당이 다시 전라도당 이미지를 갖게 되면(이미 그렇게 됐다), 또 하염없이 그 초월적 정당을 꿈꾸며 지지를 접을 수밖에 없을 것이다. 영남패권주의와 싸우려는 생각이 없는 사람에게는 전라도당을 지지하지 않을 너무나 좋은 핑계가 된다. 이것이 바로 '영남 없는 민주화', 즉 대한민국의 초월적 민주주의가 가능하다고 보는 사람들의 관점이다. 그리고 이것이 바로 그들이 '전라도당' 주변을 배회만 하고 있는 이유다. 친노는 이 현상을 놓치지 않는다. 이것은 친노가 호남이 고립된다고 겁박하는 주요 근거이기도 하다.

내가 개그맨 이윤석의 생각을 아주 중요한 얘기처럼 분석적으로 장황하게 논하는 이유가 있다. 그의 생각은 아주 광범위한 이데올로기 현상이기 때문이다. 심지어 개그맨 이윤석의 사고수준과 정치학자의 그것이 특별한 차이를 보이지 않는 경우도 얼마든지 있다. 예컨대 자신을 진보주의자라고 생각하는 것 같은 정치학자 손호철은 2011년 11월 이렇게 말했다.

> 사실 제3당의 가능성은 1987년 양김의 분열과 삼당합당 이후 늘 관심거리였다. 비호남 야성 유권자를 묶어낼 정당이 없었기 때문이다. 민주당은 기본적으로 호남정당으로 인식되다보니, 야권 성향의 비호남 유권자가 찍을 정당이 없었던 것이다. 이런 상황에서 다시 안철수 원장이나 박원순 시장이 주목받고 있는 것인데, 일단 이들은 PK(부산경남) 출신인데다 지역주의적이지 않고, 민주당이 아닌 민주화세력으로 여겨진다.[30]

개그맨 이윤석의 주장과 정치학자 손호철의 주장이 다른가? 손호철의 "민주당은 기본적으로 호남정당으로 인식되다보니"라든가, 안철수나 박원순은 "PK(부산경남) 출신인데다 지역주의적이지 않"는 것으로 "여겨진다"는 음험한 표현에 특히 주목하기 바란다. 그의 생각이 "야권 성향의 비호남 유권자"와 달라서 마치 남의 말처럼 전하는 것일까? 정치학자가 개그맨보다 더 '자기주장'에 솔직하지 않다. 어쨌든 손호철의 사고체계 속 호남당은 '영남패권당'이라는 존재 없이 그저 존재하는 호남당이다. 그저 존재하는 호남당이니 반영남패권주의 투쟁이라는 문제의식이 있을 리 없다. 그러니 그런 투쟁현상을 볼 이유도 없고, 볼 수도 없고, 보고 싶지도 않다. 그저 자신이 진보주의라고 생각하는 그 뭔가가 왜소한 데 대한 한숨뿐이다.

내 생각에 영남패권주의가 존재한다는 주장에 화들짝 놀라는 사람들은 모두 세상을 거꾸로 보는 사람들이다. 그들은 영남당의 패권과 싸우는 대신 호남당의 고립을 겁박하고, 패권을 위한 영남의 결집을 비난하는 대신 민주화된 호남의 분열을 공격하고, 영남패권의 존재를 입증하려는 대신 호남홀대의 부존재不存在를 입증하려 하며, 궁극적으로 영남패권주의 만행을 고발하는 대신 반영남패권주의 지역투쟁을 죄악시한다. 선거 직전, 『한국일보』 논설위원 박광희가 이런 이데올로기를 아주 잘 정리해 호남의 반영남패권주의 투쟁을 경고했다. 그는 이렇게 주장했다.

노무현-문재인에 대한 호남 정치권의 미묘한 시각은 노무현이 대통령 후보가 된 그 순간부터 어느 정도 엿볼 수 있었다. 그러나 지금과 같은 심각한 반문재인 정서는 지난해 야당 호남 지역구 의원들의 친노패권 공격과, 김욱 교수 등의 영남패권 공격으로 걷잡을 수 없이 확대됐다. 앞뒤를 뺀 발언 일부와 밑도 끝도 없는 뜬소문이 위력을 내면서 친노패권주의가 사실로 굳어졌고 선거를 앞둔 최근에는 호남 유권자 상당수가 거기에 동조하고 있다.[31]

박광희에 따르면 나는 아주 나쁜 사람인 것 같다. 그 이유는 내가 "영남패권 공격"을 했기 때문이다. 뭐, 내가 나쁜 사람이든 좋은 사람이든 그건 내 개인적으로 감당할 문제다. 중요한 건 박광희의 세상을 보는 방식이 사회에 미치는 나쁜 영향이다. 그에 따르면 "호남 유권자 상당수가 거기[반문재인 정서와 반친노패권주의]에 동조"한 이유가 "야당 호남 지역구 의원들의 친노패권 공격과, 김욱 교수 등의 영남패권 공격" 때문이다.

정치인과 학자가 그런 주장을 제 홀로 할 수는 있다. 그리고 영향을 줄 수도 있다. 하지만 근본적으로 호남유권자의 그런 직관적 불만이 없었다면 정치인과 학자가 아무리 떠들어댄다한들 무슨 메아리가 있겠는가? 특히 정치인들은 유권자에게 호응 받지 않는 언행을 아주 싫어한다. 그런데 이 모든 사태의 근원을 호남유권자의 누적된 불만에서 찾는 것이 아니라 기껏 정치인과 학자의 선동에서 찾는단 말인가? 이런 안이한 태도는 사회적인 불만이 폭발하는 현상을 언제나 모두 유언비어 탓으로 돌리는 독재권력의 언론관을 매우 닮아 있다.

박광희는 나의 "영남패권 공격"을 자신이 사태를 해석하는 관점과 명확히 구별하여 비판하지는 않았다. 하지만 그가 언급한 사안은 모두 내 주장과 관련이 있다. 그러므로 내 입장으로 그의 뒤섞인 관점을 정리해주는 것이 오지랖 넓은 일만은 아니다. 이는 단순히 내 주장과 관련된 왜곡을 바로잡는다는 차원일 뿐만이 아니라 내일의 세상을 위해서도 중요한 일이다.

박광희의 키워드는 '근거 없는 호남홀대론'이다. 그러면서 영남의 야당 지지자들은 "노무현-문재인이 호남의 압도적 지지를 받고도 영남 지배구조를 해체시키지 못했다는 비판은 할 수 있어도, 두 사람이 박정희나 전두환처럼 영남패권을 확대 강화하고 호남을 차별했다고는 생각하지 않는다"[32]고 옹호한다. 이는 속임수다. 이 글을 읽는 사람들은 나나 반노정치인들, 그리고 호남이 노무현·문재인을 박정희·전두환과 같다고 생각하면서 영남패권을 공격하는 것처럼 알아들을 것이다. 그것이 상식적인 발상인가? 나는 노무현이 부산PK 쪽에 필요 이상 우대를 했다고는 생각하지만 그가 호남을 박정희·전두환처럼 홀대했다고 주장한 적이 없다.

박광희는 영남패권사회의 '호남홀대'에 객관적 사례가 없다고 우긴다. 나는 『아주 낯선 상식』에 기술한 정도면 충분히 이해할 수 있을 것으로 생각했다. 하지만 막무가내로 근거가 없다고 우기니, 이해하기 쉽게 다시 한 가지만 강조한다. 대한민국은 최근 54년의 역사에서 김대중의 집권기간 5년을 뺀 49년 동안 영남출신이 집권했다. 2017년 대선후보 여론조사 대상자로 오르내리는 주요 인물도 충청출신 반기문과 서울출신 오세훈을 제외하고는 모두 영남출신이다. 대한민국의 인구분포를 1초만이라도 생각해보고 대답해보기 바란다. 이 나라가 정상적인 민주국가로 보이는가?

내가 강조하고자 했던 것은 바로 박광희의 문장 앞부분 그대로다. 나는 "노무현-문재인이 호남의 압도적 지지를 받고도 영남 지배구조를 해체시키"려 하기는커녕 그 지배구조에 '투항' 했다는 것을 비판했다. 그것을 박광희 같은 언론인조차 이해하지 못한다는 의미에서 '은

폐'돼 있다고 했다. 한마디로 내 주장은 노무현의 '은폐된 투항적 영남패권주의'였다. 그러니 노무현 이데올로기를 따르는 친노를 배제하고 다른 대책을 찾자고 주장했다. 이것이 이상한 선동인가? 하지만 그들은 내 주장을 들어보기는커녕 안정적으로 인질이 된 호남몰표를 흔들리게 하는 선동으로밖에 생각지 않는다.

박광희는 "문제는 호남 사람들이 그렇게 비통해하고 애달파하는 호남홀대론을 타 지역 사람, 그것도 야권 지지자들이 이해하거나 동조하지 않는다"며 "문재인이 차기 대권주자 선두를 지키는 이유가 바로 그 때문이 아니겠는가"라고 주장한다.[33] 그런데 남한사람 박광희는 북한사람 처지에 얼마나 "비통해하고 애달파"하는가? 타 지역 사람들이 유사한 처지에 공감하며 "이해하거나 동조"할 수도 있다. 하지만 생존전략으로 힘센 영남패권에 영합하려는 생각도 얼마든지 할 수 있다. 대한민국 모두가 반영남패권 의식에 그렇게 철두철미하다면 대한민국 정치가 지금 뭐가 문제겠는가? 5·18처럼 호남이 가장 당하고, 가장 격렬하게 저항하니 그게 거슬리는 대한민국 민주주의 아닌가?

박광희는 "상상도 하기 싫지만 만약 분열의 결과가 호남 대 비호남 구도로 이어진다면 끔찍한 비극이 될 수밖에 없다"고 말한다. 수십 년을 들어온 아주 익숙한 겁박이다. 이 분열이 결국 모두 쓸데없이 영남패권주의 운운하는 호남책임이라고? 그러니 헛소리 말고 '가만 있으라'고?

나는 노동자당이 국민들로부터 큰 지지를 '못 받기 때문에' 그들의 주장이 근거가 없다거나, 그렇게 자본가 지배에 반발하면 고립된 다는 식의 겁박을 적어도 민주·개혁세력을 자칭하는 사람들로부터 는 듣지 못했다. 오직 호남을 향해서만 이런 겁박이 난무한다. 실제 로 호남이 선택한 정당이 소수정당이라고 해서 말 그대로 고립된다 면 그것이야말로 대한민국이 영남패권사회라는 가장 명백한 입증 아 닌가?

박광희의 주장은 '친노 없으면 고립된다'는 친노의 겁박논리를 정 확하게 대변하고 있다. 그는 "어렵게 힘을 합쳐 겨우 민주정부를 세 우고도 10년 만에 보수세력에게 권력을 넘긴 민주화세력이 호남홀대 론 같은 불분명한 이유로 결별하는 것은 큰 죄를 짓는 것이다"[34]고 주 장한다. 선거 내내 이어졌던 '영남 없는 민주화' 이데올로기다. 호남 이 새누리당에 다른 지역보다 더 많이 투표했는가? 그래서 대한민국 민주주의의 퇴행을 책임지고 사과라도 해야 하는가?

박광희의 머릿속엔 대한민국의 민주화가 '호남몰표'에 의해서만 가 능하다는 생각이 꽉 차 있다. 틀렸다. 대한민국의 민주주의는 '호남몰 표'가 아닌 '영남분열'에 달려 있다. 왜냐하면 이른바 민주·개혁세력 이 생각하고 있는 그대로 호남은 이미 민주화 됐기 때문이다. 영남의 민주화 없이 호남몰표만으로 대한민국의 민주주의가 가능하다는 생 각을 나는 '영남 없는 민주화' 이데올로기라고 부른다.

박광희는 열린 마음의 소유자처럼 관대하게 "이왕 논란이 되고 있 으니 우리 모두는 이 기회에 지지 정당이나 거주지역에 상관없이 호 남홀대론의 실체에 대해 한번 진지하게 생각해보자"[35]고 제안한다.

나는 그에게 문제의 초점을 흩트리지 말라고 제안한다. 문제는 '호남 홀대'가 아니라 '영남패권'이다. 같은 말이 아니다. 호남이 얼마나 홀대받았는지를 따지려 하지 말고 영남이 얼마나 패권적인지를 따지기 바란다.

불행하게도 박광희식 제안에는 결론이 반쯤은 예정돼 있는 듯하다. 그렇지 않다면 "거꾸로 정치적 이익을 노리고 호남홀대론을 확대하는 세력은 경계하고 비판해야 한다"[36]는 사족은 필요 없는 말이다. 마치 대한민국의 민주주의를 책임져야 할 것처럼 말하는 호남이 그런 판단조차 못할 것으로 염려하는 모습이 기괴하다. 나는 '거꾸로 정치적 이익을 노리고 영남패권주의를 옹호하는 세력을 경계하고 비판'하는 데 이 책이 도움이 됐으면 한다.

# 6

## '자기혐오'를 주입당한
## 호남의 친구들

김대중의 3남 김홍걸은 4·13 총선 선거운동기간 중 자신의 보잘것없는 정치적 사고능력을 더불어민주당을 위해 모두 바쳤다. 그리고 그의 모든 언행이 결국 호남민심을 거스르는 짓이었다는 것이 밝혀졌다. 당연하지만 선거란 게 이길 수도 있고 질 수도 있다. 그 선거운동기간 중 어떤 정치인의 언행이 설령 민심과 맞지 않았다 해도 그 자체로 큰 잘못은 아니다. 민심이 절대적 가치판단의 기준은 결코 아니다. 문제는 김홍걸의 언행이 선거운동과 무관하게 한없이 치졸했다는 데 있다. 그 오만방자한 치졸함은 특히 호남사람이라면 반드시 기억해둘 만하다.

김홍걸은 선거운동기간 중 "[국민의당 정치인들이] 아버지의 정신을 계승한다. '적자다' 하는데 지금 그런 이야기 할 때인가. 아버지를 오래 모셨느니 친했느니 하는 추억팔기 하지 말았으면 한다"[37]고 말했다. 내가 과문한 탓인지 모르겠지만 난 김홍걸처럼 말끝마다 초등학생처럼 자신의 아버지를 대놓고 팔고 다닌 정치인 아들·딸을 본 적이 없다. 심지어 박근혜(…?)조차도 그랬던 것 같지 않다. 어쨌든 그는 김대중의 생물학적 아들로서 '김대중 정신'의 해석권력을 독점하고 싶었던 것 같다. 이런 사태는 문재인이 부추긴 것이기도 하다. 문재인이 김홍걸을 동원해 사태를 어지럽게 만든 데 대한 내 입장은 『한겨레21』에 기고한 글을 조금 길게 인용하는 것으로 정리한다.

얼마 전 문재인은 "호남과 새정치(민주)연합은 운명공동체"라는 위헌적인 주장까지 했다. 심지어 당내에 '호남특위'까지 만들겠다더니, 급기야 김대중의 3남 김홍걸을 재입당(참고로 김홍걸은 2012년 11월12일 이미 민주통합당에 입당했었다)시키며 많은 사람들이 "우리당과 호남을 이간시키려" 한다며 "우리 당의 정통성과 정신을 재확인하는 중요한 계기"라는 말로 세상을 놀라게 했다. 도대체 김대중의 생물학적 혈통으로부터 한 정당의 정통성과 정신을 재확인할 수 있다는 봉건적 발상이 어떻게 가능할까? 만약 문재인의 이런 발상을 진지하게 받아들이는 누군가가 있다면 김일성의 생물학적 혈통으로부터 북한의 정통성과 정신을 찾아 헤맬지도 모른다. 또 다른 예도 있다. 1939년 10월17일, 안중근의 차남 안준생은 박문사 이토 히로부미의 영전 앞에서 그의 차남 이토 분키치에게 "아버지를 대신해 깊이 사과"한다고 말했다. 이토 분키치는 "나의 아버지도, 당신의 아버지도 지금은 부처가 돼 하늘에 있기 때문에 사과의 말은 필요 없다"고 화답했다. 문재인의 봉건적 논리에 따르면 안

중근의 정당성은 그의 생물학적 혈통 안준생에 의해 폐기됐다.[38]

김홍걸은 선거운동기간 중 아주 적나라하게 친노의 전형적인 생각을 빼닮은 자신의 생각을 드러냈다. '그들'의 생각을 함축적으로 담은 김홍걸의 발언이 있다. 수없이 반복된 친노의 논리지만 텍스트로 삼기에 아주 적당한 표현을 담고 있으므로 인용한다.

김[홍걸] 위원장은 이날 전북 전주혁신도시 기금운용본부 공사현장에서 열린 '더민주 전북도당 선거대책위원회 출범식'에서 "김대중 정신은 화합과 단결"이라며 "사리사욕을 넘어서 대의를 추구하는 것인데 분열의 이름으로 그분을 말해선 안 된다"라고 국민의당을 비판했다. 그는 "그분(김대중)은 야권이 하나로 뭉쳐서 수구보수 기득권세력과 싸워 정권 교체하라고 유지를 남겼는데 지금 이런 꼴을 보여선 안 된다"라며 "현 정권의 국정운영 실패, 경제 실패를 심판해야 하는데 국민의당이 나타나 초점을 [흐]리고 여당을 도와주고 있다"고 강조했다.[39]

김홍걸에 따르면 호남은 '영원히' 더불어민주당에 몰표를 던져야 한다. 내가 왜 '영원히'라고 했는지는 뒤에 말하겠다. 호남에서의 복수정당제, 즉 "분열"은 '악'이다. 그것을 "사리사욕"의 이름으로 비판하든 "김대중 정신"으로 비판하든 마찬가지다. 어쨌든 "수구보수 기득권세력"을 돕는 '악'이다. 말하자면 호남의 몰표는 '선'을 위한 인질이 돼야 하고, 그것이 바로 "화합과 단결"의 표시다.

하나의 지역이 '악'을 막고 '선'을 실현하기 위해 분열 없는 몰표를 던져야 한다고 요구하는 것은 어디선가 '선'을 막고 '악'을 실현하기 위해 몰표를 던지는 지역이 있다는 것을 반드시 가정해야 한다. 설령 그런 지역을 가정하지 않는다 해도 그런 유권자를 반드시 가정해야 한다. 그곳이 어디인가? 어떤 유권자들인가? 새누리당에 투표하는 영남유권자를 주축으로 하는 유권자집단이다. 그렇다면 진지하게 물어야 한다. 그들이 '악'인가? 그리고 그 악의 본산 새누리당을 정권교체를 통해 타도할 준비가 돼 있는가? 아니, 그것이 가능한가?

누구도 호언장담하지 않는다. 현재의 친노는 아무도 이 문제에 대해 대답하지 않는다. 하지만 이미 명확하게 대답했던 사람이 있다. 친노의 시조 노무현이다. 노무현은 그것이 불가능하다는 것을 알았다. 아니, 의지가 없었는지도 모르겠다. 내 시각으로는 가능성이 있었지만 그의 정치적 몽상으로 어처구니없는 실패로 끝났다. 어쨌든 그는 한나라당(새누리당)을 역사적으로 승인(하자고)했다.

[한나라]당의 역사성과 정통성에 대한 인식의 차이는 대타협의 결단으로 극복하자는 것입니다.[40]

나는 아주 여러 번 노무현의 이 테제를 인용했다. 하지만 모두 건성으로 읽는다. 그저 내가 대연정을 비난하기 위한 근거로만 인용한다고 생각한다. 아니다. 이 테제는 노무현의 미래 역사에 대한 인식이었다. 대연정은 일회적인 정략이지만 이 정당승인은 국가승인처럼 지속적이다. 그래서 난 대연정에 대해서는 일회적이고 위헌적인 정략의 실패를 걱정했던 것뿐이지만, 이 정당승인으로 인해 나는 노무현에 대한 영구적인 좌절을 확인했다. 노무현은 그런 나름의 역사 인식 속에서 다음 테제를 선언했던 것이다.

> "정치가 제대로 된다면 [열린우리당과 한나라당의] 양대산맥이 계속 유지돼 가야 한다."**41**

이 또한 내가 아주 여러 번 인용했다. 하지만 역시 모두 건성으로 읽는다. 자, 지금이라도 일시적인 정략적 사고를 떠나 조금만 더 깊이 생각해보자. 만약 새누리당을 해체할 필요성도, 그 가능성도 인정치 않는다면 호남몰표가 우리 정치에서 어떤 의미를 가지는 것일까? 잘해야 여야 간 정권교체를 위한 것이다. 그 이상의 의미는 없다. 그럼 기껏 정권교체를 위해 한 지역에서 몰표를 원하고, 그 몰표를 던지지 않는 호남은 역사에 죄를 짓는 것이라는 발상이 성립하는가?

계속해보자. '호남몰표＝선'이라는 발상은 '영남몰표＝악'이라는 전제를 필요로 한다. 즉 영남은 악이라는 선전선동과 다를 바 없다. 그런데도 김홍걸식의 발언에 아무도, 심지어 영남에서도 민감하게 반응하지 않는다. 적어도 그런 논리는 따지지 않는다. 왜 그럴까? 이유가 있다. 그 '선/악'이 현실과 단절돼 추상화되고 있기 때문이다. 이는 내가 『아주 낯선 상식』에서 설명한 '광주정신＝신성광주'가 현실과 분리돼 신성화되는 메커니즘과 아주 유사하다.

영남을 악으로 규정하고 있음에도 그것이 도발로 들리지 않는 이유는 그 '호남몰표=선'이라는 경험적 현실이 영남에 투사되는 순간 비현실적 관념으로 뒤바뀌며 단절되기 때문이다. 말하자면 '호남몰표=선'이라는 현실적 구호가 난무해도 '영남몰표=악'이라는, 영남인들을 위협하는 구호라는, 영남이 사멸하지 않기 위해 목숨을 걸고 싸우지 않을 수 없는 급박한 현실이라는 의미를 불러일으키지 않는 것이다.

그러므로 영남은 자신들을 전혀 위협하지 않는 그들만의 허풍 섞인 선거용 구호에 뭘 그렇게 진지하고 심각하게 대응하겠는가? 말하자면 새누리당과 더불어민주당은 이미 각자의 정통성·정당성은 부정하지 않는다는 역사적 묵계 속에서, 그리고 노무현이 보여준 실제 역사적 행동의 확인을 통해 '서로' 간에 양해를 하는 것이다. 영남몰표를 던지는 영남은 더불어민주당의 친노세력이 아무리 자신들을 악으로 규정해봐야 악으로서의 현실적 사멸의 위협을 느끼지 않고 단지 패권적 지배를 위해서 사고할 뿐인 것이다.

이제 바라보는 측면을 바꾸어보자. 친노의 시조 노무현은 새누리당을 궤멸시킬 역사적 능력과 의지가 없다는 것을 이미 선언했다. 그런데도 친노세력이 끊임없이 '호남몰표'를 역사적 '선'의 이름으로 요구하는 정치적 행위는 뭘 의미하는가? '논리적'으로 '영원히' 지속될 적대적 공존의 다른 한편이 될 짝패 권력에 대한 요구다. 그 권력은 때로 야당의 권력에 머무를 수도 있고, 운이 좋으면 정권이 될 수도 있다. 그뿐이다.

다시 강조하지만 그들은 여야 정권교체라는 평범한 정치적 목표를 위해 그런 거대담론을 동원하는 것뿐이다. 그리고 그건 호남을 인질로 삼는 오래된 정략일 뿐이다. 나는 새누리당을 가상이 아닌 현실의 구체적 악으로 규정하고, 현실의 타도대상으로 설정할 의지와 필요를 못 느낀다면 '호남몰표'를 역사적 '선'의 이름으로 겁박해서는 안 된다고 주장한다. 그것은 정치적 사기다!

나는 김홍걸을 앞장세운 친노가 노무현이 시현해 보여줬던 그때처럼 지금도 당연히 새누리당을 역사의 궤멸대상으로 생각하지 않는다고 확신한다. 이 확신에는 이유가 있다. 만약 새누리당을 역사의 궤멸대상으로 생각했다면 노무현이 '한나라당의 역사성과 정통성'에 대한 승인 얘기를 했을 때, 그리고 '양대산맥' 얘기를 했을 때, 그들은 벌떼처럼 일어나 그런 방식의 역사의 진행을 강요하는 노무현 이데올로기를 철폐하고 노무현에 대한 지지를 철회했어야 한다. 그것이 정상이다. 하지만 노무현의 '한나라당 테제'에 아무도 관심이 없었다. 그저 대연정이라는 일회적인 정략에 대해서만 설왕설래했을 뿐이다.

그때 나는 완전히 절망적으로 포기했다. 나도 한때는 호남몰표로 '역사의 선'을 실현시킬 수 있다고 믿었다. 2002년, 나는 심적으로 지금의 친노들보다 더, 단 한 표의 누수도 없는 100% 호남몰표를 간절히 원했다. 그리고 지금의 그들보다 더 새누리당을 찍는 건 '역사의 반역죄'라고 확신했다. 하지만 노무현 이후 지금은 그런 생각을 유지할 이유도, 힘도 없다. 나는 더 이상 친노와 함께 새누리당을 궤멸시킬 수 있다는 꿈을 포기했기 때문이다. 나는 친노가 현실 속에서 살아 숨쉬는 '역사적 선'을 위해 나와 호남을 동원할 것이라는 아무 기대가 없다.

마찬가지로 나는 지난 시대 충분히 존중받을 자격이 있었던 '운동권'에 대해서도 더 이상 아무 기대가 없다. 그들에겐 새누리당 궤멸을 위해 싸웠던 추억이 있을 것이다. 지금도 있는가?! 없다면 나는 가슴과 구호로만 싸울 운동권이 아닌 머리와 정책으로 싸울 전문가를 원한다. 노무현의 '한나라당 테제'에 아무 관심도 없던 그들을 내가 지금 과거 역사의 훈장만을 바라보고 그들의 구호만을 맹목적으로 지지해야 할 이유가 어디에 있는가?

세상은 앞으로 나아간다. 운동권은 개인적으로 자신들이 과거의 투쟁이력에 비추어 충분한 현실적 보상을 받지 못했다고 생각할지도 모르겠다. 하지만 그만하면 됐다. 운동을 하다 죽은 이들도 있고, 고통 받은 보통 백성들도 충분한 보상을 받은 건 아니다. 원망을 하려면 노무현에게 하라. 노무현의 '한나라당 테제'가 선언되고도, 그들 운동권 자신들이 그 테제의 역사적 실현에 저항은커녕 친노와 함께 그저 권력을 즐겼다면, 그리고 정치적 에너지의 창출은 그저 새누리당을 찍을 수 없는 호남을 겁박하는 것으로 충분하다고 생각하고 있었다면, 역사의 응징에 대해 원망하면 안 된다. 그건 억지일 뿐 아니라 불온하다.

노무현의 '한나라당 테제' 이후, 나는 새누리당을 더 이상 두려워하지 않는다. 더 정확하게는 두려워하려야 할 수가 없다. 역사의 선을 들먹이며 나대는 친노의 새누리당 궤멸의지, 혹은 그 실현가능성이 전혀 없음을 확인했는데 어떻게 현실의 새누리당을 역사의 악으로 두려워만 하고 있겠는가? 내가 호남의 분열에 대한 두려움 없이 복수정당제 쟁취를 주장했던 이유는 바로 새누리당에 대한 그런 두려움이 없었기 때문이다. 노무현과 친노로 인해 새누리당 궤멸이라는 역사적 목표와 가능성을 포기한 지금 내게 더 중요한 건 모든 정당이 호남표를 얻기 위해 온 정성을 다해 경쟁하는 것이다. 바로 복수정당 체제로 맞은 이번 선거기간 중에 그랬던 것처럼. 언제 호남 유권자가 이런 대접을 받았던 적이 있었던가?!

노무현 이데올로기에 충실한 것으로 관찰되는 광주의 이른바 시민 사회단체도 있다. '2016총선승리를 위한 광주전남비상시국회의'라는 단체가 선거운동기간 중에 행했던 언행이야말로 노무현 이데올로기의 화석으로서 고고학적 연구대상이라고 봐야 한다. 앞으로 그런 식으로 수십 년의 시간이 더 흐르면 화석으로서의 가치가 지금보다 훨씬 더 높아질 것이다. 그들은 "수도권 전체에 대한 야권연대는 불가하다는 국민의당 당론은 국민의 야권연대 열망에 대한 배신이며 역사, 민주주의, 국민에 대한 폭력"이라고 주장한다. 그들에게 야권연대의 민주적 방식과 의미에 대한 고민 따위는 없다.

전남대 민주동호회 부회장 오창규가 그들의 반민주적 생각을 잘 대변한다. 그는 "이렇게 나간다면 40% 밖에 되지 않는 새누리당이 야권분열을 통해 70~80% 개헌선 확보해 200석을 돌파할 것이라는 비관적인 전망이 예상된다"며 "수도권 야권연대[제] 거부한다면 광주·전남 출마자들은 가혹한 대가를 지불해야 한다"며 낙선운동을 할

것이라고 주장했다.[42]

우선 위 논리는 새누리당이 패권적으로 행사하고 있는 새누리당과 야권 전체의 '지지율과 의석점유율 간의 반비례성'만을 문제 삼는다. 김종인이 패권적으로 행사하려 했던 더불어민주당과 국민의당 간의 '지지율과 의석점유율 간의 반비례성' 따위에는 관심이 없다. 각 지역구에서 1표라도 많은 후보자를 단일후보로 결정한다면 1표라도 적은 후보자의 지지율은 모두 사표가 되는데, 더불어민주당의 김종인이 원했던 것이 바로 그 반민주성이었다.

더군다나 그들은 수도권의 야권연대 실패의 책임을 광주전남 지역구 후보들에게 돌리겠다고 겁박함으로써 호남거주민의 민주적 국가기관 구성권을 왜곡시키는 것을 주저하지 않았다. 심지어 한완상 등의 다시민주주의포럼은 더불어민주당과 국민의당에 야권단일화 실패의 책임을 묻는다는 명분으로 "정당투표를 '4번 이후'로 찍을 것을 호소"[43]했다. 어떤 유권자가 이에 호응해 21개 정당 중에서 어딘가에 투표했는데 그 당이 '정당득표율 3% 이상 또는 지역구 5석 이상'을 얻지 못해서 사표가 된다면 그것 역시 민주주의의 왜곡을 장려한 꼴이다. 나는 이들 이른바 시민단체와 친노의 관계는 어버이연합과 박근혜 정권의 관계와 하등 다를 게 없다고 본다. 누구라도 자신들은 거리낌 없이 반민주적 주장을 하면서 이 나라의 민주주의가 걱정된다고 가증스런 너스레를 떨면 안 된다.

친노세력은 싸울 생각도, 싸울 수도 없는 가상의 역사적 악을 창조했다. 그리고 자신들을 그 가상의 역사적 악과 싸울 가상의 역사적 선으로 대립시킨다. 그러고는 호남을 향해 당신들을 대신해 싸울 우리들에게 당신들의 현실적 권력을 내놓지 않으면 역사의 죄를 짓는다며 겁박한다. 이 사태야말로 역사적 죄악이다. 이미 그들은 그 죄를 지었다. 모든 정치인·정당은 그런 정치적 사기를 구호로 내거는 대신 실질적으로 무엇을 할 수 있는지를 밝혀야 한다. 이런 뿌리 깊은 정치적 사기극에 더 이상 당하지 않으려면 모든 것을 뿌리에서부터 의심해야 한다.

3장
----

영남패권사회를
바라보는
'이른바' 진보의 한계

# 1

# 주입식 진보의 침묵

나는 우리나라에 진보세력은 없다고 생각한다. 자칭 진보주의자는 많다. 특히 주입식 교리에 흠뻑 빠진 교조적 진보주의자는 아주 많다. 하지만 자신의 눈으로 세상을 보고 진보를 고민하는 진보적 인간형으로 조직된 진보정파와 그들을 지지하는 진보세력은 보지 못했다. 굳이 그런 유사세력을 적시하자면 노동자·농민 등등의 이익을 위한다는 정파가 존재하기는 한다. 하지만 난 그들이 '계급적 이익' 쟁취 말고 제대로 된 진보사회를 고민하는지는 의문이다. 그들 피착취 계급의 계급적 이익'만' 쟁취하면 그게 바로 진보라고? 그건 진보의 비전이 아니라 널리고 널린 이익단체의 비전이다. 아니, 계급적 이익'만' 쟁취하자는 게 아니라고? 정말? 그렇다면 그 진보성을 검증해보자.

소설가이자 칼럼니스트 고종석의 트위터에서 알게 된 사소하다면 사소한 에피소드가 있다. 내가 알기로 고종석은 자유주의자다. 내가 『아주 낯선 상식』을 출간한 뒤, 이 책의 딱한 처지를 보다 못한 그가 다시 영남패권주의에 대해 입을 열었다. 트위터도 열심이었다. 트위터에서 그는 녹색당에 가입했다고 했다. 그러다 다시 이번에는 녹색당을 탈당했다고 전했다. 무슨 일이 있었는지 궁금하지 않을 수 없었다.

사연인즉슨 그의 탈당 이유는 한 녹색당원 때문이었다. 내가 읽기로는 무슨 큰 사건이 있었던 것 같지는 않고, 그 한 녹색당원이 뭔가 문제를 제기했고, 그 문제제기를 받아들여 녹색당에 폐를 끼치지 않으려고 탈당했던 듯싶었다. 그 한 녹색당원의 문제제기의 핵심은 '녹색당원으로서 반영남패권주의를 주장하며 하구한날 국민의당을 지지하는 트윗에 열중한 것'이었다. 그게 사달이 난 것으로 보였다.

고종석의 '국민의당 지지'에 방점이 찍힌 열혈 녹색당원의 문제제기라면 내가 이 사건을 인용할 만한 특이점은 없다. 누구라도 '고종석이 쫌 잘못했네!~'하며 넘어갈 사건이다. 그런데 자세히 들여다보니 고종석에 문제를 제기한 녹색당원의 주장이 이데올로기적으로 상당히 자극적이었다. 나였더라도 '탈당할 만했다!' 그녀가 제기한 고종석의 이데올로기적 문제는 이런 것이었다.

알면서도 일부러 저러는 거겠죠. 옛날부터 호남 지역주의에 푹 빠져 있던 사람이라 녹색당 당적을 유지하고 있다는 게 신기할 정도인데... 저런 식으로 자신의 모습을 꾸미는 용도로 활용하기 위해 유지하는 것

아닌가 싶은 생각까지 드네요.[1]

대단히 흥미로운 이데올로기적 문제제기다. 나는 지금 문제를 제기한 그녀가 녹색당의 이데올로기를 대변하는 것도 아니고, 이런 생각이 녹색당의 지배이데올로기라고 오해하는 것도 아니며, 또 그 생각의 원천을 녹색당으로부터 주입받았다고 보지도 않는다. 나는 그녀가 한 사람의 녹색당원일 뿐이라는 것을 잘 알고 있다. 그럼에도 불구하고 그녀의 생각은 나로선 그냥 넘어가기 힘들 만큼 흥미롭다.

나는 그녀 생각의 원천은 우리 사회를 지배하는 영남패권주의 이데올로기에서 찾아야 할 것으로 본다. 아마 그녀는 녹색당을 진보정당이라고 믿을 것이다. 그래서 그녀가 생각하기에 진보와 '호남지역주의'는 전혀 어울리지 않는다고 생각한 듯싶다. 왜 어울리지 않을까? 불친절하게 대답하자면, 그녀가 생각하는 진보는 영남패권주의와 어울리기 때문이다. 조금 친절하게 말하겠다. 많은 이들은 대체로 영남패권주의 이데올로기가 우리 사회를 지배하는지조차 모르고 산다. 지배이데올로기는 공기와 같다. 누군가 반영남패권주의적 발언을 하면 그건 금세 코끝을 자극하는 매연처럼 느낀다. 그래서 그녀의 그런 흥미로운 발언이 나온 것이다.

그녀의 발언 중 하이라이트는 고종석이 녹색당원이란 걸 "저런 식으로 자신의 모습을 꾸미는 용도로 활용하기 위해 유지하는 것 아닌가"라고 의심하는 대목이다. 이는 반영남패권주의 활동은 부끄러운 짓인데 그나마 녹색당원이라는 자랑스러운 이미지로 자신을 꾸미는 것 아닌가라는 의미다. 그녀가 설령 영남패권주의 존재를 부정하고 '호남지역주의=영남지역주의'라는 양비론적 시각을 가지고 있다고 해도, 이는 기본적으로 녹색당이 이 대립구도를 초월하는 진보적 무엇이라고 생각한다는 표현으로 읽어야 한다.

우리는 진보정당의 근원적 문제에 직면해 있다. 녹색당이 진보정당이라고 스스로를 규정했을 경우 그 진보는 어떤 진보인가? 녹색당의 강령[2]은 "환경정의 없는 사회정의는 생각할 수 없"다고 규정한다. 그럼 '사회정의 없는 환경정의'는 가능한가? 녹색당 강령은 '지구적 행동과 국제연대'에 대해 "우리는 빈곤이나 정치적 억압을 겪고 있는 지역의 시민들에게 닥친 환경적 위협, 정치적 탄압, 불평등과 분쟁에 맞서는 일이 바로 우리 자신의 일이라 믿고 연대할 것"이라고 규정한다. 국제적으로만 그럴 준비가 돼 있는가? 국내적으로는 영남패권사회의 친구로 살 생각인가?

나는 녹색당이 영남패권주의라는 지배이데올로기를 적극적으로 당원들에게 주입시키는 것은 아니라고 믿는다. 하지만 당원들에 주입된 영남패권주의 지배이데올로기를 적극적으로 타파할 생각은 없어 보인다. 녹색당 강령의 문제의식은 기껏 "수도권과 비수도권"의 격차와 불균형에 초점이 맞춰져 있을 뿐이다. 나는 녹색당이 우리 삶의 환경을 총체적 진보관념 속에서 자리매김하지 않고 영남패권주의 녹색운동, 영남패권주의 진보에 빠지질 않기를 바란다. 단순한 무지가 아니라면 고종석의 탈당을 유발한 그녀가 원하는 게 바로 그거였는지도 모를 일이다.

이런 '나태한 진보'이념이 판을 치는 대한민국에서, 노동운동을 토대로 삼는 유서 깊은 계급정당도 내가 보기에는 그 진보적 총체성문제를 전혀 이해하지 못하고 있거나 해결하지 못하고 있다. 노동당(특정 정당을 지칭하는 용어가 아니라 역사적 의미의 노동계급정당을 지칭한다)에 있어서 진보는 무엇인가? 노동계급의 이익'만' 쟁취하면 그게 진보인가? 그래서 앞의 한 여성 녹색당원이 녹색당은 환경'만' 쟁취하면 된다고 생각하는 것처럼 노동당도 노동계급이익'만' 쟁취하면 된다고 생각하는가? 그래서 노동당은 영남패권주의니 뭐니 하는 싸움을 초월하는 신성정당으로 자리매김해야 한다고 믿는 것인가? 아닌가? 그럼 답을 내놔야 한다.

노동당의 경우는 마르크스 이데올로기라는 정교한 전통적 유산이 있어 논의하기가 비교적 편하다. 나는 이 답을 구하는 데 도움이 될 만한 글을 쓴 적이 있다. 관련 부분('공산세계의 붕괴와 노동계급의 지위'[3])만 발췌해서 다시 읽어보기로 하자.

*　*　*

카를 마르크스와 프리드리히 엥겔스의 「공산당 선언」 끝 부분에 이런 구절이 나온다. "공산주의자들은 자신의 견해와 의도를 감추는 것을 경멸받을 일로 간주한다."[4] 공산사회 건설을 향한 목적뿐만 아니라 수단에 대한 이상적 기백이 넘친다. 그러나 이는 마르크스와 엥겔스가 20세기 '공산주의 탄압 잔혹사'를 직접 겪어보지 않아서 나온

만용인 듯싶다. 특별히 20세기 대한민국을 경험한 사람들이라면 고전적 문건인 「공산당 선언」에 대한 나의 '이유 있는 비판'에 충분히 공감할 것이다.

사실 우리들의 귀에는 「공산당 선언」의 그런 호언장담보다는 이런 절규가 훨씬 더 익숙하다. '나는 빨갱이가 아니다.' 피로 물든 역사가 만든 이 절규는 둘 중 하나다. 하나는 "자신의 견해와 의도"가 진심으로 공산주의가 아니라는 절규거나, 다른 하나는 상황 때문에 "자신의 견해와 의도를 감추"기 위한 절규다. 물론 우리가 오늘날 여러 자료에서 확인하고 있듯이 아마 대부분은 전자에 해당하겠지만, 모든 공산주의자들이 '그래, 나는 공산주의자다'라며 스스로 처벌을 감수한 것이 아니라면 후자의 경우도 분명히 있었을 것이다.

그런데 문제는 1991년의 소련 붕괴 이후다. 아직도 시퍼렇게 국가보안법이 살아 있는 자본주의 한국에서 드러내놓고 속내를 말하기는 힘들겠지만 마음속으로라도 '나는 공산주의자다'라고 말할 수 있는 사람이 지금은 얼마나 될까? 내 판단엔 오히려 '빨갱이 사냥'이 휩쓸 때보다 '훨씬(!)' 더 적어지지 않았나 생각한다. 왜 이런 '쓸데없는 숫자 추론'을 하고 있는가? 역사 속에서 마르크스의 공산주의적 진보가 현실적 비전을 상실한 오늘날 우리에게 '진보의 현실적 한계'가 어디까지인가를 구체적으로 묻기 위한 것이다.

내 판단엔 우리뿐만 아니라 전세계 어디에서든 현재 마르크스의 '공산주의적 진보'를 대신하는 진보란 기껏해야 「공산당 선언」이 '사이비 공산주의'의 일종으로 묘사했던 '보수적 또는 부르주아적 사회주의[5]가 아닌가 한다. '좋다/나쁘다'의 판단이 아니다. 그 한계가 그렇게 나타날 수밖에 없다는 것이다. 물론 '미래 언젠가는 완전한 진보의 꿈을 이룰 수 있을 것이다'라는 낙관으로 자위할 수는 있다. 그러나 현재는 어쩔 수 없이 그렇다.

「공산당 선언」은 시대에 갇힌 이 진보를 "경제학자, 박애주의자, 인도주의자, 근로계급의 처지개선론자, 자선사업가, 동물애호협회원, 금주협회 조직자, 각양각색의 보잘것없는 개량주의자들"[6]의 진보라고 말했다. 사실 자신이 진보적이라고 자부하는 웬만한 사람들도 위에 열거된 누군가에 해당할지 모른다. 심지어는 자신이 진보적이 아니라고 생각하는 웬만한 부르주아도 "각양각색의 보잘것없는 개량주의자들"에는 포함될지 모른다. 그래서 「공산당 선언」은 이 진보를 "노동자계급의 이익을 위한 부르주아지라는 주장"[7]으로 요약했다.

우리는 진보가 직면해 있는 이런 사태를 냉정하게 분석해야만 한다. 왜냐하면 진보의 한계를 공산주의까지로 설정할 때와 「공산당 선언」의 이른바 '보수적 또는 부르주아적 사회주의'까지로 설정할 때는 모든 것이 달라질 수 있기 때문이다. 핵심으로 바로 들어가보자. 진보가 공산주의를 의미했을 때 진보의 주된 관심은 프롤레타리아의 계급투쟁이지 최하층 룸펜프롤레타리아의 빈곤상태가 아니었다. 프롤레타리아는 새로운 사회를 건설해야 할 특별한 임무를 부여받고 있기 때문이다.

그러나 공산사회 건설이 진보의 최종 목표가 아니라면? 임금은커녕 끼니를 잇기도 힘든 최하층 노숙자가 아니라, 임노동자인 프롤레타리아가 진보의 특권적 주체이며 진보의 우선적 관심의 대상이 돼야 한다고 주장할 수 있을까? 없다. 몇백 년 후 공산사회 건설을 위한 주체이기 때문이라고 태연히 말할 수는 없지 않은가? 한마디로 자본주의라는 현실적 한계를 인정하는 순간, 진보는 '계급투쟁'보다는 '인간다운 생활(최저생활)'과 '사회복지'를 위한 투쟁에 초점이 맞춰질 수밖에 없다. 1991년이 우리에게 냉혹하게 진보의 한계를 물었다.

\* \* \*

위 글의 취지에 대해서는 다시 부연 설명해야 한다. 직설적으로 말하면 마르크시즘에 의할 경우, 노동계급은 공산혁명을 전제할 때만 특권계급이 된다. 그들은 자신들의 그 특권으로 공산사회를 건설해야 할 의무가 있다. 하지만 현대 노동운동이 스스로 공산혁명을 추구할 생각도 없고, 그런 꿈을 용인하지도 않는 사람들 앞에 서 있다면 노동계급이 빈민보다 특권계급이어야 할 이유는 없다. 이는 논리필연적으로 노동운동가가 복지문제를 고민하는 진보적 공무원보다 도덕적으로 우월한 지위에 있는 것도 아니며, 오직 노동운동만이 과학적이라고 주장할 이유도 전혀 없다는 의미이기도 하다. 이런 노동운동을 추구하는 현대 진보주의자라면 모두 사실상 마르크스가 말한 "각양각색의 보잘것없는 개량주의자들"에 불과하다.

그렇다면 노동계급 진보세력은 현대사회의 중층적 모순 속에서 자신들의 운동을 정립해야만 한다. 어디선가 주입된 계급운동 도그마의 도덕적 우월성에 빠져 다른 진보적 생각을 폄훼하거나 심지어 적대시 하는 건 이론적 나태함의 소치일 뿐이다. 그게 아니라면 진보적 인간의 품성문제를 물을 수밖에 없다. 내가 보기에 다른 진보적 생각을 폄훼하거나 심지어 적대시 하는 대표적 사례는 노동운동세력의 반영남패권주의운동에 대한 기이한 태도다.

나는 자칭 진보주의자가 노동계급'만'의 이익을 전부라고 생각한다면 그건 환경운동'만'을 전부라고 생각하는 녹색당원과 아무 차이가 없다고 본다. 그런 당원들이 지배하는 당이라면 절대 집권하면 안 된다. 그런 파편적 이념을 떠받드는 세력으로는 사회노동운동을 해야지 집권을 목표로 삼는 정당활동을 하려 해서는 곤란하다.

어떤 진보정당(원)이라도 진보정당(원)이 진보이념을 제대로 체화하고 있다면 반영남패권주의운동이 왜 진보운동인지를 당연히 이해할 수 있어야 한다. 물론 반영남패권주의 주장을 비난·공격·폄훼·조롱하지 않고 남의 일처럼 침묵이라도 해주는 노동진보주의자도 있긴 하다. 그나마 다행이다. 하지만 궁극적으로 침묵해서는 안 된다. 연대할 줄도 알아야 한다. 만약 노동운동을 그런 식의 총체적 진보 속에서 자리매김하지 않고, 영남패권주의를 날이면 날마다 호흡하는 자연스러운 공기처럼 느끼며 더불어 가겠다면 그건 영남패권주의 노동운동, 영남패권주의 진보운동에 다름 아니다. 그리고 그건 진보가 아니다!

이런 이유로 앞에서 나는 "우리나라에 진보세력은 없다고 생각한다"고 말한 것이다. 부디 앞으로는 공기처럼 느껴지는 '영남패권주의'

질서 속에서는 화기애애하게 살아갈 수 있지만 매연처럼 느껴지는 '호남지역주의'는 도저히 참을 수 없다고 자신의 반진보성을 자랑하듯 나대는 사이비 진보주의자들을 보게 되지 않기를 바란다. 그리고 침묵이 아닌 연대를 통해, '반영남패권주의 없이 진보 없고, 진보 없이 반영남패권주의 없다'고 발언하는 진짜 진보를 보게 되기 바란다.

# 2
# 침묵을 깬 홍세화의 경우

진보주의자 홍세화는 『아주 낯선 상식』을 계기로 벌어진 영남패권주의 논쟁에 대한 자신의 소회를 『한겨레』에 칼럼으로 발표했다. 그가 영남패권주의에 대해 발언한 것이 처음은 아니다. 오래 전부터 그런 문제의식은 분명히 있었다. 하지만 이색적인 일임엔 틀림없다. 예나 지금이나 이른바 진보주의자들은 거의 예외 없이 반영남패권주의 투쟁에 대해 기껏해야 침묵하거나 아니면 초현실적인 공격을 해대며 자족하며 살기 때문이다.

사실 홍세화의 반응은 진보세력의 체계화된 이념적 성찰을 반영한다기보다는 개인의 일회적인 소회에 가깝다. 그래서 홍세화의 이색적 성찰과 상관없이, 나는 우리나라의 이른바 진보세력이 반영남패권주의 투쟁에 대해 이데올로기적 이해와 우호적 연대를 할 수 있으리라고는 거의 기대하지 않는다. 하지만 어쨌든 지금까지 보아왔던 주입식 진보주의자들의 상투적인 모습을 염두에 둘 때 홍세화의 이번 성찰적 반응은 그나마 충분히 의미 있는 일이며, 또 앞으로도 반추될 만한 이목을 끌었다고 생각한다.

한데 이와는 조금 다른 관점에서 홍세화의 반영남패권주의적 반응을 관찰한 경우도 있었다. 이번엔 '비호남'이라는 홍세화의 출신지가 기준이 된 경우다. 호남인 고종석은 자신의 트위터에 이런 글을 남겼다.

> 영남패권주의에 대한 홍세화 선생의 비판이 큰 반향(반발?)을 불러일으킨 것은 홍선생이 호남과 아무런 연고가 없는 분이기 때문이다. 강준만 김욱 교수나 나 같은 호남인이 영패 얘기를 하면, 영패주의자들은 우리를 호남지역주의자로 몰아 뭉개고 그만이다. 그 점에서 홍선생이 큰일을 하시긴 했으나, 영패에 맞서는 싸움의 중심에 있어야 하는 것은 당연히 호남이다. 영패의 가장 큰 희생양이 호남이기 때문이다.[8]

호남이 영남패권주의의 가장 큰 희생양이라는 사실이 호남이 영남패권주의와 맞서 싸우는 데 가장 큰 장애가 된다는 사실이야말로 영남패권주의 이데올로기가 잘 작동하고 있다는 가장 확실한 입증이다. 폭행 피해를 직접 당한 사람이 아니라, 그 난장판 옆에서 얼쩡거리다 파편을 맞은 사람만이, 심지어 지나가는 행인만이 그 폭행 난동자의 행위를 제어하고 질책할 수 있는 발언권을 가진 것처럼 생각하는 사람이 많다. 어쩌면 그런 사람으로는 영남패권주의 사회의 소수자 공포에서 벗어나지 못하는 호남인이 가장 많을지도 모른다. 이것은 호남인이 주체가 된 반영남패권주의의 이론적 투쟁의지를 원천적으로 봉쇄하는 영남패권주의 이데올로기의 간교한 지배다.

물론 그렇다고 지금까지 호남인이 반영남패권주의 투쟁을 하지 않았다는 얘기가 아니다. 당연하지만 어느 지역보다 더 강력하게 수십 년 동안 앞장서 투쟁했다. 하지만 그 투쟁은 사실상 이론 없는 무언의 항쟁에 가까웠다.

심지어 영남패권주의 학살극(영남파시즘)에 목숨을 걸고 맞서 싸운 5·18을 두고서도 그것이 반영남패권주의 투쟁이란 사실에 대해서는 침묵해야 했다. 5·18은 그저 광주민주화운동이라는 박제된 개념으로만 대한민국 영남패권주의 역사의 시민권을 얻을 수 있었다. 이는 호남지식인의 이데올로기가 호남인의 반영남패권주의 투쟁을 반영하고 있기는커녕 영남패권주의에 효과적으로 종속·제어돼 왔다는 사실을 의미한다.

사정이 이러하다 보니 호남민중의 입장에서는 도리 없이 이론이 아닌 직관으로, 확고한 이데올로기적 신념이 아닌 몰표행위로만 반영남패권주의 투쟁의지를 표현할 수밖에 없었다. 그것도 노무현 이후에는 영남패권주의에 투항한 지역주의 양비론자들인 친노라는 정치적 대리인을 통해서만 영남패권주의 역사와 현실의 아픔을 전달해야 했다. 하지만 이제는 친노 대리인들만이 호남을 대신해 싸워줄 수 있다고 생각하는 팬터마임 몰표를 거부해야 한다. 그래서 이제는 호남도 *스스로의* 눈으로 본 바를, *스스로의* 입으로 말할 수 있어야 한다. 최소한 어떤 정당이라도 적극적이든 소극적이든 호남의 눈과 입이 되겠다고 나서도록 경쟁시켜야 한다.

하지만 호남의 눈과 입을 막는 영남패권주의 이데올로기적 장벽은 생각보다 넓고 깊다. 더군다나 그 장벽은 일차적으로 대한민국의 이른바 민주·개혁세력이 강력하게 이데올로기적 보호막을 치고 있다. 쉽게 깰 수 있는 장벽이 아니다. 그 이데올로기적 보호막이란 다름 아닌 진보세력의 이데올로기다. 그들은 자체의 정치세력으로는 미약한 처지에 있지만 이데올로기적 영향력은 그보다는 훨씬 크다. 그 이데올로기는 현실이 아닌 역사로부터 권위를 얻고 있기 때문이다. 이는 우리나라 주입식 진보주의자들이 맹목적으로 추종하기에 딱 좋은 조건이다. 바로 이 진보 이데올로기가 개혁세력 이데올로기의 권위적 원천으로까지 작용하고 있다.

우리나라 주입식 진보주의자들의 가장 큰 맹점은 '그렇게 돼야 한다는 당위'와 '좋든 싫든 지금 있는 그대로의 존재'를 구별하지 않고 막무가내로 자신의 이상을 기준으로 현실을 재단하는 것이다. 그들은 자신의 이론 틀과 맞지 않는 현실을 그 자체로 인정하는 것이 너무나 괴롭다. 자신들의 이론 틀에 의하면 세상이 단일하게 지배계급과 피지배계급의 싸움으로 설명돼야 하고, 또 피지배계급은 지배계급을 향한 강고한 계급의식으로 똘똘 뭉쳐 투쟁해야 하는데 엉뚱하게도 전근대적인(?) 지역 얘기나 하고 있으니 미치고 환장할 일인 것이다.

그래서 그들은 영남이라는 지역(출신)이 패권을 행사하고 있다는 자명한 현실조차 인정하지 않는다. 그 현실의 민낯을 전제로 어떻게 진보를 이룰까를 고민하는 것이 아니라 그 현실의 민낯을 인정하면 무슨 큰일이 나는 줄 안다. 전형적인 주입식 이상주의자들의 지적 나태함 혹은 무능이다.

물론 나도 뭇사람들처럼 좋은 세상에 대한 막연한 희망을 가지고는 있다. 하지만 세상은 내 당위적 희망과는 별개로 존재한다. 또 나는 그것을 잘 알고 있다. 그래서 그런 세상이 보기 싫다고 아예 눈을 감고 '영구 읎다~!'를 외치진 않는다. 그런데 자신의 관념을 배신하는 세상의 현실을 있는 그대로 보려 하지 않고, 심지어 관념적인 화를 내는 진보주의자까지 있다. 그렇게 있는 세상을 있지 않다고 우겨서 무엇을 얻을 수 있겠는가? 무엇을 얻기는커녕 그 환상은 시간의 역사를 더 절망적으로 이끌 것이다.

영국의 정치철학자 존 그레이John Grey는 역사의 방향성을 상정하는 진보적 미래에 대해 극단적으로 비관적이다. 그는 자유주의를 희생물 삼아 실제 존재하는 현실과 진보적 이상을 구분하지 못하는 사태를 이렇게 표현한다.

> 자유주의 문명은 사람들이 실제로는 물속에 있으면서도 자신이 하늘을 나는 물고기라고 상상할 수 있게 해 준다. 자유주의 문명은 꿈 위에 세워져 있다.[9]

나는 인간의 이상적 희망에 대해 추호의 인간적 여지도 허락하지 않는 존 그레이만큼 비관주의자는 아니다. 그런 점에서 내 이상적 꿈도 그의 비판의 칼날을 피할 수는 없을 것이다. 하지만 있는 그대로의 세상을 바라보는 그의 냉혹한 관찰 태도에는 분명히 배울 점이 있다. 우리는 바로 그런 있는 그대로의 세상으로부터 모든 것을 시작해야 하기 때문이다.

홍세화는 우리나라 주입식 진보 이데올로기의 열악한 환경 속에서 '자신의 눈으로 본 영남패권주의에 대한 나름의 성찰' 가능성을 보여줬다. 나는 그의 성찰이 지속가능한 성찰이 될 수 있기를 기대한다. 그런데 정작 홍세화의 『한겨레』칼럼에 대한 구체적 이야기가 좀 늦었다. 읽어보자.

> 두말할 필요도 없이 패권의 실제적인 수혜자는 많지 않으며 대부분은 다른 지역(호남)에 비해 평균적으로 조금 나은 삶의 조건을 누릴 뿐이다. (…) 하지만 우리가 '팽창적 민족주의(제국주의)'와 '저항적 민족주의'를 동렬에 놓을 수 없듯이 영남의 패권적 지역주의와 호남의 저항적 지역주의를 동렬에 놓을 수 없음에도 이를 싸잡아 한꺼번에 비판하는 것은 영남패권주의를 온존시키는 기회주의에 지나지 않는다. (…) 그렇다면, 우리에게 남은 길은 분명해 보인다. 영남패권주의가 민주주의 성숙을 가로막는 걸림돌이라는 인식이 그 출발점이라면 그다음에는 줄탁동시(啐啄同時)! 영남 내부에서는 민주적 역량을 강화하고 외부에서는 영남패권주의의 정치적 구현체인 새누리당을 고립시키는 것이 바로 그 길이다.[10]

이것이 대강의 요지다. 즉 ① 영남패권주의가 영남의 민중들에게 별 이익이 되지 못하고 있다는 것, ② 영호남 지역주의를 동렬에 놓을 수 없다는 것, 그리고 ③ 영남패권주의를 깨기 위해 새누리당을 고립시키자는 게 요지다. 사실 이 요지는 진보주의자 홍세화가 주장했다는 걸 빼면 특별한 주장을 담고 있는 건 아니다. 오히려 보통 사람들에게 아주 낯익은 상식적인 주장을 담고 있다. 문제는 내가 『아주 낯선 상식』에서 말하려 한 바는 바로 이 상식적인 주장에 대한 정교한 문제제기이자 반대라는 의미에서 '낯선 상식'이라고 했던 것이다.

홍세화의 주장을 『아주 낯선 상식』과 대비시켜 반론하면 우선 ① 내가 말하는 영남은 지방 영남만을 가리키는 게 아니라 오히려 수도권 내부의 영남패권 현상을 위주로 한 개념이었다. 이 구도 하에서 영남인들의 수혜는 일반적인 짐작보다 훨씬 더 크다는 것이었다.

그리고 ② 패권적 지역주의와 저항적 지역주의를 동렬에 놓지 않는 것은 단순히 경제적 수혜를 의미하는 것이 아니라 역사적 정당성의 문제다. 그러므로 노무현의 '영남패권주의에 투항한 지역주의 양비론'은 정치문제일 뿐만 아니라 과거사문제이며, 결코 그 정당성을 용납할 수 없다는 것이었다.

그런데 홍세화의 관념 속에서는 열린우리당세력이 바로 그가 말하고 있는 패권적 지역주의와 저항적 지역주의를 동렬에 놓은 '지역주의 양비론'세력이었다는 것, 그리고 그 이데올로기가 지금도 친노를 통해 표출되고 있다는 것에 대한 문제의식이 전혀 없다. 홍세화는 오래 전인 2004년 이렇게 말한 바 있다.

"열린우리당이 지'벌'[地'閥'], 즉 지역주의에 대해 반대하는 것은 분명하다."[11]

2016년이 된 지금, 나는 홍세화가 2004년의 생각을 바꿨는지 의문이다. 만약 그가 지금도 여전히 같은 생각을 유지하고 있다면, 열린우리당으로 표출된 노무현 이데올로기를 추종하는 친노(친문)에 대해서도 적어도 지역문제에 있어서 부정적으로 평가할 이유는 없을 것이다. 나는 그런 홍세화의 관점에 동의할 수 없다.

여하튼 ③ 그런 나름의 근거로 홍세화는 새누리당을 고립(나는 그의 '고립'을 '고사'로 읽는다)시키자고 주장하고 있다. 그의 이 상식적 주장이야말로 나를 가장 착잡하게 만든 뒷북으로 느꼈다. 내가 보기에 그런 꿈을 꾸던 황금시절은 이미 지났다. 오래 전 노무현의 집권 당시, 내가 그의 이데올로기에 대해 참담한 심정으로 반대했던 이유는 그의 실패는 그의 오산으로 이미 예정돼 있으며, 그 실패 이후에는 다시는 한나라당 고사의 역사적 기회가 없을 뿐만 아니라 장기집권의 길을 터줄 것이란 확신 때문이었다.

실제로 노무현은 자신의 실패를 확인한 집권 말기 열린우리당과 한나라당이 '양대산맥'이 돼야 한다고 주장했다. 이것이 새로운 사태의 출발점이다. 그런데 홍세화의 뒷북은 이 새로운 사태를 감당할 능력이 없는 것으로 보인다. 우리 앞에 새로 제기된 질문은 이런 것이

특별기고 ‧ 홍세화 협동조합 '가장자리' 이사장·장발장은행장

## 영남패권주의와 민주주의의 퇴행

정치, 경제, 법조, 언론, 국방 등 사회의 모든 부문에서 영남패권주의가 관철되고, 그것이 민주주의 퇴행의 핵심 요인임에도 영남패권주의라는 말이 금기시되고 있는 것은 왜일까? 민주주의의 퇴행은 끝일이 이어지는데, 그들이 어떻게 딱부러내고 떨어붙일 수 있게 하는 배경은 무엇일까?

진보진영이 영남패권주의에 하나같이 침묵하는 가운데 나온 홍세화의 성찰은 더없이 소중하다. 그러나 새누리당 고립을 위해 그가 주장하는 '줄탁동시'는 십수 년 전에 다른 사람도 아닌 노무현에 의해 그 약효를 상실한 처방이다.(한겨레, 2016년 2월 5일)

다. 그래서 이제 와서 다시 (마치 아무 일도 없었던 것처럼) 노무현을 추종하는 친노(친문)세력의 집권을 도와 새누리당을 고립시키자고? 그걸 믿으라고? 어떻게? 민주주의를 위한 신성한 호남몰표로?

다시 상기시키자면, 노무현은 "[한나라당의 역사성과 정통성에 대한 인식의 차이는 대타협의 결단으로 극복하자"고 주장했다. 이제와 홍세화는 새누리당을 "영남패권주의의 정치적 구현체"라고 강조하며 "새누리당을 고립"시키자고 하지만, 이른바 진보주의자들은 당시 노무현의 새누리당 승인, 즉 영남패권주의에의 역사적·정치적·법적·윤리적 투항에 대한 논리적·실천적 관심은 전혀 없었다.

그런데 이제와 없던 관심이 갑자기 생겼을까? 만약 친노(친문)세력

을 포함한 모든 비새누리당 정파가 새누리당에 대한 진정한 고사의 지 없이, 반새누리당 구호만을 앞세워 호남몰표를 겁박하고, 그 호남 몰표를 적당히 권력을 잡기 위한 수단으로만 생각한다면 그건 정치적 사기다. 친노세력의 과거 행태로부터 미래를 판단할 수밖에 없는 나로선 그렇게 합리적 의심을 할 수밖에 없다.

우리나라 진보주의자들이 관심을 가지는 건 노무현 때나 지금이나 사실상 현실적 '정책'뿐이다. 그게 중요하지 않다는 게 아니다. 그렇게 정책'만'이 중요하다고 생각한다면 홍세화처럼 "새누리당을 고립" 시키자는 건 전략적 허언에 불과하다. 그럴 바에야 차라리 최장집처럼 "정부가 실패하고 리더십을 보여주지 못했다면 교체되는 것이 당연하다. 한나라당이라서 안 되고 하는 그런 것은 없다"[12]고 말해야 한다. 말하자면 우리나라 현 정당체계는 "협애한 이념적 대표체계에서 한결같이 보수적이기 때문에 정당간 이념적 차이는 의미가 없"[13]으니 '새누리당/비새누리당'을 따질 게 아니라 정책만 따져 '진보당/보수당' 식의 체제를 지향하자고 주장하는 게 더 솔직하다.

홍세화는 『아주 낯선 상식』이 이미 지나버린 순수한 시절의 참담한 실패의 결과물이라는 사실을 잘 이해하지 못한 것 같다. 그는 여전히 (논리에 따르면) '신성한 호남몰표'를 동원한 '새누리당 고립'으로 대한민국의 정치가 바뀌고 살아날 수 있다고 본다. 물론 희망을 품게 하는 건 정치의 사명이다. 하지만 홍세화 스스로를 포함해 대한민국 아무도 정말 실현될 것으로 믿지 않는 약속을 내걸고 각 정파가 권력을 잡기 위한 수단으로만 호남을 희망고문한다면 그건 정치적·역사적으로 죄를 짓는 것이다. 이미 새누리당을 심판하지 않는 것이 역사적 죄가 되는 시절이 지나버렸다. 말을 바꾸면 오히려 역사를 핑계로 대한민국을, 특별히 호남을 희망고문하는 것이 역사적 죄를 짓는 시절이 와버린 것이다.

그러니 마치 무슨 외계인의 뒷북처럼 대한민국에 '새누리당 고립'을 위한 '줄탁동시'의 신성한 의무를 말하기 전에 생각해보기 바란다. 누가 새누리당을 고립(고사)시킬 수 있었던 절호의 역사적 가능성을 남김없이 퇴행적으로 제거해버렸는가? 누가 그 절망의 탄생과정을 방조했는가? 이제 와서 불가능한 것을 마치 가능한 것처럼 기만하며, 기약 없이 '호남몰표'만을 원하는 것이 오히려 역사의 죄를 짓는다는 생각은 안 해봤는가? 노무현 이데올로기와 그것을 추앙하는 친노세력이 그 역사적 책임자라는 생각은 단 한순간도 해본 적이 없는가?!

# 3

# 전 정의당 선대위 공감위원장 진중권의 경우

미국의 로런스 서머스Lawrence Summers는 존베이츠클라크 메달을 수상한 유명한 경제학자다. 그는 28세의 나이에 하버드대 사상 최연소 종신교수직을 보장받았으며, 클린턴 행정부 시절엔 재무부 장관을 역임했다. 그리고 하버드대 총장이 됐다. 총장 시절인 2005년, 그는 매사추세츠주 케임브리지에서 열린 국립경제연구국NBER 비공개 세미나에 참석했다. 그는 이 자리에서 이공계 고위직에 여성이 적다는 점을 언급하면서 다음과 같은 3가지 설명을 덧붙였다.

첫째, 자녀를 둔 여성은 1주일에 80시간씩 일할 수 없거나 일하기를 꺼린다. 둘째, 고교 시절 과학과 수학 우등생 가운데 여학생이 남학생보다 적으며 이는 남녀간의 선천적 차이 때문일 수 있다. 셋째, 일류 대학의 과학·공학계열에 여교수가 드문 것은 사실이지만 여기에 성차별이

얼마나 영향을 미쳤는지는 의문이다.[14]

어떤가? 야만적인가? 그 자리에 참석했던 이들 중엔 MIT대 교수 낸시 홉킨스가 있었는데, 그녀는 서머스 발언 도중 일어나 나가버렸다. 하버드대 졸업생인 그녀는 "더 앉아 있다가는 기절하거나 토할 것 같았다"면서 "하버드의 젊고 우수한 여성들이 저런 사람의 지도를 받아야 하다니 어이가 없다"고 말했다.[15] 다른 많은 사람들도 어이가 없었는지, 이 사건을 계기로 로런스 서머스에 대한 학내 반발이 이어졌고, 그는 결국 총장직을 사임했다.

한편 대한민국의 미학자 진중권은 미학 이외의 분야에서 더 유명한 동양대 교수다. 그는 정의당 선대위 공감위원장을 지낸 바 있으며, 현재 정의당 당원이다. 동양대 교수가 되기 전인 2002년, 그는 당시 대통령선거에서 호남이 선택한 결과와 관련해 진보누리 게시판에 이런 글을 올렸(던 것으로 알려져 있)다.

이회창은 죽어도 못 찍는다구요? 그럼 꼴보수 경상도 땅에서 3.5% 이상 나오는 진보정당은 왜 안 찍나요? 그래놓고서 관념좌파니, 웃기고 자빠졌어요. (…) 하는 짓거리들 보면, 정말로 입에서 욕까지 튀어나와요. 남들에게는 왜 지역차별에 관심 갖지 않냐고 지X하면서, 너그들은 사회의 다른 차별에 얼마나 관심이 있었어요? 95% 몰표 받은 게 그렇게 자랑스러우면 다음 선거에선 아예 100% 받아서 아예 전라인민공화국을 건설하세요.[16]

어떤가? 문명적인가? 이 발언의 인용출처인 나무위키의 신뢰도에 의문을 표시할 수는 있는데, '전라인민공화국' 발언은 위키백과[17]에도 소개돼 있다. 지금까지 진중권은 이 발언을 자신이 하지 않았다는 항변을 한 적이 없다. 이 발언 이후에도 진중권은 위에 소개한 대로 사회생활을 영위하는 데 전혀 장애가 없었으며, 심지어 TV 예능프로그램에도 등장하는 등 사회적 인기를 누리고 있다.

이쯤에서 궁금해진다. 우리나라의 언론자유 수준은 어느 정도일까? 난 혐오발언을 묵인하는 수준을 놓고 보면 미국보다 언론자유 수준이 훨씬 높다고 판단한다. 법적인 제재가 전부가 아니다. 법이 허용하는 발언이라 해도 사회의 지적 수준이 용납하지 않을 수 있는데, 우리나라의 경우 사회적 장애를 거의 받지 않는 혐오발언의 천국이라 할 만하다.

위 서머스의 사례에서 그가 학내반발에 부딪혀 총장직을 사임한 것은 반드시 '여성비하' 발언 때문만은 아닌 것으로 보인다. 그의 독선적 과거가 바탕이 된 것으로 알려져 있다. 주목할 것은 그런 학내의 불만에도 불구하고 '여성비하' 발언이 있기 전까지는 그 불만을 폭발시킬 수 없었다는 점이다. 그만큼 그 '여성비하' 발언이 사회적으로 중요했다는 의미다. 위에 인용한 두 사례야말로 우리 사회의 지적 수준이 어느 정도인지 잘 말해준다.

나는 일베와 진중권이야말로 혐오발언의 천국 대한민국에서 표현의 자유를 가장 마음껏 누리는 주체 중 하나라고 본다. 그래선지 진중권은 일베의 표현의 자유를 적극 옹호[18]한다. 우리나라 뉴스미디어가 만끽하는 표현의 자유 중엔 정치적 포르노그래피도 있다. 미학자 진중권은 그 중요한 수단이다. 그의 트윗은 시도 때도 없이 뉴스미디어에 인용된다. 대중의 정치적 관음증에 영합해 클릭 수만 늘면 만사가 즐거운 것이다.

우리나라 뉴스미디어는 비단 정치적 관음증에만 영합하는 것이 아니라 그때그때의 이슈만을 소비할 뿐이다. 말하자면 어제의 말과 오늘의 말이 전혀 다른 진중권의 정체성 따위는 문제가 안 된다. 설령 어제 역겨운 말을 하고, 오늘 대중들이 듣고 싶어 하는 말을 한다 해도 오늘 이 순간 듣기 좋은 말을 듣는 것으로 충분하다.

그래서 대한민국 뉴스미디어와 진중권에겐 말의 과거사 따위는 없다. 노무현에게 95% 몰표를 던졌다고 "전라인민공화국을 건설"하라며 호남을 비하했던, 그리고 현대아산이사회 회장 정몽헌이 자살했다고 "자살세를 걷었으면 좋겠다. 시체 치우는 것 짜증나지 않느냐"[19]고 했던 진중권이 '호남 95% 몰표에 힘입어 대통령이 되고 퇴임 뒤 자살한' 노무현 7주기 토크콘서트 사회를 보기도 한다. 친일파가 독립투사로 변신한 메커니즘을 이해할 만하다. 이런 대한민국에 말의 책임 따위가 있을 리 없다. 4·13 총선이 끝나고 진중권은 이런 글을 트위터에 올렸는데 뉴스미디어가 인용 보도한다.

진 교수는 "호남정치부활론자들은 호남이 '민주화성지'라는 허울 좋은 멍에를 내려놓고 "호남의 세속적 욕망"을 긍정하라고 외쳤지요"라며 "이번 선거로 광주는 30년 멍에를 내려놓고 홀가분해졌습니다. 덕분에

타지역의 민주화세력도 광주에 대한 부채감, 미안함을 덜 수 있었죠"라고 했다.[20]

진중권의 "광주에 대한 부채감, 미안함"? 다른 건 내버려두고라도, 그의 이런 표현이 위 "전라인민공화국" 발언과 어울리는 언설인가? 하지만 어울리든 말든 그게 무슨 대수인가? 그때그때 듣기 좋은 소릴 하면 박수쳐주고, 듣기 싫은 소릴 하면 욕하면서 즐기면 그만이다. 나는 지금 이런 진중권과 그를 추종하는 대중들, 그리고 그들의 하찮은 시장가치에 목을 매는 뉴스미디어를 상대로 논리적 일관성을 다투는 가망 없는 싸움을 하고 있다.

진중권은 『아주 낯선 상식』과 관련한 홍세화의 글이 나온 후 자신의 수준에 걸맞는 반응을 보인다. 그는 "홍세화 선생의 글의 문제는 '영남패권주의'에 대한 저항이라는 모두가 공유하는 가치와, 노무현마저 영남패권주의로 낙인을 찍어야 사는 호남 정치 엘리트들의 사적 이해를, 슬쩍 동일시하는 데에 있"다며 "정직하지 못한 글이고, 이 글을 쓴 데에 대해 홍세화 선생을 비판"한다고 말한다.[21]

이럴 수가?! 진중권의 위 "전라인민공화국" 발언이 '영남패권주의가 있다'고 생각하는 사람의 언설인가? 나는 정말이지 "'영남패권주의'에 대한 저항"이 "모두가 공유하는 가치"인 줄 예전엔 미처 몰랐다! 하지만 그가 "공유하는 가치"는 아니나 다를까 문장의 마침표까지에도 이르지를 못하고, 쉼표(,) 이하에서 바로 본색을 드러낸다. 영남패권주의라는 정치사회구조의 문제를 언제나 호남 정치 엘리트들의 사적 이해문제로 치환해버리는 것은 영남패권사회와 그 친구들이 세상의 진실에 대응하는 전형적인 수법이다.

한데 "정직하지 못한 글"이라는 사족은 뭘까? 난 지금도 부"정직"이란 이상한 용어를 동원한 진중권의 은밀한 심리적 연유는 잘 모르겠다. 홍세화는 이런 표현에 대해 "비판하는 건 모든 이의 자유이나 아무에게나 정직하지 못한 글을 쓴다고 말할 자유는 오만한 무례만이 누릴 것이다"[22]라고 일갈했다.

나는 『아주 낯선 상식』과 관련한 진중권의 글에서 "오만한 무례"를 모두 제거했을 때도 (뉴스미디어에서까지 보도[23]한) 두 가지 문제제기에는 대답이 필요하다고 인정한다. 하나는 대답하기 아주 쉽고, 다른 하나는 듣는 이의 지적 이해력이 조금 필요하다. 우선 아주 쉬운 것부터 대답하겠다. 진중권은 이렇게 말했다.

주장A ='호남만으로는 집권할 수 없다.' 이 주장에는 대부분 동의할 겁니다. 주장B ='호남사람은 대선후보가 돼서는 안 된다.' 이 주장에 동의할 사람은 거의 없을 겁니다. 이 대목에서 선동이 들어갑니다. 슬쩍 주장A =주장B라 몰아붙이는 거죠. 그 결과 A를 주장하는 사람은 졸지에 B를 주장하는 차별주의자, 혹은 투항한 영패주의자가 되어 버립니다. 거의 괴벨스 수준의 선동이죠. 일부 호나미스트들의 논리를 들여다보면, 이런 류의 트릭으로 가득 차 있습니다.[24]

자, 그럼 진중권의 문제제기에 대답하기 위해 『아주 낯선 상식』에서 인용했던 노무현의 발언을 다시 조금 더 길게 인용하겠다.

　　"17대 총선에서 열린우리당은 영남에서 32%를 득표했습니다. 만약
에 대통령선거에서 열린우리당이 영남에서 32%를 득표할 수 있다고
가정하면 무조건 이기는 것이지요. 그렇지 않습니까? (…) 호남 정치인
들 다 보태도 이인제 씨가 나오지 못하면 못 이기거든요. 97년에 이기니
까 호남 충청 손잡아 이겼다는 이런 공식을 가지고 있는데 (…) 이인제
씨가 동쪽에서 5백만 표를 깨주지 않았으면 죽었다 깨어나도 이기지 못
하는 거 아닙니까? (…) 지역주의를 깨고 정책대결로 가야 하는 거 아닙
니까? (…) 자기 당이라도 지켜야 될 거 아닙니까? 왜 보따리 싸들고 오
락가락 그래요."[25]

　　대한민국의 어떤 당이 정책대결하지 않는다는 정당이 있었던가?
노무현은 자신의 과오가 무엇인지를 모르고 있다. 그는 열린우리당
이 지역주의 양비론에 의해 탄생했고, 결국 한나라당을 인정하고 영
남패권주의에 투항했다는 후회는 눈곱만큼도 없다. 그는 지금 노골
적으로 호남충청 지역연합을 전제로 호남후보(혹은 충청후보)가 나선
다고 해도 이인제처럼 영남표를 잠식해주는 후보가 없으면 이길 수
없다고 주장하고 있다. 그럼 뭘 어떻게 해야 하나? 노무현은 지금 김
대중이 이겼던 방식이 아니라 자신이 이겼던 방식, 즉 영남표를 크게
얻을 수 있는 영남후보가 나서야 한다고 설득하는 중이다.
　　우리 모두는 '호남만으로는 집권할 수 없다'는 뻔한 전제를 부정하

고 있는 게 아니다. 하지만 "호남 정치인들 다 보태도"라는 말이 무슨 말인가? "호남사람은 대선후보가 돼서는 안 된다"는 말이다. 나는 노무현 이후에도 친노세력의 이런 태도가 바뀌었다는 일말의 단서도 찾지 못했다.

다음, 진중권은 감당할 자신이 있는지, 나름 그럴 듯한 문제제기도 했다. 사실 이 문제는 답을 해도 이해하기 좀 어려울 수 있다. 하지만 최대한 쉽게 설명할 테니, 차근차근 이해해보기 바란다. 일단 진중권이 제기한 회심의 문제는 이런 것이다.

> '신성한 광주항쟁'과 '호남의 세속적 욕망'을 대립시키며 양자택일을 권하는 김욱의 논리도 이 못지않게 교묘한 말장난 위에 서 있죠. (…) 거의 괴벨스 수준입니다.[26]

우선 나는 "'신성한 광주항쟁'과 '호남의 세속적 욕망'을 대립"시키지 않았다. 대립시키기는커녕 "광주정신은 곧 민주주의적 욕망의 규범화을 의미"하며, "광주정신과 광주의 세속적 욕망의 규범화: 더 정확하게는 '욕망' 뒤에 이 자구를 넣어야 한다) 사이에는 어떤 모순도 없다"[27]고 했다. 내가 개념대립을 시켰다면 '신성광주'와 '세속광주'일 것이다. 하지만 그 대립하는 개념으로 "양자택일을 권"했던 건 아니다. 대립하면서 의존하는 양분할 수 없는 모순 개념을 어떻게 '양자택일'하겠는가? 오히려 난 '절대공동체=신성광주' 관념에 대해 "그 이상을 지향해갈 수는 있을지언정"이라고 말하면서 "'신성광주'만(!)을

강요하는 자들"에 대해 항의했다.[28]

진중권의 이런 식의 오독엔 이유가 있다. 그 오독은 내가 의도한 '신성광주'라는 개념을 내 의도대로 파악하지 못해 벌어진 사태다. 거기엔 내가 포착한 특수한 개념을 불친절하게 설명한 내 책임도 일부 있다고 인정한다. 그러므로 다시 더 쉽게 설명하겠다.

우리 헌법상 민주·법치·자유·평등·정의·복지·평화 그리고 복수정당제! 등등의 이념은 신성이념인가, 세속이념인가? 당연히 세속이념이다. 그것은 세속적 욕망을 세속적으로 실현하기 위한 세속적 이념이다. 그렇다면 광주정신은 신성이념인가, 세속이념인가? 그 역시 역사 속에서 발현된 세속이념일 수밖에 없다. 광주정신, 즉 5·18정신은 세속적 욕망을 합리적으로 통제하기 위해 규범화된 세속이념'이어야' 하는 것이다.

그런데 작금의 현실은 영남패권사회의 이데올로기적 요구에 맞춰 5·18을 신성화·신화화시켜 세속이념으로부터 멀어지게 하면서, 동시에 광주를 세속적 욕망으로부터 멀어지게 했다. 어떻게 멀어졌는가? '절대공동체' 정신이라는 신성이념이 세속이념을 대체했으며, 광주는 그 신성이념을 일당독재 '호남몰표'라는 정치적 방식으로 충실히 실현해왔다. 그래서 난 "'광주학살'의 가해진영은 호남을 희생양 삼아 지배했고, 민주진영은 그 희생을 순교의 형태로 신성화시켜 이용했다"[29]고 주장했다. 그런 식의 비판적 맥락에서, 나는 역사 속 5·18의 규범화인 "광주정신은 곧 민주주의적 욕망을 의미한다. 광주정신과 광주의 세속적 욕망 사이에는 어떤 모순도 없다"고 주장했던 것이다.

설명이 조금 더 남았다. 일반적으로 세속이념과 대립하는 신성이념은 언제 등장하는가? 이념이 현실을 초월할 때, 혹은 기존 현실과 단절된 혁명적 이념을 현실화시키려 할 때 등장한다. 예컨대 천국이념이라든가 공산주의이념이 그것이다. 데리다 식으로 표현하면 이렇게 된다.

> 아직 그것이 있지 않은 곳, 아직 그것이 거기에 있지 않은 곳에서, 그것이 더 이상 있지 않은 곳에서(그것이 더 이상 현존하지 않는 곳에서라고 이해하기로 하자), 그것이 결코 법이 아니며, 법/권리로 환원될 수 없는 곳에서 정의의 이름으로.[30]

데리다가 '유령'의 개념으로 설명하려 했던 그 정의를 나는 '신성광주' 개념으로 포착했다. 예컨대 유령의 출몰을 경험하듯 5·18의 광주가 스치듯 경험했던 '절대공동체'는 지금 이곳 현실 속에서 실재하는 것이 아니라 현실에 투영되었던 신성이념인 것이다. 나는 이 신성이념의 존재, 존재하지만 존재하지 않는 그 '유령적 정의'에 대한 완전한 부정, 소멸, 무의미를 주장한 것이 아니다.

문제는 내가 아니라 이른바 진보세력이, 오직 광주에게만 세속적 욕망을 '역사적 죄'악시하면서, 그 천상의 '신성이념'을 양자택일적으로 요구한 사태에 있었다. 대답해보라. '세속서울'의 '세속욕망'과 '세속이념' 추구가 죄악인가? 아닐 것이다. 그럼 '세속광주'의 '세속욕망'

과 '세속이념' 주장을 죄악시하는 이유가 뭔가? 나는 양자택일된 '신성이념'을 광주를 향해서만 요구하는 불온함을 죄악이라 주장했고, 양자택일된 '신성광주'의 삶을 이행하려는 호남의 초현실적 강박을 '착한 호남 콤플렉스'라 불렀다. 이상이다. 자, 이것이 "거의 괴벨스 수준의 선동"인가? 이런 상식적 수준의 독해를 했다는 이유로 나는 학자로서 당할 수 있는 거의 최대치의 모욕을 당한 셈이다.

나는 진중권의 트위터 글 중 최하질의 것들은 이 책의 품위와 지면을 낭비하지 않기 위해 차마 인용할 수 없다. 앞으로도 더 이상 인용할 일이 없기를 바란다. 딱 하나, 내가 본 그의 트위터 글 중에서 마음에 드는 글귀가 있었는데, 이런 내용이었다.

선동의 기초는 언어를 혼란시키는 겁니다. 따라서 선동에 대한 비판은 그 성격이 언어분석일 수밖에 없습니다.[31]

미학자 진중권이 아니라 역사를 빛낸 철학자의 말이라고 생각하고 읽어보라. 훌륭하지 않은가? 단 그 언어분석엔 한 가지 조건이 있다. 이해할 수 없는 것에 대해서는 침묵해야 한다. 그것만이 상대의 언어를 이해하지 못하는 자가 세상을 이롭게 할 수 있는 유일한 길이다.

4장

'영남 없는 민주화'
이데올로기

# 1

## '영남 없는 민주화'란 무엇인가

선거 때만 되면 들려오는 아주 낯익은 타령이 있다. '야권연대 타령'이다. 이번 4·13 총선에서도 어김없이 다시 들려왔다. 이번 총선의 야권연대 타령의 주체는 그 이름도 의미심장하게 '다시민주주의포럼'이었다. 한완상이 주역을 맡은 그들 포럼은 4·13 총선을 앞둔 3월 16일, 기자회견문을 통해 이런 주장을 했다.

이번 총선에서 야권연대를 통해 민주 민생 평화를 무너뜨리는 무도한 정권의 연장을 막지 못한다면 우리는 역사와 국민의 이름으로 더불어민주당과 국민의당에 무한 책임을 물을 것임을 분명히 밝혀둔다.[1]

우리나라 민주주의의 시간은 과연 몇 시일까? 기자회견문은 "민주 민생 평화를 무너뜨리는"이라는 표현을 사용했다. 그들의 함축적 결론에 따르면 공든 탑처럼 이뤄진 우리나라 민주주의가 무너질 위기에 있다는 것이었다. 정말 그런가? 우리나라 민주주의는 이뤄진 적이 있었는가? 우리나라의 '민주주의 일반'은 지금껏 단 한 번도 이뤄진 적이 없었다. 우리나라가 민주주의 일반이 이뤄진 나라라고 생각한다면 새누리당이 집권하든 다른 야당이 집권하든, 그건 그저 민주적인 정당 간의 정권교체가 일어난 것뿐이라고 봐야 한다. 그리고 그 속에서 한 정당이 설령 장기집권을 해도 그건 국민의 선택일 뿐이라고 봐야 한다.

그런데 사태를 그렇게 보는 이른바 민주·개혁세력은 거의 없다. 그런 그들을 이해하기 위해서는 사태를 거꾸로 뒤집어봐야 한다. 이른바 민주·개혁세력은 한편으로 우리나라가 민주주의 일반이 이뤄진 나라라고 보면서, 마음속 다른 한편으론 새누리당이 집권한 대한민국은 민주주의국가가 아니라고 주장하는 이중기준을 가지고 있다. 그래서 혼란스런 표현과 규정들이 난무하는 것이다. 이를 내 방식대로 표현하면, 사실상 우리나라 민주주의는 영남패권주의세력을 압박·포위해 절차적·부분적으로만 이뤄졌을 뿐이며, 잠시 동안 권력을 찾아왔던 경험이 있을 뿐이다. 즉 우리나라에서 1987년 이후 민주주의가 이뤄졌다고 본다면 그건 영남패권주의세력 외부에서만, 그리고 절차적인 차원에서만 부분적으로 이뤄졌을 뿐이다.

지금 내 주장이 여전히 아주 낯설게만 들린다면 원로들의 기자회견문으로 다시 돌아가보자. 다시민주주의포럼은 분명히 새누리당 정권을 반민주 집권세력으로 규정하고 있다. 이는 단순히 현 박근혜 정권만을 겨냥하는 개념이 아니다. 그간의 이른바 민주화세력의 운동 논리를 돌이켜보건대 민주정권을 위한 '야권단일화' 논리는 1987년 이후 수십 년 동안 지속된 한결같은 신념이었다. 우리는 현 집권세력의 뿌리를 알고 있다. 그 뿌리를 고려해 야권연대 주장을 역사적인 관점에서 살펴본다면 새누리당을 반민주세력의 중심으로 규정하고, 그들을 상대로 민주세력인 야권이 연대해 반드시 승리해야 한다는 주장에 다름 아니다.

이제 우리는 새누리당이라는 정파에 대해 근원적 질문을 해야 한다. 그들을 어떻게 규정할 것인가? 다시민주주의포럼처럼 새누리당을 반민주세력으로 규정할 경우 그들이 만든 역사, 그들의 정권, 그들을 지지하는 세력은 모두 반민주 현상으로 규정할 수밖에 없다. 말하자면 우리가 이뤘다고 믿은 민주화의 역사는 사실은 그들 바깥의 일시적인 승리였을 뿐이라는 말이 된다. 도식화시켜 말하자면 새누리당을 지지하는 영남 등 반민주세력과 비새누리당을 지지하는 호남 등 민주세력의 대결이 지금도 계속 진행중이라는 의미다. 그렇게 보면 전두환의 파시즘이 '파시즘 일반'이 아닌 '영남파시즘'이듯이, 우리나라가 이룬 민주화도 '민주화 일반'이 아닌 '영남 없는 민주화'가 되는 것이다.

다시민주주의포럼의 한완상은 야권연대를 이루지 못해 새누리당의 정권연장을 막지 못하면 "더불어민주당과 국민의당에 무한 책임을 물을 것"이라고 했다. 누구의 이름으로? "역사와 국민의 이름으로"다! 잘 새기길 바란다. 야당 지지자들의 이름으로 야당의 총선 실패 책임을 묻겠다는 게 아니다. 의미심장하지 않은가? 어떻게 야당의 총선 실패 책임을 역사와 국민의 이름으로 물을 수가 있을까? 그런 논리라면 영남을 중심으로 새누리당을 지지한 과반의 유권자는 그 국민 속에 포함될 수 없는 것 아닌가?

우리는 다시민주주의포럼이 사용한 '국민'이란 표현을 진지하게 검증해야 한다. 이 '국민'이란 표현은 흔히들 별 생각 없이 사용하는 단순한 정치적 수사일까? 그런 걸 지금 내가 꼬투리잡고 있는 것일까? 절대 아니다! 다시민주주의포럼의 한완상 등이 표명한 야권단일화 관념 속에서, 그리고 그들의 관념에 동조하는 많은 이들의 관념 속에서 중요 키워드 역할을 하는 '국민'은 대한민국의 민주화라는 과제를 당위로써 실현시켜야 하는 '역사적 국민'의 추상이다. 그러므로 이 관념을 앞에 두고 우리는 현실적으로 물을 수밖에 없다. 그렇다면 영남을 중심으로 새누리당을 지지한 과반의 유권자 집단은 우리나라의 민주주의 역사 속에서 어떤 지위를 차지하고 있는가?

다시민주주의포럼의 한완상 등이 총선을 앞에 두고 이런 논리를 전개한 것은 단순히 과거에 얽매어 사는 올드보이들의 민주적 과대망상이었을까? 아니다. 지난 3월 6일 국민의당 안철수가 더불어민주당 김종인의 '야권통합'('야권연대'가 아니다) 제안을 "저 포함 모두 이 광야에서 죽을 수도 있다. 그래도 좋다"[2]며 거부하자 더불어민주당의 원내대표 이종걸은 "야당이 몰락하면 광야에서 죽는 것은 국민이요 민생이요, 이 땅의 민주주의"[3]라고 받아쳤다. 멀쩡한 현역 국회의원 이종걸의 관념 속에서도 현 야당은 민주주의를 지키는 보루고, 집권

## "안철수의 야권연대 거부… 개인 실수 넘어 역사 후퇴"

**한완상 전 부총리 '쓴소리'**

재야 원로인 한완상 전 통일부총리(80)는 8월 "4·13 총선에서 야권이 연대를 하지 않는 것은 (국민의 당안철수 상임공동대표)개인의 일생대 실수를 넘어 역사의 후퇴가 될 것"이라고 말했다.

한 전 부총리는 이날 경향신문과의 인터뷰에서 "야권이 분열돼 치른 선거 역사는 항상 국민에게 불행하고 비참한 결과를 낳았다"면서 이같이 밝혔다. 한 전 부총리는 특히 "여당 하나에 다수의 야당" 구도로 가면 필패다. 다시 민주세력을 소진시키는 게 아니고 소멸시킬 세 례이 집권할 것"이라고 경고했다.

한 전 부총리는 야권 연대 중요성을 보여주는 사례로 1987년 대통령 선거 때의 야권 분열을 제시했다. 그는 "당시 '4자 필승론'(김대중·김영삼·김종필·노태우 등이 모두 출마하면 DJ가 이긴다는 내용)이나 와 졌다"며 "DJ도 후회했던 그 역사가 그대로 반복될 수 있는 위기 상황을 야권은 왜 모르는가"라고 말했다.

야권 연대 당사자인 더불어민주당과 국민의당에 대한 쓴소리도 쏟아냈다. 더민주는 "김종인 대표가 재안한 '당 대 당 통합'이 방향은 옳지만 현실적으로 어렵다. 선거연대나 정책 협의를 먼저 해야 한다"고 충고했다.

국민의당이 통합을 거부하고 연대에는 내부 의견이 엇갈린 것에는 "개인의 불행일 뿐 아니라 국가나 민족, 역사의 불행인 될 수 있다"고 했다.

한 전 부총리는 특히 안철수 공동 대표가 독자노선을 택한 것에 대해 "안 대표의 그런 판단이 역사를 두려워하지 않는 판단"이라고 지적했다. 이어 "양당 구도 때문에 지난 3년간 국민의당이 역사가 후퇴한 게 아니다. 총선에서 여당이 이기면 민주주의는 이제 끝날 것 같은 무시무시한 두려움이 생기는 것뿐"이라고 했다.

한 전 부총리는 "3년전 안 대표에게 '당신은 햇빛을 스스로 받는 발광체가 아니고 국민의 여망을 반사하는 반사체다'라고 말했다"며 국민을 위해 안 대표가 야권 연대의 의의를 유합 것을 요청했다.

한 전 부총리는 우선 수도권부터 논의를 시작하자고 제안했다. 19대 총선 결과에서도 보통 수도권은 3~5%포인트 차이로 당락이 결정되는 곳이 많아 야권이 뭉쳐야 한다는 주장이다.

그는 "국민의당 내에서도 수도권이나 총장로 출마 후보들이 스스로광장히 절박하게느낄것"이라며 "우리가 중간에 다리를 만들어주겠다"고 말했다.

한 전 부총리가 활동 중인 다 시민평화포럼은 10일까지 비상 정치협상 회의를 구성해 각 당의 실 무진 협의를 본격적으로 시작한다는 방침을 세우고 각 당 관계자들을 접촉 중이다.

박흥두 기자 phd@kyunghyang.com

---

"야권이 분열돼 치른 선거 역사는 항상 국민에게 불행하고 비참한 결과"? "(안 대표의) 그런 판단이 역사를 두려워하지 않는 판단"? 왜 한완상은 호남이 야당 가운데 하나를 선택하는 행위를 영남이 일편단심 영남패권주의 정당에 투표하는 것보다 죄악시하는가? 문제는 이런 인식이 한완상 개인에 머물지 않고 이른바 민주세력 전반에 똬리를 틀고 있다는 것이다.(경향신문, 2016년 3월 9일)

새누리당은 민주주의를 위협하는 반민주세력인 것이다.

그렇다면 이제 제기된 근원적 질문에 답해야 한다. 민주주의를 위협하는 새누리당을 절대적으로 지지하는 영남(출신)은 반민주세력이자 반민주지역인가? 그들의 논리적 일관성에 따르면 당연히 그렇다! 나 역시 그들 지지세력을 반민주적인 '영남패권주의세력'으로 규정했다. 내가 보기에 이를 타개할 논리적 탈출구는 없다.

하지만 정치를 논리적으로만 이해하려는 내가 설 땅은 별로 없는 듯하다. 영남패권주의 대한민국에서 활약하는 정치인들의 관념 속에서는, 그리고 그들을 추종하는 뉴스미디어 및 일반인들의 관념 속에서는 얼마든지 탈출구가 있다. 그 탈출구는 영남의 지지를 받는 정치세력과 영남(출신)인 일반을 분리하는 것이다. 나쁜 것은 새누리당으로 상징되는 정치세력이지 그들을 절대적으로 지지하는 영남인이 아닌 것이다. 얼마나 편리한 논리적 도피처인가?!

　나는 『아주 낯선 상식』에서 김대중으로 상징되는 호남정치인과 그를 절대적으로 지지하는 호남을, 마찬가지로 포악한 북한공산당과 해방의 대상인 북한주민을 분리하는 이데올로기적 기교가 작동되는 방식에 대해 충분히 설명했다. 지금 우리가 당면하고 있는 영남정치 세력과 영남인을 분리하는 방식은 정확히 그런 이데올로기의 또 다른 실현형태다. 생각해보라. 영남이 아무리 나쁜 반민주적 패권정당을 지지하며 만족한다한들 어떻게 유권자인 그들의 행동을 전면적으로 비난하며 정치를 할 수 있겠는가? 그러므로 가장 손쉬운 탈출구는 반민주주의 정치세력의 뿌리인 영남인이 아니라 그들 영남인이 어쩔 수 없이(?!) 절대적으로 지지하는 오직 새누리당이 문제인 것이다! 가히 천재적인 해결책 아닌가?!

　나는 지금까지 민주화운동 주류 역사 속에서 영남패권주의 독재권력을 지지하는 영남인들을 직접 타격대상으로 삼는 민주화 논리를 보지 못했다. 언제나 문제는 그 권력을 지지하는 영남인과 분리돼 추상적으로 허공에 떠 있는 독재권력일 뿐이었다. 그래서 언제나 그 독재권력을 패권적으로 지지하는 여권결집이 문제가 아니라 그 독재권력을 무너뜨리지 못하는 야권분열이 문제였던 것이다. 하지만 그들 이른바 민주세력의 논리에 충실히 따라 생각해보자. 도대체 호남 등 민주세력이 분열해 새누리당이 아닌 이 당이나 저 당에 투표하는 역사적 죄가 영남 등 패권세력이 결집해 일편단심 새누리당에 투표하는 역사적 죄보다 어떻게 더 클 수가 있단 말인가?!

하지만 웬일인지 진보든 보수든, 뉴스미디어든 명망가든, 우리나라의 민주주의 담론에서 여권결집의 추축(樞軸)세력인 영남인들의 책임을 묻는 일은 거의 없다. 통상적으로 영남패권주의 지지세력의 기분을 상하지 않게 하면서, 우리나라의 정치적 후진성을 설명하고 해결책을 제시하는 방식은 대략 다음 세 가지로 나타난다.

우선 하나는 보수적인 영남패권주의 입장에서 혹은 진보적인 입장에서 우리나라는 이미 '민주/반민주' 구도로 설명할 수 있는 사회가 아니며, '민주화 이후의 민주주의'를 고민해야 한다고 우기는 방식이다. 이 관점에 따르면 새누리당을 절대적으로 지지하는 영남은 그저 보수당을 절대적으로 지지하는 것일 뿐이다.

다음으로 '민주/반민주' 도식을 즐겨 말하는 이른바 전통적인 민주세력의 방식인데, 그들은 정당과 그 정당을 지지하는 국민을 분리해 철저하게 지역관념을 없애는 방식을 취한다. 그들은 지역관념이 없는 척하며 야권분열과 그 책임을 물을 뿐(그런데 그게 호남의 책임, 즉 호남정치인의 책임을 묻는 식으로 들리는 경우가 많다) 새누리당을 패권적으로 지지하는 영남의 여권결집과 그 책임을 묻지는 않는다.

끝으로 지역구도를 인지하지만 영남패권주의를 부정하면서 노무현 이데올로기를 추종하는 영남개혁세력의 방식이 있다. 이 지역주의 양비론 방식은 '영남지역주의=호남지역주의'를 택함으로써 영남패권주의에 대한 영남인의 책임을 피해가는 방식이다. 심지어 열린우리당을 창당한 노무현은 새천년민주당을 부정하고 한나라당을 인정하는 투항을 하기도 했다.

위 세 방식의 공통점이 있다. 지역관념을 없애는 것이다. 보수 혹은 진보라는 이름으로, 정당과 정당의 지지자들을 분리하는 관념적인 방식으로, 그들 영남인들도 어쩔 수 없는 불가피한 선택이었다는 지역주의 양비론의 방식으로, 지역관념을 추상화시키고 아예 가치판단의 관념 속에서 사라지게 하는 것이다. 이런 방식의 대표적인 관념은 열린우리당을 창당하는 데 이데올로기적 근거를 확보해준 당시 유시민의 발언에서 충분히 확인할 수 있다. 다시 인용한다.

김 의원님은 "수평적 정권교체와 정권재창출을 이룬 대중을 분열시킬 위험"만을 강조하십니다. 쉽게 말해서 선거 때마다 민주당 후보를 지지한 유권자들을 그대로 안고 가야 한다는 것입니다. 저는 또 반문합니다. 그렇다면 지금까지 죽어라고 한나라당만 찍어온 대중은 어떻게 하시렵니까? 정권재창출을 이룬 대중은 소중하고 거기 협조하지 않은 대중은 그냥 버려두어도 좋다는 말입니까? 만약 개혁신당 말고 영호남 유권자를 통합하는 다른 길을 제시하신다면 저도 개혁신당론을 접고 그 길을 따르겠습니다.[4]

말하자면 유시민(과 노무현)은 "지금까지 죽어라고 한나라당만 찍어온 대중"(영남인들)의 부당성을 면해주기 위해 '지금까지 죽어라고 새천년민주당만 찍어온 대중'(호남인들)의 정당성을 부정해야만 했다. 그것이 새천년민주당의 정통성·정당성을 부정하고, 열린우리당을 창당했으며, 결국 한나라당의 역사성·정통성을 인정하자고 주장했던 근원적 이유다.

위 세 방식 모두 결국은 대한민국의 반민주주의 상황을 우려하고, 비난하고, 공격하면서도 영남인이라는 구체적인 인간들과 패권을 행사하는 구체적인 지역관념을 우려하고, 비난하고, 공격하는 것을 피한다. 이는 물론 지역관념을 구체적인 분석의 단위에서 지움으로써 현실정치의 어려움을 피해가는 방식이기도 하다. 하지만 이는 그들 영남인들의 과거행위를 보호하고 치유해주기 위해서 그들로부터 피해를 당한 호남인들의 과거행위를 모욕하고 상처 주는 행위이기도 하다.

이는 마치 김정은의 공산당을 비난·공격하면서 그들을 지지하는 북한주민에 대한 비난·공격은 피해가는 방식이고, 히틀러의 나치당을 비난·공격하면서 그들을 지지했던 독일국민들에 대한 비난·공격은 피해가는 방식이고, 히로히토의 제국주의를 비난·공격하면서 그들을 지지한 일본국민들에 대한 비난·공격은 피해가는 방식이다. 이런 태도는 현실 타협적인 정치공학일지는 몰라도 사태를 솔직하게 규명하고 치유하는 과학적인 해결책은 분명히 아니다.

지금 내 주장은 '그래서' 구체적으로 영남인들을 자극적으로 비난·공격하자는 의미가 아니다. 내가 하고 싶은 말은 어쨌든 문제를 풀기 위해서는 유쾌하든 불쾌하든 문제의 근원을 이해해야만 한다는 것이다. 그래서 역사적 가치판단의 국민적 합의를 이뤄야 한다는 것이다. 즉 영남이든 호남이든, 보수든 진보든 잘못은 잘못대로 근원적으로 '성찰'할 수 있는 계기가 있어야 한다는 것이고, 바로 거기서부터 출발해야 한다는 것이다. 나는 아무리 대한민국의 통합이 중요하다고 해도 문제의 근원을 해결하기는커녕 오히려 피해받은 국민들을 상처 주는 방식으로 문제를 해결하자는 건 반인륜적이라고 생각한다. 내 주장에 동의하든 않든, 어쨌든 영남의 성찰이 없으면 대한민국의 민주주의도 없다!

우리는 1960년대의 시인 김수영이 「어느 날 고궁을 나오면서」 이런 상념에 젖었던 것을 상기할 필요가 있다.

> 왜 나는 조그마한 일에만 분개하는가 / 저 왕궁 대신에 왕궁의 음탕 대신에 / 50원짜리 갈비가 기름덩어리만 나왔다고 분개하고 / 옹졸하게 분개하고 설렁탕집 돼지 같은 주인년한테 욕을 하고 / 옹졸하게 욕을 하고 / (…) / 아무래도 나는 비켜서 있다 절정 위에는 서 있지 / 않고 암만 해도 조금쯤 옆으로 비켜서 있다 / 그리고 조금쯤 옆에 서 있는 것이 조금쯤 / 비겁한 것이라고 알고 있다! / 그러니까 이렇게 옹졸하게 반항한다 / 이발쟁이에게 / 땅주인에게는 못하고 이발쟁이에게 / 구청 직원에게는 못하고 동회 직원에게도 못하고 / 야경꾼에게 20원 때문에 10원 때문에 1원 때문에 / 우습지 않으냐 1원 때문에 / (…)[5]

나는 우리나라의 이른바 민주·개혁세력이 우리나라 반민주·반개혁적 영남패권주의의 근원인 여권결집에 대해 분개하지 않고 기껏 야권분열에 대해 분개하는 건 "왕궁의 음탕 대신에" "설렁탕집 돼지 같은 주인년한테 욕을 하"는 것과 다를 바 없다고 본다. 김수영은 그런 자신이 "조금쯤 비겁한 것이라고 알고 있다"고 했다. 그런데 나는 이른바 우리나라 민주·개혁세력이 자신들이 조금쯤 비겁한 것이라고 알고나 있는지 심히 의심스럽다. 내가 보기에 그들은 옹졸하게 "구청 직원에게는 못하고" "야경꾼에게" 책임을 추궁하는 자신들을 떳떳하다 못해 심지어 자랑스러워하기까지 한다.

나는 이렇게 졸렬한 '민주화 이후의 영남패권주의'를 '영남 없는 민주화' 이데올로기로 규정한다. 그것은 노무현에 의해 이미 폐기된 '한나라(새누리)당 해체=민주(선)/반민주(악)'라는 최대강령을 앞세우지만 여전히 반민주 상태에 머물러 있는 영남의 책임은 현실 바깥으로 추상화시키고, 현실 속 민주화의 근원인 호남몰표에만 정치공학적으로 집착하면서 하찮은 권력만을 추구하는 세력의 위선적 이데올로기다.

이 '영남 없는 민주화' 이데올로기의 광범위한 지배는 우리나라의 민주주의가 해결되지 않는 모습으로 이렇게 장구한 세월 동안 지속되고 있는 근원이기도 하다. '영남 없는 민주화'라는 (야권의) 지배이데올로기로 인해 영남인들은 스스로를 성찰할 기회조차 없다. 그들 역시 모든 문제가 자신들의 바깥에 있는 것으로 착각하고 살고 있다. 한술 더 떠 이른바 영남개혁세력은 영남패권주의 이데올로기와 싸우기는커녕 영남패권주의 이데올로기에 빠져 살고 있는 그들의 훌륭한 보호막이 돼주기까지 한다.

단언컨대 앞으로도 호남 등 야권을 수백 번 이리저리 재조립해 분열을 없앤다한들 '영남 없는 민주화' 그 이상도 이하도 아닐 것이다.

이런 식으로는 우리나라 '민주주의 일반'의 달성은 요원하다. 우리나라가 민주주의 일반을 달성할 수 없는 근원적 이유는 야권분열이 아니라 여권결집 때문이다. 따라서 우리나라 유권자에게 민주화 일반을 달성할 수 없는 역사적 죄에 대한 책임을 묻고 싶다면 '야권분열'의 책임을 물을 일이 아니라 '여권결집'의 책임을 물어야 한다!

## 2

# 영남을 한국 정치담론의 이데올로기적 성역으로 만드는 심연

영남은 한국 정치담론의 이데올로기적 성역이다. 그 성역은 겉보기에 '지역주의 양비론'이라는 간단한 이데올로기에 의존하는 것처럼 보이지만 그것이 다가 아니다. 그 심연엔 전두환 파시즘까지 '가해자＝피해자'라는 이데올로기로 포장하며, 영남을 정치적 성역으로 보호하려는 의지마저 보인다. 전두환 파시즘과 그 정당을 지지한 영남인들에 대한 이데올로기적 보호다. 이 작업은 때론 예술적으로까지 승화되고, 그에 열광하는 사람들이 넘쳐난다. 그 선봉에 대구출신 영화감독 이창동이 있다.

이창동은 2000년에 〈박하사탕〉이란 영화로 일약 주목을 받았다. 나는 이 영화를 완전히 다르게 두 번 읽었다. 한 번은 『영화 속의 법과 이데올로기』(2002)란 책을 쓰면서 행한 독해였고, 다른 한 번은 2003년 《오마이뉴스》에 투고하면서 행한 독해였다. 이런 일(치명적 오독)은 내 경험상 아주 드물다. 그 2002년과 2003년 사이에 노무현의 대통령 당선이 있었고, 이창동은 노무현정부에 문화관광부 장관으로 입각했다.

나는 지금 다시 〈박하사탕〉의 이데올로기적 심연을 들여다보고 있다. 하지만 나는 2003년 이후 지금껏 두번째 독해를 다시 바꿀 이유를 찾지 못했다. 오히려 내 확신이 강화되는 느낌이다. 이창동의 〈박하사탕〉은 영남이 어떻게 영남파시즘의 '가해자=피해자'로 등치되는지를 적나라하게 보여줬다. 나의 2003년 두번째 독해「이창동의 〈박하사탕〉을 다시 읽는다」⁶를 전재한다. 주의 깊게 읽어보기 바란다.

*　*　*

나는 이창동의 〈박하사탕〉에 지지를 보냈었다. 그런데 이창동의 이데올로기 구조를 다시 확인한 지금 내가 애초에 영화를 잘못 읽었던 것이 아닌가 하는 부끄러운 의심이 든다. 다시 읽어보자. 많은 사람들의 지지를 받았던 〈박하사탕〉은 과연 어떤 영화였을까? 그는 그 영화를 통해 무엇을 말하려 했을까? 우리는 그 영화로부터 무엇을 배울 수 있을까?

이제는 문화관광부 장관이 된 이창동은 3월 4일 열린 노무현 정부 첫 국무회의 석상에서 자신의 고향인 대구지하철 참사와 관련하여 80년 광주항쟁 당시와 비교하면서 "대구시민들이 심리적 공황상태에 빠져 있다"고 발언했다. 그리고 [영남파쇼군부에 반인륜적인 학살을 당한 광주의 절망과 지하철 참사를 겪은 대구의 공황상태를 비교하는] 이 발언이 문제가 되자 공보관을 시켜 다시 이렇게 해명했다.

> 문화부 공보관은 "이 장관은 국무회의에서 '대구 지하철 사고는 1980년의 광주와 감히 비교할 수는 없지만, 집단적·지역적 영향을 미치고 있다는 점에서 비슷한 요소가 있다'고 발언했다"면서 "이 발언 가운데 '비교할 수 없지만'이라는 전제와 '집단적·지역적 영향'을 강조한 말이 생략돼 보도됐다"고 경위를 밝혔다.[7]

충분한가!? 문제가 거두절미한 기자들에게 있었는가? 나는 그가 도대체 어떤 이데올로기 구조 속에서 살고 있기에 이런 발언이 나왔는지 심히 의심스럽다. 나는 지금까지 이런 민감한 문제를 그저 덮어 두려고만 했기 때문에 오히려 역사적 '잘/잘못'에 대한 가치판단이 끊임없이 왜곡되고 급기야는 이런 엉뚱한 발언이 대구의 민심을 반영하여 '자기도 모르게' 국무회의 석상에서까지 튀어나오는 것이라고 생각한다.

내가 애초에 〈박하사탕〉에 지지를 보냈던 것은 '역사의 거대한 운명에 휩쓸리는 한 개인의 저항할 수 없는 몸부림'에 대한 공감이었다. 그리고 이런 상황은 곧 '가해자=피해자'의 문제를 만들어낸다는 입장에 대한 공감이었다. 나는 예전에 이렇게 표현했었다.

'쿠데타군' 김영호. 누가 소녀를 죽였을까? '가치맹목'적 역사?

그의 모순은 이렇게 시작되었다. 군인인 그는 지금 군인이 아니다. 총을 겨누고 있는 그는 지금 총을 겨누고 있는 것이 아니다. 쿠데타를 하고 있는 그는 지금 쿠데타를 하고 있는 것이 아니다. 그러나 그 모순은 그의 마음 속 모순일 뿐이다. 쿠데타군인 그의 총에서는 얼떨결에 불꽃이 뿜어져 나온다. 그는 자신의 의지와는 상관없이 그 소녀를 죽였다. 그가 소녀를 안고 울부짖는 그곳은 바로 열차가 운명처럼 제 갈 길을 준비하고 있는 차량기지였다. 그곳은 바로 김영호의 모든 비극의 역사가 시작된 곳이었다.[8]

이제 와서는 나도 헷갈린다. 이창동의 '가해자=피해자'의 문제의식이 심히 의심스럽다. 그래서 대한민국 문화관광부 장관 이창동에게 진지하게 묻는다. '가해자=피해자'라는 이 문제의식은 '잘/잘못'

고문하는 김영호. 고문기술자 이근안도 이렇게 괴로워했을 것이다.

에 대한 일체의 가치판단을 배제하는가? 우리 모두 역사의 희생자이므로 '잘/잘못'에 대한 반성은 불필요하다고 생각하는가?

영화 속에서 김영호는 고문에 투입되어 울부짖는다. "야! 니가 그렇게 대단해!? 왜 그래!!!" 이 울부짖음을 번역하면 이렇게 된다. '제발 도구가 된 우리들로부터 고통당하지 말고 빨리 말해 달라! 이 시대의 불의와 공포를 혼자서 감당할 만큼 니가 그렇게 깨끗하고 대단하냐?!' 가해자인 그는 지금 마치 피해자처럼 애원하고, 냉소하고, 울부짖고 있다.

이창동의 〈박하사탕〉은 이렇게 자신이 어쩌지 못하는 거대한 힘 속에서 가해자는 피해자가 되고 피해자는 가해자가 된다는 역사적 사실에 대한 아픔을 표현한 것이었다. 실제로 이러한 의식구조(영화에서 그의 동료들이 김원식을 체포할 때도 튀어나왔었다)는 우리의 일상에서까지 그렇게 낯선 대사는 아니다. 그래서 이 문제는 끈질기게 물어야 한다.

내가 이창동의 〈박하사탕〉을 지지했었던 것은 적어도 그의 '가해자=피해자'라는 변증법적 문제의식이 최소한의 가치판단(가해자/피해자의 대립과 반성)을 전제로 역사 속의 아픔을 지양하려 하고 있다는 믿음 때문이었다. 그런데 지금은 의심스럽다. 이창동은 최소한의 가치판단을 하고 있었는가?

전두환의 정당을 대표했던 이회창 한나라당 후보의 대통령선거 낙선과 지하철 참사로 인한 대구시민들의 민심을 광주항쟁 직후의 민심과 비교하는 것이 최소한의 가치판단을 전제로 하는 것인가? 이것은 단순한 말실수가 아니다. '가해자=피해자'라는 '가치맹목'적 등식에 입각한 이창동식 역사의식의 제대로 된 자기고백이다.

사실 수없이 많은 명망가들은 줄곧 영남의 한나라당 지지와 호남의 민주당 지지를 같은 지역주의의 차원에서 비판해왔다. 가치맹목적 시각의 일반화다. 심지어는 노무현 대통령까지도 1990년의 3당합을 ('군사파쇼/민주화세력'의 야합이라는 역사적 정의차원의 잘/잘못보다는) '호남/비호남'이라는 호남소외 차원의 잘/잘못에서 주로 비판해왔다.

이런 시각이 결국 이창동 장관의 "집단적·지역적 영향"이라는 가치맹목적 발언으로 나타났고, 노무현 대통령은 "아주 의미 있는 의견"이라는 맞장구로 화답했다.

우리는 영화 속에서 김영호가 죽어가는 윤순임의 남편이 전해준 사진기를 헐값에 팔아치우고는 강변의 평상에 걸터앉아 필름을 뽑아

김영호는 기차를 뒤로 하고 허탈한 모습으로 필름을 뽑아버림으로써 지나버린 순수의 시간들을 거부하고 있다.

버리는 장면을 기억한다. 필름은 순수했던 시절의 추억이다. 말하자면 우리가 앞으로도 지향해야 할 가치들이다. 왜 뽑아버렸는가? 돌아갈 수 없으므로? 부질없는 기억이므로? 하나하나 모든 것이 의심스럽다.

영화 속 김영호는 목이 터져라 외친다. "나-다-시-돌-아-갈-래-!!!" 하지만 굳이 돌아간다한들 무엇이 달라지겠는가? 우리의 모든 행위를 (기차의 선로가 은유하는) 거대한 역사의 필연 앞에 놓인 부질없는 몸부림으로만 이해한다면 무엇이 달라지겠는가? 과거로 다시 돌아가고 싶다는 영화감독 이창동에게 지금이라도 다시 물어보자.

우리가 다시 살아갈 수 있다면 다른 삶을 살아갈 수 있겠는가? 총을 쏘지 않을 수 있겠는가? 고문하지 않을 수 있겠는가? 타락하지 않을 수 있겠는가? 지나버린 과거 앞에서도 '잘/잘못'에 대한 시각이 분명치 않은 이창동 감독은 과거로 돌아가서 무엇을 하려 했던 것일까? 애꿎은 배우 설경구의 목만 아프게 하지 않았는가?

요는 이것이다. 영화감독 이창동이 〈박하사탕〉에서 보여준 '가해자=피해자'라는 바로 그 문제의식이 국무회의석상에서 가치판단이 배제된 채 "집단적·지역적 영향" 즉 '대구=광주'의 문제발언으로 전환되어 나타났다는 것이다. 따라서 〈박하사탕〉의 '가해자=피해자'의 문제의식에 최소한의 가치판단[가해자/피해자의 대립과 반성]에 대한 전제가 없을 수도 있다는 것이다.

이제 여기서부터는 얘기가 달라진다. 만약 이창동의 〈박하사탕〉에 가치판단에 대한 전제가 없는 것이라면 얼룩진 우리 역사의 수많은 장면마다에서 이런 식의 변명은 언제라도 가능하다. 말하자면 이완용도 고통스러웠을 것이다. 그리고 '내가 아니라도 누군가 이런 일은 해야만 했다'는 변명으로 역사의 거대한 운명 앞에 놓인 개인적 범죄 행위에 면책을 부여받을 수 있을 것이다.

영화감독이 아닌 문화관광부 장관은 한 나라의 문화이데올로기에 대한 정책을 총괄하는 중요한 사람이다. 이런 사람이 만약 역사적 가치판단 문제에 있어서 이런 식의 졸렬한 생각을 갖고 있다면 정말 걱정이다. 그의 〈박하사탕〉이 어떻게든 되찾아야 할 순수가 아니라 무조건 잊어버리고 싶은 순수였다면 나는 애초에 그의 영화를 잘못 읽었음을 고백하고 이제라도 그의 영화에 대한 애정을 떨쳐버리려 한다.

"나—다—시—돌—아—갈—래—!!!" 묻자. 이창동식 이데올로기라면 다시 돌아간들 무엇이 특별히 달라 질 수 있겠는가?

그러나 나는 지금까지도 믿을 수가 없다. 이창동 감독뿐만 아니라 대구시민 나아가 이 나라 역사를 믿을 수가 없다. 어떻게 된 나라가 분명한 역사의 '잘/잘못'을 선언하기가 이렇게도 힘들단 말인가? 하늘이 두 쪽이 나도 잘된 것은 잘된 것이고 잘못된 것은 잘못된 것인데 어떻게 모든 '언설'이 [최소한의 가치판단까지도 제거한] 지역문제로 환원되는가? 뭐가 그리 꼬여 있고 복잡한가?

노무현 대통령은 이 문제를 간단하게 넘겨버려서는 안 된다. 소소하게 이창동 장관의 개인 거취문제를 말하려는 것이 아니다. 이 나라 역사를 말하는 것이다. 지역주의 극복이 지역 간의 '가치맹목'적 화합에만 있다고 판단하고 있다면 다시 생각해야 한다. 김대중 대통령의 지난 5년간의 실패로 충분하다.

대한민국의 지역주의는 역사적 사실의 '잘/잘못'에 대한 확실한 합의(즉 반성)가 없기 때문에 악화되고 있는 것이다. 이 문제가 정면에서 돌파되지 않으면 지역주의는 영원히 사라지지 않는다. 각 지역출신의 장관을 몇 명씩 임명할 것인가 하는 말초신경적 차원의 대책으로는 절대로 해결되지 않는다. 일본과의 역사적 불화가 지금까지 계속되고 있는 것과 같은 이치다.

나는 지금 대단히 놀랍고 슬픈 심정이다. 그리고 이 나라의 역사에 대한 확신이 없어진다. 모든 것이 혼란스럽기만 하다. 자신이 없다. 그래서 독자들의 고견을 듣고 싶다. 이창동의 〈박하사탕〉에서 역사의 가슴 아픈 희망을 읽어야 하는가 아니면 역사의 신물 나는 변명을 읽어야 하는가?

*   *   *

이 지난 시절의 평론으로 대한민국 영남패권주의 이데올로기의 심연에 놓여 있는 영남의 자기합리화에 대한 오늘의 분석을 대신한다. 그때 '노무현정부의 첫 국무회의 발언들'의 충격 속에서 이런 재독再讀을 하면서도 "자신이 없다"고 했다. 하지만 그때 이후 역사의 흐름은 노무현정부 문화관광부 장관에 임명된 대구출신 이창동의 '〈박하사탕〉 이데올로기'가 바로 '노무현 이데올로기'의 심연이었다는 사실을 정확히 입증했다. 심연의 이데올로기는 어떤 식으로든 기어이 백일하에 자신을 드러낸다.

# 3

# 이데올로기적 정신분열:
# '영남 반민주세력' 없는
# '호남 민주몰표'

광주의 갑 선거구에 출마한 한 국회의원 후보가 '사랑하는 갑 주민 여러분'이라고 했다 치자. 이를 들은 을 선거구의 성격 이상한 한 주민이 그 후보에게 '당신은 갑 선거구 주민만 사랑하고 을 선거구 주민은 사랑하지 않느냐?'고 추궁했다고 치자. 그렇다면 그는 누가 봐도 거의 틀림없는 진상 유권자일 것이다.

그런데 한 나라의 제1야당 대표가 역사적인 맥락을 거론하며 진지하게 대한민국의 민주주의를 위해서는, 더 구체적으로는 다른 지역의 절대적 지지를 받는 집권여당의 반민주주의를 막기 위해서는, 여러분 지역의 몰표가 반드시 필요하다고 주장했다고 치자. 이 상황에서 어떤 일이 일어날까? 정상적인 민주국가라면 당장 나라 전체가 파문에 '휩싸여야!' 한다. 하지만 우리나라에선 아무 문제도 일어나지 않는다. 제1야당이든 집권여당이든, 이 지역이든 저 지역이든 선거철이면 으레 흘러나오는 잡스러운 캠페인 정도로 알아듣고 그냥 평화롭게 흘러간다.

내가 위 경우 파문에 '휩싸여야!' 한다고 주장한 이유는 이런 것이다. 우선 지역주의 선동이 나쁘니 파문이 일어나야 한다는 단순한 주장이 아니다. 애초에 위 발언이 '저 지역이 뭉치니 우리 지역도 뭉치자'는 의미만 함축하고 있다면 계급적 정책선거를 강조하는 입장에서 비판을 할 수도 있다. 하지만 위 발언은 그런 단순한 의미만을 함축하고 있는 게 아니다. 위 발언은 제1야당과 그 당을 몰표로 지지하는 지역민은 역사적인 민주주의의 지킴이로, 상대당인 집권여당과 그 당을 역시 절대적으로 지지하는 지역민은 민주주의의 파괴자로 간주한다는 의미를 함축하고 있다. 이 정도면 파문에 휩싸여야 하지 않겠는가?

지난 4·13 총선에서 실제로 그런 발언이 행해졌다. 더불어민주당 대표 김종인은 공식적인 선거운동이 시작되기도 전에 광주에서 사실상의 선거 캠페인 포문을 열었다.

김 대표는 특히 "광주·전남은 우리나라 민주주의를 지키는 가장 중요한 역할을 한 지역으로, 5·18 광주 민주화운동이 우리나라 정치민주화를 이룬 가장 큰 원동력이었다"며 "그런데 기득권을 유지하려는 정치인들이 어느 한 특정인의 욕망을 채우기 위해 거기에 편승, 새로운 당을 만들고 유권자들을 현혹하면서 이 지역에 야당 분열이 생겨났다"고 국민의당을 맹비판했다. 이어 "무엇 때문에 광주·전남 유권자들이 호남정치를 분열하는 데 앞장서고 야당 분열로 정권창출을 방해하는 역할을 해야겠는가"라고 반문했다. 앞서 김 대표는 국립 5·18 민주묘지를 참배한 뒤 기자들과 만나 국민의당이 야권분열의 단초를 제공했다고 거듭 비판하면서 "그런 면에서 정권 창출의 장애가 되면 그것이 과연 그동안 민주주의를 갈망한 광주정신에 맞느냐 하는 것"이라고 지적했다.[9]

위 김종인의 언설에 거의 모든 반민주적 어불성설이 다 들어 있다. 하지만 정치공학에 중독된 독자들의 경우는 그 발언의 반민주적 심각성을 대충 넘길 수도 있다. 그래서 그의 반민주적 언설은 다소 노골적인 번역이 필요하다.

우선 김종인에 의하면 야권분열, 즉 호남의 복수정당제는 '악'이다. 이 '악'은 왜 생겨났을까? 특정인, 곧 안철수의 대통령 출마를 위한 것이다. 대통령에 출마하기 위해서는 꼭 자신이 창당한 정당이 필요하다는 발상도 괴이하다. 어쨌든 이 '개인적 욕망'을 위해 호남의 기득권을 유지하려는 호남정치인들이 편승한 것이다. 따라서 국민의당을 지지하는 호남유권자들은 '현혹'당한 멍청이들이다. 문제는 그들 호남정치인들과 '현혹'당한 호남유권자들로 인해 정권창출이 '방해'받는다는 것이다. 그런 식이라면 더불어민주당의 집권을 '방해'하는 모든 정당은 사라져야 한다. 상상하기 힘든 반민주적 발상이다. 다시 어쨌든 '호남몰표'를 못 받아 더불어민주당이 '정권창출'을 못하면 그건 '민주주의를 갈망한 광주정신'에 맞지 않는다는 것이다. 한 가지 분명히 확인해두고 넘어갈 사항은 이 경우, 정권연장을 하게 되는 새누리당과 그 지지 유권자들은 명백한 '반민주'세력이다. 이것이 전두환의 국보위 출신이자 여야를 메뚜기처럼 넘나들며 국회의원을 지낸 김종인의 입에서 흘러나온 4·13 총선에 대한 역사적 규정이었다.

나는 대한민국 선거역사상 이렇게까지 노골적으로 '지역몰표'를 선동했는데도, 개혁·진보연하는 세력이나 뉴스미디어에서 이렇게까지 낯 뜨겁게 호응해준 역사적 사례를 알지 못한다. 그들은 '호남몰표'를 야권연대의 이름으로 여지없이 겁박했다. 내가 『아주 낯선 상식』에서 상세히 기술한 너무나 낯익은 '선거 전' 풍경이다.

다만 한 가지 달라진 점이 있다면, 과거엔 이렇게까지 대놓고 노골적으로 '호남몰표'를 요구하진 않았다는 것뿐이다. 그도 그럴 것이 지금까진 호남유권자에게 선택의 여지가 없었기 때문에 노골적으로 요구하거나 대놓고 겁박할 필요가 없었을 것이다. 그래서 호남몰표로 연명하면서도 선거가 끝난 뒤엔 호남몰표에 대한 부담감이 훨씬 적었던 것이다. 겁박한 적이 없었으니까! 심지어 남아 있는 겨자씨만한 부담감조차도 "호남 사람들이 나를 위해서 찍었나요. 이회창이 보기 싫어 이회창 안 찍으려고 나를 찍은 거지"[10]라며 비난·조롱조로 떨쳐버리려 했을 것이다. '선거 후'엔 민주·개혁세력답게 지역주의·지역관념·지역몰표를 없애야 하니까!

그런데 이번 4·13 총선에서 온 천하에 모든 것이 드러났다. 이른바 민주·개혁세력, 특히 이른바 민주·개혁 뉴스미디어가 얼마나 추한 민낯을 가지고 있는지 온 천하에 드러났다. 그들은 호남이 선택지를 갖고 자신들의 권리를 행사하려 하자 '야권분열 책임'을 거론하며 거의 이성을 상실했다. 그것도 민주주의와 역사의 이름으로 이성을 상실했다. 민주주의가 정신분열에 빠진 것이다.

이 정신분열적 민주주의의 아수라장 속에서 그나마 『경향신문』의 이대근 정도가 차분한 목소리로 민주주의라는 게임의 법칙을 생각하고 있었다. 그는 이렇게 적었다.

인간의 직감은 쉽게 결론을 낸다. 새누리당의 승리. 미국 정치학자 애덤 세보르스키는 경쟁 결과의 불확실성을 제도화한 것이 민주주의라고 했다. 그런데 이런 불확실성 속에 특정 세력의 승리라는 같은 결과가 반복된다는 건 놀라운 일이다. 이걸 민주주의라고 할 수 있을까? 물론이다. 불확실성이라는 게임의 규칙 안에서 발생하는 일이다. 민주주의의 질이 나쁘다고 할 수 있지만 민주주의가 아니라고 할 수는 없다. 그럼에도 야당은 선거에 참여해야 한다. 그게 유일하게 허용된 게임이기 때문이다. (…) 그들[무당파, 정치 무관심층]이 참여하면 시뮬레이션이 무너진다. 소수가 민주주의의 이름으로 항상 이기는 게임을 바꿀 수 있다.[11]

어쨌든 이대근은 모두의 선거참여를 독려하며 이글을 썼다. 하지만 그의 시각은 우리나라의 게임의 법칙, 즉 우리나라의 민주주의에 대해서 너무 관대하거나 안이하다. 그에 따르면 마치 모두가 선거에 참여하면 "소수가 민주주의의 이름으로 항상 이기는 게임을 바꿀 수 있다"고 했지만 전혀 그렇지 않다. 대한민국 유권자가 모두 선거에 참여해도 현 상대다수 소선거구제에서는 득표율 절반 미만 소수가 얼마든지 의석점유율 과반 이상 다수를 점할 수 있다. 엄격하게 말하면 현 우리나라 선거제도는 민주적인 평등선거제도가 아니다. 『아주 낯선 상식』에서 기술한 대로 영남패권주의는 영남패권주의 선거제도에 의해 뒷받침되고 있다.

이런 관점에서 본다면 차라리 문재인이 자기 나름의 핵심을 정확히 지적했다. 그는 자신의 페이스북을 통해 이렇게 주장했다.

> 수도권 야권 전체 지지율은 새누리당보다 10% 이상 높습니다. 박근혜 대통령에 대한 부정적 평가도 긍정적 평가보다 10% 이상 높습니다. 민심은 새누리당 심판입니다. 박근혜 정부의 실패를 끝내겠다는 것입니다. 이 정도면 야당이 압도적으로 승리할 수 있는 조건입니다. 그러나 현실은 반대로 가고 있습니다. 승리의 그릇에 민심을 담아야 합니다. 야권연대 무조건 해야 합니다. 선거는 민심을 반영하는 것입니다. 야권연대는 공학이 아니라 민심을 제대로 반영하는 승리의 그릇입니다.[12]

문재인이 제대로 말한 것은 "선거는 민심을 반영하는 것"이라는 명제다. 맞다. 그래야 민주주의고, 민주적 게임의 법칙이다. 그런데 그가 제대로 말하지 않은 것은 "야권연대는 공학이 아니라 민심을 제대로 반영하는 승리의 그릇"이라는 명제다. 야권연대는 분명히 공학이다. 왜 그런 정치공학이 필요한가? 현 우리나라의 게임의 법칙이 민주적이지 않기 때문이다. 그 때문에 그런 부자연스러운 정치공학이 등장하는 것이다.

그러므로 더 차분히 생각해봐야 한다. 우리나라는 이른바 민주화가 이뤄졌다는 1987년 이후 근본적으로 거의 유사한 선거제도가 시행돼왔다. 그리고 이 비민주적 선거제도 하에서 반복적으로 이른바 야권연대가 되풀이돼왔다. 대선 차원의 야권연대에서 대표적인 성공사례는 DJP연대다. 그리고 대표적인 실패사례로 거론되는 건 김대중-김영삼 분열이다.

나는 왜 지금 이 지난 역사적 사례를 상기시키는가? 야권연대에 대한 근본적 성찰이 없기 때문이다. DJP연대가 성공했다한들 그런 식의 연대는 사실 대통령제와 어울리는 연대는 아니다. 그런 연대가 필요하고 절실하다면 연대를 전제하고 또 자유롭게 할 수 있는 내각제로 바꿔야 한다. 하지만 그런 생각은 하지 않는다. 단지 성공했다는 것만으로 만족한다.

더 심각한 건 뭔가? 야권연대가 실패했을 때 나타난다. 실패의 책임은 제도의 미비가 아니라 후보자 개인 혹은 소수당의 책임으로 돌아간다. 1987년 대선과 관련해 김대중의 몫이 된 그 탐욕스러운 비난을 상기해보라. 이인제를 향한 영남쪽의 비난, 기사회생했지만 정몽준에 돌아간 노무현측의 비난도 결코 만만치 않았다. 국회의원선거라고 다르지 않다. 1990년대 중후반, 충청에 기반을 둔 자유민주연합은 지금까지 조롱의 대상이며, 2004년 이후 몇 년간 열린우리당 세력의 민주당 공격은 더 말할 나위가 없다. 이런 사태는 지금까지도 형태만 바꿔 지속되고 있다. 대통령·국회의원 선거제도를 결선투표 없는 상대다수 선거제도를 채택해놓고 그 반민주적 제도 때문에 발생하는 반민주적 결과에 대해 후보자 개인 혹은 소수당에게 그 모든 책임을 돌린다. 이런 행태는 사실상 헌법이 보장하는 국민의 기본권인 피선거권을 위협하는 반민주적 정치테러 행위다.

한데 이보다 더 근원적인 문제가 있다. 이렇게 야권연대에 목을 매는 것처럼 호소하고 겁박하는 야권이 그동안 제도개혁을 위해서는 얼마나 고민을 했을까? 어쩌면 대권을 두 번씩(?)이나 놓친 새누리당으로서도 야권연대에 상당한 트라우마가 있을 법도 한데 왜 그들도 제도에 대한 깊은 고민은 없는 것일까? 간단하다. 그들 모두 이 게임의 법칙에 그런대로 만족하고 있기 때문이다. 물론 만족하는 걸로 따지면 압도적인 재미를 보고 있는 새누리당과 비교할 수는 없겠지만 현 더불어민주당의 친노 쪽에서도 노무현의 승리 경험이 마약 같은 위로를 해줘 그런대로 만족하고 있는 것이다. 이 비민주적인 선거제도에 아예 실낱 같은 희망조차 없었다면 선거 보이콧이 일어나도 벌써 일어났을 것이다.

친노는 노무현의 선거법 개정 노력을 상기시키며 나의 이런 주장에 반론을 펼 수도 있을 것이다. 알고 있다. 하지만 그들이 '진정한 연대'에 대해 그렇게 절실하지 않다는 것도 알고 있다. 사실상 그들이 관심을 갖는 건 각 정파의 지분만큼의 연대가 아니라 겁박을 통한 야권의 패권에 더 관심이 많다. 4·13 총선을 앞두고도 분당을 걱정하지 않는 친노의 태도가 그랬고, 내각제를 통한 정식 야권연대에도 큰 관심이 없는 문재인의 태도가 그렇다. 문재인이 생각하는 민심은 오직 새누리당과 비새누리당의 비율로 나타난 민심이다. 그리고 비새

누리당의 민심 분포에서 1%라도 우위를 차지해 모든 것을 차지하고
픈 욕망뿐이다.

이른바 민주·개혁세력의 '영남 없는 민주화' 이데올로기는 사람의
눈과 이성을 멀게 하는 힘을 가지고 있다. 그것은 단순히 호남이 더
불어민주당을 몰표로 지지하면 지역주의 표심이 아니지만 국민의당
을 몰표로 지지하면 지역주의 표심이라는 억지 주장에서 그치지 않
는다. 더한 헛소리도 가능케 한다. 그것은 영남패권주의는커녕 영남
이 새누리당을 몰표로 지지하는 현상 그 자체를 보지 못하게 하는 신
비한 힘까지 지니고 있다. 『경향신문』이 널리 퍼트려준 고려대 조대
엽의 다음 주장이 어떤 신비한 이데올로기 구조 속에서 나올 수 있는
지 곰곰이 생각해보기 바란다.

> 선거 결과 호남을 제외한 모든 지역에서 더민주는 선전했고 수도권
> 에서 압승했으며 제1당이 되었다. 지역정치가 세대정치로 바뀌고 '탈지
> 역화'로 한국정치의 미래가 열렸다. 호남이 문재인과 더민주로는 안된
> 다고 할 때 세상은 더민주와 문재인을 선택한 셈이다. 세상이 87년의 정
> 치를 뛰어넘고자 하고 지역주의의 덫에서 벗어났는데 호남만이 다시 지
> 역주의의 늪에 빠진 것이다.[13]

사회학자 조대엽에 의하면 "세상"이 더민주와 문재인을 선택했단
다. 그는 이번 총선이 국회의원선거에 출마하지도 않은 더민주 전 대
표 문재인에 대한 신임투표인 줄 아는 모양이다. 그리고 "세상"이 지

## 문재인을 위한 변명

정동칼럼

조대엽
고려대 교수·사회학

4·13 총선 결과는 놀라웠다. 늘 지는 야당 더불어민주당이 제1당이 되었고 신생 국민의 당이 약진했다. 게다가 더민주는 부산, 대구, 경남에서 9석을 얻어 지역주의의 벽마저 깨뜨렸다.

이 예상 밖의 쾌거 앞에서도 더민주는 표정을 관리하고 있다. 선거혁명의 주역 문재인 대표 또한 승자의 표정이 아니다. 전통적 지지기반이었던 호남 참패가 너무 아픈 탓이리라. 선거 막바지에 광주를 찾아 호남이 자신에 대한 지지를 철회한다면 대선도 포기하고 정치

라는 전제로 시작된 약속이라면 비록 국민의 당에는 못 미치지만 호남은 여전히 더민주를 강력하게 지지하고 있다는 점에 주목해야 한다. 문 대표는 광주의 약속을 의석수 확보로만 판단해 호남에서 명백하게 유지되고 있는 지지자들을 외면해서는 안된다.

둘째, '딜레마'란 경중이 비슷한 사안 간에 발생하는 선택의 혼란을 말한다. 문전 대표에게 광주발언은 마음의 빚일 수 있지만 그것을 염두에 두기에는 그와 더민주가 얻어낸 선거 혁명의 성과가 '정치사적'이라 할 만큼 크다.

문전 대표는 그간 누구보다도 책임있는 정치 지도자로서의 역할에 충실했다. 세월호 현장을 비롯해 시민이 아픈 자리에는 언제나 그가 있었다. 정부와 여당, 심지어 야당 내에도 넘치는 '육장의 정치' 앞에 늘 '가치의 정치'로 대응했다. 이기는 정당을 만드는데 그는 혼신의 힘을 다했다.

다. 호남이 문재인과 더민주로는 안된다고 할 때 세상은 더민주와 문재인을 선택한 셈이다. 세상이 87년의 정치를 뛰어넘고자 하고 지역주의의 덫에서 벗어났는데 호남만이 다시 지역주의의 늪에 빠진 것이다.

호남의 선택은 호남 기득권 정치가 드러낸 마지막 지역주의의 몸부림일지 모른다. 문전 대표는 구태에 갇힌 호남의 선택보다 새로운 세대의 호남정치와 변화를 요구하는 수도권의 민의, 그리고 영남의 변화를 훨씬 더 무겁게 생각해야 한다.

정치인의 말에 신뢰와 책임이 따라야 한다는 것은 상식이다. 그러나 정치인의 신뢰와 책임은 언제나 더 높은 공공성을 향해 열려 있어야 한다. 작은 신뢰가 더 큰 공공적 미래를 위해 협할 수는 없는 일이다. 아침 분열과 호남의 딜레마, 이 모든 것의 출발은 야당 내부 특히 호남 기득권 정치인들이 만든 친노패권주의

"마침내 '동진'에 성공한 더민주의 새로운 역사"? "호남의 선택은 호남 기득권 정치가 드러낸 마지막 지역주의의 몸부림"? '영남 없는 민주화' 이데올로기는 이처럼 사건과 세상의 진상을 거꾸로 보게 만든다.(경향신문, 2016년 4월 22일)

---

역주의의 덫에서 "벗어났"단다. 그런데 "호남만"이 다시 지역주의의 늪에 빠졌단다. 길게 대꾸할 만한 학자의 글은 못 된다. 다른 건 차치하더라도, 조대엽의 눈에는 영남에서 새누리당이 얼마나 많은 의석을 독점했는지 보이지 않는 것이다. 그에겐 영남의 새누리당은 보면서도 보이지 않는 '상상 속의 패권주의' 현상일 뿐, 호남의 국민의당처럼 보고 싶은 대로 보이는 '현실 속의 지역주의' 현상은 아닌 것이다. 두말이 필요 없다. 이는 자기기만적 이중 잣대를 가진 영남패권주의자의 망상이다. 그게 아니라면 "호남만이 다시 지역주의의 늪에 빠진 것"이라는 담대한 주장을 할 수는 없다.

그런데 이런 식의 '영남 없는 민주화' 이데올로기로 문재인을 '실명 찬양'하는 글에도 쥐꼬리만큼의 유용함은 있다. 이런 글이 난무할 때마다 이런 글을 쓰는 자의 열렬한 지지를 받는 친노 문재인이 어떤

정치인인지 점점 더 명확하게 드러난다는 사실이다. 세상을 그나마 공평하게 만들어주는 신비한 아이러니다.

정리하자면, 역사 속에서 노무현은 '영남반민주세력'이라는 관념을 부정하고 한나라당(새누리당)과의 양대산맥으로 이미 방향을 잡았다. 하지만 그도 '호남몰표'라는 정략적 유혹은 떨쳐버릴 수가 없었다. 그 타락의 지체된 결과가 이른바 민주·개혁세력의 '영남 없는 민주화'라는 이데올로기적 사기극이다. 그들은 호남에서는 '야권분열 없는 호남민주세력'이라는 관념을 강박적으로 들이대고 현실적인 호남몰표를 원한다. 반면 영남에서는 '여권결집하는 영남반민주세력'이라는 관념을 차마 들이대지 못하고 그저 정상적인 정당 간의 경쟁을 한다. 이번 4·13 총선에서 보여준 박근혜 친화적인 김부겸의 대구 선거운동은 상징적이다.

이제 그 역사적 진상을 명백히 밝혀야 한다. 친노세력은 자신들이 주장하는 '호남 민주몰표'의 필연적 짝패 개념인 '영남 반민주세력(새누리당)'의 정체를 솔직하게 고백해야 한다. 그것은 현실적 적대세력으로 실질적인 궤멸의 대상인가, 아니면 그저 초현실적 가상의 세계에서만 대립하는 동반자적 허깨비인가? 만약 후자라면 위선적인 정치공학으로 그간 호남을 겁박한 죄를 통렬하게 반성하고, 사죄하는 마음으로 새로운 게임의 법칙을 제안해야 한다. 나는 전자를 원했지만, 노무현은 실패를 선언했고, 이제 친노에게 기대할 수 있는 현실은 후자뿐이다. 정치적 위선과 이데올로기적 사기극으로 역사를 영원히 속일 수는 없다.

## 5장

# '영남 없는 민주화'
# 이데올로기의
# 퇴행적 실현형태

# 1

# '호남패권주의'라는
# 반민주적 프로파간다

'프로파간다'의 귀재 에드워드 버네이스Edward Bernays는 "암거위 요리에 쓸 수 있는 양념은 수거위 요리에도 쓸 수 있다"는 속담을 인용하며, 프로파간다(선전)라는 "고상하고 예스러운 단어를 한시라도 빨리 원래의 자리로 되돌려"[1]야 한다고 말한다. 버네이스는 프로파간다의 존립근거를 이렇게 설명한다.

읽고 쓰는 능력을 터득하게 되면 지배하는 데 적합한 사고를 가져야 마땅했다. 민주주의 원칙에 따르면 그랬다. 하지만 읽고 쓰는 능력의 보편화는 대중에게 사고를 가져다주지 않았다. 오히려 대중을 거수기로 만들어버렸다. (…) 어느 누구 할 것 없이 모두 똑같은 거수기가 된 상태에서 똑같은 자극에 노출되면 모두가 똑같은 인상을 받을 수밖에 없다. (…) 특정 신념이나 원칙을 확산하고자 하는 조직화된 노력이라는 광의

의 측면에서 볼 때 어떤 생각을 널리 유포하는 메커니즘이 바로 선전이다.[2]

하지만 프로파간다라는 단어는 운명적으로 '고상한' 이미지보다는 '음험한' 이미지를 갖는 단어가 될 수밖에 없는 듯하다. 특히 정치적 주의주장에 있어서는 두말할 필요가 없다. 누구라도 정치적 주의주장을 펼치는 순간, 자신의 주장은 고상한 진리를 설파하는 것이지만 상대의 주장은 단지 사악한 프로파간다일 뿐이라고 우기기 십상이다. 어쩔 수 없이, 나를 포함해 모두가 프로파간디스트의 혐의를 받을 수밖에 없다면 해결책은 한 가지뿐이다. 프로파간다의 존립근거 자체를 부정하는 민주적으로 성숙한 인간대중의 출현이다. 비관도 낙관도 없이, 그들이 출현해 자신의 머리로 스스로 판단하기를 기대할 수밖에 없다.

영남패권주의 논란이 있자, 그에 발맞춰 친노세력은 호남패권주의라는 반민주적 '프로파간다'를 시작한다. "암거위 요리에 쓸 수 있는 양념은 수거위 요리에도 쓸 수 있다"는 속담이 괜히 속담이 된 게 아닌 듯하다. 흥미로운 사실은 나는 호남패권주의라는 용어를 제외하고는 노동자패권주의, 여성패권주의, 식민지패권주의, 흑인패권주의, 동성애자패권주의 따위의 말을 들어본 기억이 없다는 것이다. 우선 이 흥미로운 프로파간다의 시범을 보여준 권범철의 '한겨레 그림판'[3]부터 감상해보자.

나는 이 그림만으로는 권범철이 '호남패권주의세력'이라는 단어를

한겨레 만평에 등장한 "호남패권주의". 권범철이 호남패권주의를 영남패권주의와 동렬에 놓았든 호남 내부의 소(小)패권주의로 보았든 이런 식의 용법은 영남패권주의를 민주주의에 대한 위협이 아닌 단순한 권력다툼의 소산으로 왜곡시킨다.(한겨레, 2015년 12월 22일)

어떤 의미로 사용했는지 확정할 수가 없다. 그가 호남패권주의라는 용어를 단순히 영남이 패권주의에 탐닉하고 있듯이 호남도 그와 다를 바 없이 패권주의를 추구하고 있다는 의미로 사용했는지, 아니면 호남(대한민국)이 영남패권주의에 지배당하는 건 맞지만, 마찬가지로 호남도 호남을 지배하는 패권세력(이른바 호남토호세력 혹은 그들과 결탁한 정치인)이 있다는 의미로 사용한 것인지 불분명하다.

분명한 건, 권범철이 호남패권주의라는 용어를 어떤 의미로 사용했건 모두 영남패권주의를 보호하는 반민주적 프로파간다라는 사실이다. 다음의 내 반박에 논리적으로 답변하지 못한다면 이 그림을 게재한 『한겨레』도 책임이 있다.

우선 권범철이 전자의 의미로 호남패권주의를 운운했다면, 그건 이데올로기적 용어의 어법에도 맞지 않은 불온한 반민주적 프로파간다다. 예컨대 노동자는 자본가 지배에 맞서 공평한 세상을 이루기 위해 투쟁하는 것이지 거꾸로 자본가를 지배하기 위해 투쟁하는 것이 아니지 않는가? 식민지 조선은 독립을 위해 싸운 것이지 일본제국을 식민지 삼기 위해 싸운 것은 아니지 않는가? 이 세상의 부당한 다수로부터 지배받는 모든 소수·약자의 투쟁이 정당한 건 그들이 다수를 지배하겠다는 것이 아니라 부당성에 저항하고 있기 때문이다. 그런데 유독 호남만 다수를 지배하기 위해 투쟁한다고 본다는 말인가? 역사적으로 지금까지 그런 반민주적 혐의가 있었단 말인가? 그래서 호남패권주의라는 말인가?

그게 아니라 후자의 의미로 사용했다 하더라도, 그건 호남의 반영남패권주의 투쟁을 무위로 돌리고 영남패권주의를 보호하기 위한 음험한 반민주적 프로파간다다. 이는 최근의 친노세력이 주로 선호하는 방식인데, 그들은 이 세상엔 극단적으로 잘게 세분할 수 있는 각양각색의 패권주의가 존재한다고 강변한다. 그렇게 해서 영남패권주의의 반역사성·반민주성을 희석하는 것이다. 예컨대 동아대 정희준은 이렇게 주장한다.

사실 한국 사회에는 수많은 군소 패권들이 있다. 계급적으로도 존재하고 지역적으로도 존재한다. 부산도 부·울·경 지역에서는 패권 도시로 존재한다. 경남의 아이들이 집을 떠나 부산에 와서 대학 다니고 부산에서 직장을 얻어 결국 부산에서 결혼한다. 최근엔 부산과 울산을 잇는 고속도로가 생기고 거제도를 연결하는 다리가 생기자 그쪽 사람들이 부산에 와서 돈을 쓰고 간다. 한반도 동남권에서 작동하는 '부산패권'이라고나 할까. 그렇다면 '호남패권'은 없는가. 서울에 가면 비록 영남패권에 비해서는 열세이겠으나 결집력은 더 강한 호남패권이 있다. 이를 호남패권이라 이름 붙일 수 있는 이유는 서울 내에서의 영향력이 강원, 충청, 제주 등에 비해 압도적이기 때문이다. 서울 강북 지역과 경기도 산업 도시에서는 정치적 영향력도 막강하다. 또 '광주패권'은 없겠는가. 광주도 부산처럼 주변 지역과 나눠야 할 혜택을 독식하는 도시이다. 그나마 주변에 산업 도시들이 포진한 부산에 비해 광주는 주변 지역과의 격차가 점점 더 벌어지는 상황이다.[4]

이런 식의 물타기에 의하면 대한민국엔 지역기준만 적용할 경우에도 무수한 패권이 존재하며, 지역이 아닌 다른 모든 기준까지 동원하면 대한민국 패권의 숫자는 한강의 모래알만큼 많을 것이다. 이렇게 되면 영남패권주의는 대한민국 민주주의를 가로막는 치명적 사태라기보다는 어느덧 모두가 어느 정도는 감수해야 할 일상적인 권력관계로 전환된다. 실제로 정희준은 "패권이든 헤게모니든 그것은 현존하는 권력이자 지배력이다"[5]라고 정의한다.

하지만 내가 말하는 영남패권의 패권은 단순히 현존하는 부의 집중이나 불평등, 혹은 기득권을 말하는 것이 아니다. 거기엔 '정당성/부당성'이라는 관념이 전제돼 있다. 굳이 사전적 의미로 말하자면 패권이란 "국제 정치에서, 어떤 국가가 경제력이나 무력으로 다른 나라를 압박하여 자기의 세력을 넓히려는 권력"[6]인데 이를 국내 정치상황에 적용해 표현한 것뿐이다. 당연히 국제정치는 국내정치에서 규범적으로 전제하는 민주적 정당성과는 거리가 멀다.

한편 사전적 의미로 '기득권'은 "특정한 자연인, 법인, 국가가 정당한 절차를 밟아 이미 차지한 권리"[7]를 말하는데, 친노세력은 패권 개념에 이 '정당한 기득권'을 포함시키는 방식으로 영남패권주의 주장을 반박한다. 즉 '정당한 기득권'과 '부당한 패권'을 구별하지 않고 뒤섞어 개념을 혼란시킨다. 예컨대 정희준은 서울 내 호남패권의 근거라며 들이대는 이유가 "영향력"이 다른 지역 출신들보다 크다는 것이다. 다시 말한다. 그 영향력이 '반민주적'으로 행사된다면 패권이 맞다. 하지만 '반민주적'이기는커녕 자신의 권리조차 지키지 못하는 사람들의 결집을 (자신이 정의한 개념으로) 패권이라고 부르며 반박한다면 이는 불온한 프로파간다다.

조금만 냉정하게 생각해보라. 정당한 기득권관계를 포함해 지구상에 존재하는 무수한 인간관계 혹은 권력관계를 수없이 잘게 세분한 뒤 그것을 반민주적 영남패권주의라는 개념과 같은 층위에서 논할 수 있다고 보는가? 그런 일상적인 권력관계까지 모두 들이대 비교함으로써 대한민국 역사와 민주정치를 왜곡시키는 영남패권주의를 설명할 수 있다고 진심으로 믿는가?

영남이 대한민국에서 패권을 누리는 건 브라질이 세계축구선수권을 차지한 것과는 성격이 다르다. 영남패권주의가 문제인 것은 그것의 반민주적 성격 때문이다. 그것이 극단적으로 발호할 때는 파시즘의 성격을 띠기도 했다. '민주화 이후의 영남패권주의' 시대라 할지라도 인종주의에 근접하는 유사 파시즘의 성격이 저변에 나타나기도 한다. 이는 심지어 자본주의의 근간이 되는 자본가의 노동자 지배권력과도 그 성격이 확연히 다르다. 참고로 마르크스는 자본가의 노동자 지배 메커니즘을 설명하면서도 강도나 사기꾼 같은 개념으로 설명하지는 않았다.

여기에서는 권리 대 권리라는 이율배반이 발생하는데, 이들 두 권리는 똑같이 상품교환의 법칙에 의해 보증되는 것들이다. 동등한 권리와 권리 사이에서는 힘이 사태를 결정짓는다.[8]

마르크스는 노동자와 자본가의 권력관계를 노동력 상품을 사고파는 주체들의 "동등한 권리와 권리"라는 게임의 법칙으로 설명하고 있다. 물론 마르크스의 눈에 그 게임의 법칙을 부정의라는 관념으로 바라보는 궁극적 정의의 관념은 숨어 있다. 하지만 근원적으로 자본가와 노동자의 권력관계를 게임의 법칙 바깥에서 설명하지는 않았다. 자본가의 노동자에 대한 지배조차 막무가내 패권관계가 아니라는 주장은 대한민국 영남패권주의를 바라보는 우리에게 새삼스러운 이질감을 준다.

자본주의 정치의 게임의 법칙은 우리가 민주주의라고 부르는 메커니즘이다. 그런데 영남이 누리는 권력이 "동등한 권리와 권리"라는 민주주의 게임의 법칙 바깥에서 얻어지는 '장물' 같은 것이라면 이는 사회의 근간을 의심할 수밖에 없다. 내가 영남패권주의를 다른 권력관계와 달리 근본적으로 문제 삼는 건 그것이 민주주의라는 게임의 법칙 바깥에서 패권적 지배관계를 추구하고 있기 때문이다. 그래서 내가 말하는 '영남패권주의'라는 개념에는 당연히, 그리고 언제나 '반민주적'이라는 개념이 내재돼 있다. 즉 그것은 '반민주적 영남패권주의'의 약칭이다. 그러므로 만약 정희준이 문제 삼는 대한민국의 각양각색의 권력관계가 민주주의라는 게임의 법칙 바깥에서 작동하는 부당한 현상을 의미한다면 경중의 차이는 있겠지만 그것을 패권이라고 불러도 좋다. 하지만 정당한 기득권(정말 모래알처럼 많은 크고 작은 기득권이 있으며, 우리는 모두 태어나자마자 어떤 영역에서 기득권자다)까지를 슬쩍 패권 개념으로 치환하고 그것을 다시 반민주적 영남패권과 뒤섞어 물타기하는 수법으로 사태를 혼란케 한다면 그것은 매우 불온한 정치적 프로파간다다.

분명히 말할 수 있지만, 예컨대 영남재벌이 유달리 많은 기득권을 차지해 대한민국을 지배한다고 해도 그것이 그간의 민주주의라는 게임의 법칙 속에서 얻어진 정당한 결과라면 난 그것을 영남패권 개념으로 설명하진 않았을 것이다. 대신 난 그것을 궁극적인 분배정의 차원에서만 논했을 것이다.

하지만 보라. 대한민국의 정치가, 경제가, 사회가, 문화가 '동등한 권리 대 권리'라는 정당한 민주주의 게임의 법칙 속에서 작동해왔고, 작동하고 있으며, 작동해갈 것으로 보이는가? 나는 그렇게 보지 않는다. 그렇다고 내가 지금까지의 모든 부당한 권리·권력관계까지를 공격하는 혁명을 주장하는 게 아니다. 그저 민주주의 차원에서 지금부터라도 부당한 박탈에 대한 최소한의 보상과 공정한 경쟁을 요구하는 것뿐이다. 그러니 손오공처럼 원숭이 터럭만큼이나 많은 유사 패권 개념을 만들어 영남패권주의를 보호하는 건 민주주의에 대한 도리가 아니다.

정리하면, 지역문제에서 가치판단을 제거해버린 노무현의 지역주의 양비론은 본질적으로 '영남패권주의=호남패권주의'라는 주장으로 극단화될 위험을 안고 있었다. 그리고 패권 개념을 가능한 잘게 부숴 반민주적 성격을 제거하고 정당한 기득권까지를 포함하는 개념으로 치환하는 것은 투박한 지역주의 양비론이 보다 세련된 형태의 프로파간다로 진화한 것으로 보인다. 그것은 영남패권주의 현상을 민주주의에 대한 위협이 아닌 가치맹목적인 권력다툼 경쟁으로 치환시켜 공론장을 어지럽힌다. 이렇게 친노세력이 영남패권주의를 호남패권주의와 등치시키거나, 오만가지 형형색색의 패권 개념으로 본질을 희석시켜 영남패권주의세력의 보호막이 돼주는 건 새삼 주목할 일이다. 그것은 내가 노무현을 '은폐된 투항적 영남패권주의자'로 규정한 것이 틀리지 않았다는 강력한 입증이다.

# 2

# '호남자민련'이라는
# 부도덕한 프로파간다

자녀는 많을수록 좋다고 생각하는 어떤 나라가 있었다. 그런데 자녀가 1명밖에 없는 한 부부가 있었다. 그 남편이 보육원을 위한 봉사단체의 회장선거에 출마해 회원들 앞에서 질문과 토론 시간을 가졌다. 그는 한 회원으로부터 이런 질문을 받았다.

"모두가 자녀는 많을수록 좋다는데 왜 당신은 자녀가 한 명밖에 없습니까? 육아 경험이 적어 봉사회장으로서 문제가 있지 않을까요?"

그 남편은 성실하게 이렇게 답했다.

"자녀를 많이 가지려고 노력은 했습니다만 하나밖에 낳지 못했습니다. 하지만 자녀가 하나면 어떻습니까? 자랑스러운 시민으로 잘 키우겠습니다."

그러자 야유가 터지면서 큰 소동이 일어났다. 봉사단체 회원들의 그 남편을 향한 항의는 집요했다. 그 시끄러운 소동 속에서 겨우 간

추려본 항의의 요지는 "하나면 어떻냐니? 그런 부도덕한 말을 할 정도로 가장으로서의 자존심도 없느냐? 결국 넘어선 안 될 금도를 넘었다"는 것이었다. 그래서 그 남편은 자존심을 강화하는 이런 도덕적인 허풍으로 겨우 사태를 수습할 수 있었다.

"열심히 노력하고 있으니까 자녀를 한 백오십 정도 더 낳을 수 있을 겁니다."

그제야 만족한다는 듯 모두들 고개를 크게 주억거리며 요란하게 박수를 쳐댔다.

이번 4·13 총선에 광주에서 출마한 천정배도 CBS 라디오 〈김현정의 뉴스쇼〉 인터뷰에서 그와 비슷한 질문을 받았다. 위 한 자녀 남편의 발언과 다음 천정배의 발언이 뭐가 다른지 한번 비교해보기 바란다.

김현정: '호남에서는 국민의당이 굉장히 높은 지지율을 얻고 있지만 수도권에서는 더민주는 이렇게 얘기를 하더군요. 안철수 대표 말고는 될 사람이 거의 없는 상황이다. 이렇게 되면 호남당으로 이렇게 축소되는 거 아니냐. 전락하는 거 아니냐.' 여기에 대해서는 뭐라고 답하시겠습니까?

천정배: 네, 우선 수도권에서도 상당한 가능성이 보이기 시작합니다. 생각보다 상당한 지지율이 오르고 있어요. 우선 수도권에서 상당한 의석을 낼 수 있다고 생각합니다. 그리고 중요한 것은 사실은 호남당이면 어떻습니까? 호남을 대변하고 있는 많은 정치세력이나 정치인들이 대

한민국의 개혁과 민주주의를 위해서 앞장 서 왔고 앞으로 그럴 것입니다.[9]

4·13 총선이 막바지에 접어들고 국민의당이 호남을 석권할 징후가 보이자 '호남자민련'이라는 프로파간다가 쏟아지기 시작했다. 결과적으로 수도권에서 안철수 등 2명만이 당선됐다. 하지만 정당득표율은 새누리당 다음으로 높은 제2당이었다. 이 상황이 정당으로서 공격받을 상황일까?

김대중의 아들이라는 유일한 이유로 주목받은 더불어민주당 중앙선대위 부위원장 김홍걸은 "'호남당이면 어떠냐는 말은 호남인들의 자존심을 짓밟는 망언"[10]이라고 개탄했고, 광주 서구을 지역구에서 천정배와 경쟁했던 더불어민주당 후보 양향자는 천정배의 발언에 대해 "결국 넘어선 안 될 정치의 금도를 넘어버렸다"[11]고 개탄했다. 그들의 생각에 따르면 '호남당이면 어떻습니까'가 아니라 '호남에서만 의석을 얻으면 호남저항당이 되고, 그러면 안 되니까 당을 해체하겠습니다'가 정답이다. 그들 '호남인'은 영남패권당이 지배하는 사회의 노예적 사고를 대변하고 있다. 아마도 더불어민주당뿐만 아니라 국민의당을 호남당 혹은 호남자민련이라고 공격하는 뉴스미디어가 원하는 게 바로 그것일 것이다.

그러므로 우리는 영남패권주의 대한민국을 지배하는 이른바 반지역당 이데올로기에 대해 좀 더 숙고해봐야 한다. 혹시 그들의 생각이 옳을 수도 있는 것 아닌가?

우선 우리나라 정당법에 의하면 '지역당'의 설립은 '거의' 불가능하게 돼 있다. 정당법에 의하면 "정당은 5 이상의 시·도당을 가져야 한다"(제17조)고 못박고 있다. 이 규정에 따르면 지역당을 설립할 수 있는 유일한 지역은 영남뿐이다. 영남은 부산, 대구, 울산, 경남, 경북, 즉 영남의 5군데 시·도당만 가지고도 중앙선거관리위원회에 정당으로서 등록할 수 있다. 영남을 제외한 나머지 지역은 지역당 설립 자체가 아예 봉쇄돼 있다. 그러므로 정당법 상으로는 영남당만 설립될 가능성이 있고, 호남당이나 충청당 등의 지역당은 설립 자체가 불가능하다.

그래서 나는 기본적으로 정당법상 이 "5 이상의 시·도당"이라는 규정이 영남당의 가능성만을 허용한 부당한 규정이라고 본다. 전국당체제를 지향하면 모든 지역에 공평한 전국당 규정을 마련해야 한다. 그보다는 애초에 지역당의 설립을 부정하지 않아야 한다. 헌법이 규정한 대로 지역당이라 할지라도 그 "목적이나 활동이 민주적 기본질서에 위배"(제8조 제4항)되지 않는 "정당의 설립은 자유"(제8조 제1항)라는 헌법정신은 보장돼야 한다고 보기 때문이다.

논리적 상상이지만 예컨대 이런 경우에 부딪치면 어떻게 할 것인가? 법적으로 유일하게 지역당 설립이 가능한 영남패권당(물론 당 강령은 실체와 다르게 규정할 것이다)이 대한민국을 지배하는데, 다른 정당을 설립하려고 했더니 정당설립 요건, 즉 "5 이상의 시·도당"과 그 "시·도당은 1천인 이상의 당원을 가져야 한다"(정당법 제18조 제1항)는 규정을 만족시킬 수 없는 것이다. 이런 상황은 영남패권당의 위세가 너무 강해 다른 세력이 전국당을 세울 능력이 없는 경우나, 아예 겁먹은 다른 지역민들이 반영남패권당 당원이 되는 것을 기피하는 경우에 발생할 수 있다. 이런 경우 반드시 반영남패권당이 아닌 어떤 소수당이라도 설립이 어려워질 수 있다. 논리적으로 보면 헌법이 보장하는 정당 설립의 자유는 현행 정당법에 의해 불공평하게 위협받고 있다.

법 얘기에 현실감이 나지 않는 독자를 위해 현실정치 얘기로 돌아가보자. 정당법은 제쳐두고라도 우리나라에서 지역당을 지향하는 정치세력이 존재하는가? 꿈이라도 꾸는 정치세력이 있는가? 예컨대 어떤 정당이 특정 지역 안에서만 활동하고, 공직선거에 그 특정 지역에만 후보를 내고자 하는 그런 지역당을 공개적으로 지향하는 지역당을 말한다. 내가 알기로 그런 정치세력은 아직 대한민국에 존재하지 않는다. 왜 이런 지역당은 꿈꿀 수조차 없는가?

현재 우리나라엔 현실적 지역당은 존재하지만 이념적 지역당은 없다. 말하자면 모든 정당은 전국당을 지향하지만 능력이 없어 소수당에 그치는 것이다. 심지어 지역구에서 2석을 획득하는 데 그친 정의당도 전국당을 지향한다. 그런데 그저 능력이 없을 뿐인 지역당, 즉 소수당을 지역당이라고 비난하는 것이다. 그것도 진보적이라고 자처하는 인물들일수록 목청껏 지역당을 비난한다. 그들은 이 세상의 모든 소수자의 권리는 보호받아야 한다고 주장하면서, 오직 대한민국의 소수당만은 이데올로기적으로 비난하고 심지어 혐오의 대상으로 간주하자고 선동한다. 이는 부도덕한 프로파간다.

그런데 흥미로운 사실이 있다. 국민의당이라는 소수당을 호남당이니 호남자민련이니 하며 비난하면서도, 정의당이라는 소수당을 '고양자민련'이니 '창원자민련'이니 하는 식으로 비난하는 경우는 못 본다. 왜 그럴까? 우리나라에서 지역당을 지역당이라고 공격하는 이데올로기가 동원되는 것은 그 당이 영남패권주의에 저항하는 경우일 때만 그렇다. 말하자면 호남당이나 충청당이 영남패권당에 도전할 때만 그런 이데올로기가 동원된다. 정확히 '호남＋자민련(충청)'이라는 용어 자체가 그런 이데올로기를 담고 있다. 영남패권당인 새누리당에 대해서 '영남당' '영남자민련'이라고 공격하지 않는 것을 보면 지역당이라는 이데올로기가 어떤 방식으로만 동원되는지 적나라하게 확인된다.

이 반反지역당, 즉 반反'반영남패권당' 이데올로기의 동원엔 반드시 새누리당이 적극 나서야 할 필요가 없다. 그것이 지배이데올로기인 한 영남패권사회의 친구들인 친노나 이른바 진보세력만으로도 얼마든지 목적을 달성할 수 있다. 실질적으로 다수 혹은 소수 지역당만이 존재하는 대한민국에서 자신들이 지지하는 정파도 어딘가의 지역당 신세를 면치 못하면서도 오직 국민의당만을 겨냥해 호남당·호남자민련이라 칭하며 비하하는 것이다. 그러면서도 자신들에게 호남표가, 심지어 호남몰표가 주어지기를 원한다. 영남패권사회의 충실한 개혁·진보 친구들이다.

특히 이른바 영남개혁세력인 친노에게는 지역당체제를 통한 반영남패권주의 투쟁에 깊은 트라우마가 있을 수밖에 없다. 1995년 김대중이 지역등권론을 주장하기 시작했을 때, 가장 먼저 반기를 든 건 노무현이었다. 노무현은 "지역등권론은 지역을 정치선택의 중심에 놓는 지역주의적 발상에서 나온 것"이라고 반응했다. 그는 또 "지역등권은 노선이나 정책에 따른 판단을 불가능하게 만든다"며 "그런 논리라면 내가 부산을 지킬 이유가 없다"고 주장했다.[12]

노무현은 '반영남패권주의'를 '지역주의'로 읽는 사람이다. 그래서 호남과 충청이 영남패권주의에 대해 투쟁하면 그것을 영남에 대한 공격으로 받아들인다. 이런 사고방식에 의하면, 영남사람인 자신이 영남을 공격하는 사람들의 무리에 섞여 함께 부산을 공격할 수 없다고 생각하는 것은 당연하다. 영남패권주의에 대한 저항을 영남에 대한 공격으로 받아들이는 영남의 지역주의 양비론자들의 전형적인 사고틀이다. 아니, 정확히 말하면 지역주의 양비론 자체가 그런 상황을 대비해 만들어진 이데올로기일 것이다.

지금까지도 그런 노무현의 생각은 친노를 지배하는 일반적 사고방식이다. 그들은 지역당의 등장을 누구보다 혐오하고 공격한다. 지역당을 토대로 한 지역등권론 논리에 의하면 자신들이 설 땅이 없다고 생각하기 때문이다. 그래서 그들은 영남패권주의를 지양하거나 극복하려는 것이 아니라, 뻔히 존재하는 영남패권주의와 영남패권당을 부정하고 산신령처럼 현실을 초월하자고만 주장한다.

나는 『아주 낯선 상식』에서 결코 호남지역당체제를 바란 것이 아니었다. 그럼에도 불구하고 친노는 내 주장을 호남지역당을 통한 '거래'로 읽었다. 자신들의 관념으로 내 주장을 재단한 것이다. 예컨대

**安 목표는 중도결집 신당… 현실은 '호남당+α' 그칠 수도**

국민의당은 '호남당'? '평민당 프로젝트'? 『아주 낯선 상식』의 주장은 일당독재의 호남지역당체제가
아니다. 호남에서 복수의 정당이 경쟁해야 한다는 '민주주의 프로젝트'이며 4·13총선에서 호남유권
자는 이 당연하고도 어려운 일을 해냈다.(동아일보, 2015년 12월 14일)

유시민은 내 주장을 그런 의미의 '평민당 프로젝트'[13]로 읽었다. 전형
적인 오독이다. 이 문제와 관련한 내 주장의 핵심은 호남의 복수정당
제 쟁취였다. 평민당 프로젝트와는 180도 다른 얘기다.

1990년대 중후반, 어쩔 수 없이 왜소한 지역당으로 내몰린 호남당
과 충청당이 등권적으로 연대해 영남당에 대항하자는 생각은 김대중
·김종필이라는 지역의 절대적 지지를 받는 정치인이 있어서 가능했
다. 하지만 지금은 그런 상황이 아니다. 내가 원했던 건 선거 전엔 '민
주(선)/반민주(악)'라는 가상의 이데올로기('영남 없는 민주화' 이데올로
기)로 호남을 그저 인질 삼다가, 선거 후엔 '전국당(선)/지역당(악)' 이
데올로기로 다시 호남몰표를 비하하는 친노를 응징하자는 것이었다.
어떻게? 평민당 프로젝트로? 아니다. 복수정당제로!였다.

호남이 복수정당제를 쟁취할 경우, 호남이 경쟁시키는 두 정당이
대선에서 새누리당과의 집권경쟁에는 어려운 처지에 놓일 수 있다.

하지만 5년마다 친노의 '전국당' 이데올로기에 시달리고, 희망고문을 당하며 기약 없이 인질로만 살 수는 없는 노릇이다. 그리고 나중에 언급하겠지만 호남 입장에서 집권을 위한 다른 방법이 전혀 없는 것도 아니다. 오히려 호남은 몰표를 헌납하며 한 정당에만 목매는 것보다 두 정당을 무한경쟁시킴으로써 훨씬 더 많은 것을 얻을 수 있다. 그래서 나는 『아주 낯선 상식』에서 호남이 복수의 정당, 즉 더불어민주당과 국민의당을 경쟁시키기를 원했을 뿐이다.

분명하게 말할 수 있다. 호남이 이번 4·13 총선에서 더불어민주당을 버리다시피 했지만 그건 새누리당을 거부하는 것과는 차원이 다르다. 호남이 새누리당을 거부하는 것은 역사적 정당승인의 문제지만, 더불어민주당을 거부한 것은 당 자체의 정통성·정당성문제가 아니다. 호남은 단지 부당한 친노 이데올로기에 의해 지배되는 더불어민주당을 거부했을 뿐이다. 즉 기존의 호남몰표는 강요된 인질의 몰표였지만, 이번 국민의당에 던진 호남몰표는 자유민으로서 선택한 결과적 몰표였을 뿐이다. 그러니 앞으로도 두 정당은 호남인들로부터 표를 얻고 싶으면 자신들이 원하는 것을 호남에 강요하지 말고 호남이 원하는 것을 자신들이 실천하면 된다. 그것이 민주정치다. 이 '민주주의 프로젝트'가 이번 4·13 총선에서 호남이 얻은 전리품이다.

제안 차원이지만, 나는 영남개혁세력도 지역당을 비난하거나 두려워하지만 말고 새누리당에 저항하는 개혁적인 영남당을 등장시키기 바란다. 영남유권자의 입장에서 현 야당들이 호남의 영향권 아래 있어 지지하기 싫다면, 그것이 과도기적으로 현 반민주적 상황을 돌파할 수 있는 효과적인 방법일 수 있다. 하지만 이는 지역당은 악이고 전국당만 선이라는 조악한 프로파간다 이데올로기를 우선 벗어나야만 한다.

정리해보자. 현재 우리나라의 모든 정파는 전국당을 지향하지만 영남패권당의 힘에 밀려 지역저항당을 벗어나기 힘든 상황이다. 그런데도 반지역당 이데올로기가 난무한다. 역사적으로 장기간 지속되고 있는 우리나라의 반지역당 이데올로기는 영남패권주의 지배이데올로기의 파생이데올로기다. 그것은 영남패권세력이 직접 강조하지 않더라도 지역당체제로 영남패권주의에 저항하는 것을 막아주는 보호이데올로기 역할을 한다. 나는 지역당도 민주적 기본질서에 벗어나지만 않는다면 헌법적 정당성을 갖는다고 본다. 나아가 영호남에서 일당독재 상황을 깨는 지역당의 활성화가 오히려 민주적 기본질서의 강화에 도움이 될 수 있다고까지 생각한다.

# 3

## '호남고립'이라는 인종주의적 프로파간다

❧ 　작가 공지영은 4·13 총선 며칠 전 트위터에 이런 말을 올렸다.

> 한 광주 분이 제게 말씀 하신다. 그냥 싫어요, 그 사람 절대 안 되요!!... 그래 그 말 서울내기인 내가 어릴 때부터 마흔 가까이 될 때까지 들었다. 김대중에 대해서!![14]

공지영은 무슨 말이 하고 싶었을까? 한 광주 분이 싫어한 그 사람이란 추측컨대 문재인일 것이다. 이 글을 올린 공지영은 호남이 문재인을 싫어하는 이유와 과거 영남이 김대중을 싫어한 이유가 닮았다고 생각한 것 같다. 그리고 그 "한 광주 분"의 말이 단순히 한 호남인의 말이 아니라 다수 호남인들의 문재인에 대한 반발심리를 상징하는 대표성을 갖고 있다고 보고 인용했을 것이다.

그럼 생각해보자. 어떤 광주사람이 문재인을 싫어하면서도 공지영 앞에서 딱 부러지게 그 이유를 설명하지 못할 수 있다. 예컨대 과거 한 영남사람이 김대중을 싫어하면서도 내 앞에서 딱 부러지게 그 이유를 설명하지 못할 수 있듯이 그러하다. 하지만 우리가 어떤 정치적 현상을 사회적 틀 속에서 이해할 때는 그들에게 주입된 이데올로기의 궁극적 정체가 무엇인지를 판단하는 게 중요하지, 자신이 우연히 만난 특정인이 자신의 정치적 선호를 조리 있게 잘 설명하느냐 못 하느냐로 일반화할 일은 아니다.

그 "한 광주 분" 대신 내가 생각하는 그 이데올로기를 설명해주겠다. 과거 영남인이 김대중을 싫어한 이유는 영남파시즘 이데올로기에 지배당했기 때문이고, 호남이 이번에 문재인을 거부한 것은 직관적으로 느끼는 누적된 영남패권주의에 대한 반발심 때문이다. 대중적으로는 이른바 '친노패권주의'로 불렸다. 그러니 괜한 김대중을 호명해 같은 선상에서 비교하도록 부추기면 안 된다.

틀림없이 내 말을 납득할 수 없을 테니, 다음 질문에 답하면서 생각해보기 바란다. 호남이 언제부터 문재인을 싫어했는가? 영남은 언제부터 김대중을 싫어했는가? 호남이 영남정치인이라면 무조건 모두 싫어하는가? 영남은 호남정치인 중에서 김대중만 싫어했는가? 과거 역사를 통틀어 호남이 노무현·문재인을 90% 지지해준 것처럼 영남이 호남정치인을 그렇게 사력을 다해 지지해준 역사가 있었는가? 호남이 문재인을 90% 지지하다 싫다고 한 것과 영남이 거의 애초부터 김대중을 싫다고 한 것이 같게 들리는가? 영남이 김대중을 그냥 싫다고 했는가, 아니면 빨갱이라 싫다고 했는가? 영남정치인 두 명 중에서 한 명만 선택해야 한다면 어떻게 해야 하는가? 작가의 감수성을 기대하며 묻는다. 정말 똑같이 생각되는가?

우리는 영호남문제에 관한 얘기가 자칫 인종주의적 편견으로 비화하는 것을 경험한다. 하지만 그 경우에도 우리는 인종주의 그 자체를 경험한다기보다는 인종주의'적' 편견을 경험할 뿐이다. 왜냐하면 우리나라에서 공적으로 영호남이 다른 인종이라는 신뢰할 만한 근거를 가지고 논쟁하는 경우는 없기 때문이다. 말하자면 우리가 말하는 인종주의란 인종주의'적' 편견을 의미하는 은유적 용어일 뿐이다. 하지만 이 용어를 피할 수가 없다. 왜냐하면 같은 인종끼리 출신지역을 이유로 이렇게까지 심각한 인종주의'적' 패권을 휘두르는 다른 나라의 사례를 나는 알지 못하기 때문이다.

그렇다면 인종주의'적' 편견은 어떤 속성을 말하는 것일까? 현대적 인종주의의 수괴 히틀러의 말로부터 시작해보자.


아리아 인종은 어느 시대에나 그 빛나는 이마에서 항상 천재의 신성한 섬광을 번쩍이고, 또 고요한 신비의 밤에 지식의 불을 밝히고, 인간으로 하여금 이 지상의 다른 생물의 지배자가 되는 길을 오르게 한 그 불이 항상 새롭게 피어오르게 한 인류의 프로메테우스이다. (…) 만일 인류를 문화 창시자, 문화 배양자, 문화 파괴자의 세 종류로 나눈다면 첫째 것의 대표자로서 아마 아리아 인종만이 고려될 수 있을 것이다.[15]

히틀러식 인종주의의 핵심 키워드는 우선 인종 간의 우열이다. 그 전제를 기초로 우월한 인종의 지배와 열등한 인종의 피지배를 자연의 법칙으로 인정한다. 그리고 이 지배를 지속시키기 위해 순혈주의를 고수한다.

우리나라의 영남패권주의의 지속도 이러한 인종주의적 경향을 강화시킬 우려가 있다. 가정에서든, 회사에서든, 정부에서든 한 개인에게 과도하게 권력이 집중되고 장기화되면 인간성이 피폐해지는 것은 당연하다. 집단적으로도 마찬가지다. 한 지역이 마치 당연한 것처럼 정치권력을 패권적으로 장악하는 일이 장기화되면 인간성도 집단적으로 피폐해질 가능성이 있다. 말하자면 피폐한 인간성이 그런 패권적 권력을 만들어낸다기보다는 패권적 권력을 민주적으로 제어하지 못하면 그 때문에 피폐해진 인간성이 결국 인종주의적 경향을 만들어낼 수 있다는 의미다. 현재 대한민국의 경제·사회적 차원에서 유통되는 은밀한 인종주의적 현상은 그 사례다.

우리나라에서 인간성 피폐에 의한 인종주의적 경향을 정치권력 관계에서 상징적으로 보여주는 사례는 호남고립에 대한 겁박이다. 호남이 선거 때마다 새누리당의 영남패권주의 권력에 고립감을 느끼는 것은 어쩌면 당연하다. 하지만 '민주화 이후의 영남패권주의' 단계인 현 상황에서 정치권력에 국한해 말하자면 새누리당은 호남을 패권적·차별적으로 지배할 뿐 고립 그 자체를 '노골적'으로 겁박하지는 않는다. 그래서 새누리당의 정치권력에서는 인종주의적 경향을 느끼더라도 은밀한 기제를 통해서 느낄 뿐이다.

반면 친노는 노골적으로 호남고립을 겁박한다. 이 노골적 부도덕성에 대해 자세히 따져볼 필요가 있다. 이 겁박은 계급적 고립을 염려해주는 겁박일까? 아니다. 그럼 단순히 권력을 둘러싼 치킨게임의 겁박인가? 그것도 아니다. 그런 겁박이라면 호남도 친노를 향해 얼마든지 할 수 있고, 그렇게 한다. 친노의 겁박은 '영남패권주의 에비~!' 하는 지역적 겁박이다. 이는 겁박의 주체가 영남패권주의 정황을 정확히 인지하고 있다는 결정적 증거다. 그들은 그 정황을 너무 잘 알고 있어서 3당합당과 심지어 5·18까지를 들먹이며 겁박에 활용한다. 이 겁박은 지역적 태생을 전제로 한 겁박이므로 호남이 친노를 향해 할 수는 없고, 오직 친노만이 호남을 향해서 할 수 있는 겁박이다. 즉 인종주의적 겁박이다.

　친노세력은 야당권력을 패권적으로 행사하기 위해 이 인종주의적 호남고립 겁박을 '노골화'시킨다. 문재인은 선거기간 중 "국민의당에서 호남당이면 어떠냐는 분이 계시는데 호남당을 만들어 고립시키는 것이 김대중, 노무현 대통령의 호남정신이냐"[16]고 주장하며 천정배의 발언을 겨냥했다.

　실제로 그렇게 됐으니 진지하게 따져보자. 국민의당이 '호남당'이 되면 호남이 고립된다는 발상의 근거는 무엇인가? 내가 궁금한 것은 그 호남당으로 인해 호남을 누가, 어떻게 고립시키느냐는 것이다. 이는 정의당 등 역대로 더한 소수당에 대해서는 '고립'이라는 용어를 써가며 겁박하는 경우를 본 적이 없기 때문에 생기는 의문이다. 문재인은 왜 유독 호남을 향해서 이런 겁박을 하는 것일까? 참고로 새누리당으로부터는 이 호남고립 겁박을 들은 기억이 없다. 최소한 이번 4·13 총선 기간 중에 나온 호남고립 겁박은 오직 더불어민주당에서만 나왔다.

근원에서 생각해보자. 대한민국은 민주국가임에도 불구하고 소수당은 왜 고립을 걱정해야 하는가? 새누리당이 다수당이 돼서 소수당인 야당이 권력적 고립을 당한다면 그건 더불어민주당을 포함한 모든 야당이 걱정할 문제다. 하지만 오직 걱정의 주체는 호남의 지지를 받는 호남당이어야 한다. 왜 그럴까? 왜 친노는 호남이 자신들과 함께할 땐 소수당이어도 고립 걱정을 안 해도 된다고 생각할까? 심지어 분당이 돼 자신들도 소수당 처지에 몰릴 수 있다고 보면서도 왜 자신들은 고립 걱정을 안 했던 것일까? 간단하다. 그들은 자신들이 소수일 수는 있어도 호남과는 (비유하자면) '인종'이 다르다고 보기 때문이다. 생각해보라. 영남패권사회의 영남 (혹은 비호남) 출신이 이러나저러나 무슨 인종주의적 고립을 걱정할 필요가 있겠는가? 걱정이 된다면 그저 권력을 못 잡는 것일 뿐 인종적 고립은 아닌 것이다.

아니나 다를까, 친노세력이 이런 인종주의적 잠재의식을 선거 후에 폭발시키는 건 당연했다. 호남에서 국민의당이 석권하자 당장 '호남 개새끼론'이 등장한다. 그리고 《오마이뉴스》는 이를 무마하는 기사를 톱으로 올린다.

20대 총선이 끝나자 '호남 개새끼론'이 등장했다. 일부 더불어민주당 (아래 더민주) 지지자들이 총선에서 국민의당에 표심을 몰아준 호남을 향해 비난을 쏟아내고 있는 것이다. 호남에서 더민주가 승리했다면 정국을 완전히 장악할 수 있었으리란 논리다. 과연 그럴까.[17]

친노는 총선민심을 받아들일 생각이 전혀 없는 세력이다. 문재인이 호남민심에 따라 사퇴하겠다는 약속을 기만하는 건 상징적이다. 박근혜도 이런 식으로까지 자신을 지지하지 않은 총선민심을 향해 욕을 하거나 기만하진 않았다. 친노가 볼 때 자신들의 권력가도에 방해가 되는 세력은 모두 '개새끼'다. 호남은 오직 자신들의 권력을 위한 인질이 될 때만 존중된다. 그들에게 호남은 자율적으로 정치적 의지를 표현할 수 있는 집단이라기보다는 노예적 존중의 대상인 것이다. 다시 말해 친노에게 국민의당은 불가피한 연대의 대상이라기보다는 자신들의 권력 확장을 방해하는 세력 그 이상도 이하도 아닌 것이다. 이 도덕적 타락의 근원은 무엇일까? 도덕적 타락이라면 둘째가라면 서러울 히틀러의 말을 다시 들어보자.

아리아 종족은—종종 매우 기묘할 정도로 적은 사람 수로—다른 민족을 정복하고 새로운 영역의 특수한 생활환경(비옥함, 풍토의 상태 등)에 의해 자극되면서, 또한 인종적으로 열등한 인간을 다량으로 보조수단으로 자유로이 이용할 수 있는 혜택을 누리면서 그들 속에 잠들고 있던 지적·창조적인 능력을 발전시킨다.[18]

옛날 옛적 다른 나라 이야긴가? 다시 한 번 꼼꼼히 읽어보기 바란다. "적은 사람 수로" "인종적으로 열등한 인간을 다량으로 보조수단으로 자유로이 이용할 수 있는 혜택"? 제발 아니라는 대답을 듣고 싶다. 그것이 아니라면 어떻게 친노는 같은 소수(라고 생각하)면서도 자신들은 '고립' 걱정을 전혀 하지 않으면서, (다른 생각을 가질 수도 있는) 호남을 연대의 대상이 아니라 "보조수단"으로 활용해 "정국을 완전히 장악할 수 있"었는데 그렇게 못해서 '호남 개새끼들'이라는 생각을 할 수 있을까? 이런 현상을 인종주의 말고 다른 것으로 설명할 수 있을까? 나는 다른 설명을 할 수 없다.

이 인종주의적 사태를 다른 측면에서 뒤집어보자. 혹 그들 '호남 개새끼론'을 주창하는 사람들을 선한 마음으로 다시 이해해보면 다른 면모가 드러날까? 예컨대 그들이 분해한 이유가 단순히 새누리당 권력을 그보다 더 위축시킬 수 있었는데 그렇지 못한 때문이라고 이해해볼 수는 없을까? 그런데 그렇게 이해하려는 순간 이젠 도저히 감당할 수 없는 공포스러운 불가사의가 정체를 드러낸다. 그건 '그렇다면 그들은 왜 새누리당을 지지한 영남인들을 향해서는 '영남 개새끼론'을 주창하지 않을까?'라는 의문이다. 이것은 인종주의 아니면 설명할 길이 없다. 나는 이 현상을 '영남 없는 민주화'라고 지칭했다. 나는 이 '영남 없는 민주화' 이데올로기는 근원적으로 인종주의적 무의식과도 깊은 관련이 있다고 본다.

『한겨레』의 성한용은 4·13 총선 직후 아니나 다를까 '호남의 고립'을 겁박하며, 다음 대선과 관련해 DJP연대를 상기시키며 이런 결론을 내렸다.

지금 '호남'과 '비호남 야권'의 거리는 20년 전 국민회의와 자민련보다 가깝다. 얼마든지 다시 손을 잡을 수 있다. 서로를 새누리당보다 더 미워해선 안 된다.[19]

성한용은 지금 호남과 비호남 야권의 거리를 과거 국민회의와 자민련의 거리와 비교했다. 잘못된 비교다. 지금 호남과 비호남 야권의 거리를 측정하려면 과거 호남과 충청의 거리와 비교해야 한다. 과거 충청은 자신들에게 표를 주지 않은 호남을 향해 '개새끼론'을 주창했던 유권자들이 아니다. 그들은 호남유권자를 존중했던 사람들이다. 그리고 지금 비호남 야권은 호남유권자의 의지를 존중할 생각이 전혀 없는 친노세력이 주축을 이루고 있다. 그들은 호남을 "보조수단"으로만 생각하는 세력이다. 위 '호남 개새끼론' 관련 기사를 썼던 《오마이뉴스》 소중한은 성한용과 비슷한 취지를 이렇게 표현했다.

대선은 여야 일대일 구도가 형성될 가능성이 크다. '개새끼'가 된 호남 시민들은 아마 내년 대선 때 '호남 개새끼론'을 주창한 그 누군가와 같은 사람에게 표를 줄 것이다. 호남 시민들 입장에선, 이 얼마나 슬픈 일인가.[20]

소중한의 생각과 달리 나는 그런 예측 혹은 희망을 할 수 없다. 나는 호남을 인종주의적 "보조수단"으로만 생각하는 세력이 있다면 호남은 그들을 처절하게 응징해야 한다고 본다. 이 응징을 하지 못하면 이런 사태는 무한히 지속될 것이다. 그러므로 그것은 대한민국 국민의 과제다. 특히 호남인에게 그것은 어떤 정파가 몇 년간 집권을 하느냐 못 하느냐 하는 따위의 일시적 이해관계와는 비교도 할 수 없을 만큼 더 중요한 영구적인 정의실현의 과제다.

그렇다면 누구를 응징할 것인가? 응징의 대상은 자명하다. 그는 자신들을 지지하지 않는다고 '호남 개새끼론'을 꺼내드는 세력의 열광적인 지지를 받는 정치인이다. 어떤 정치인이 누구로부터 지지받는지 알면 그가 누구인지 알 수 있다. 그가 바로 틀림없이 호남의 피눈물 나는 은혜를 '호남 개새끼론'으로 갚을 정치인이다. 설령 그 스스로는 그런 인간성의 인물이 아니더라도 바로 그 '악의 수신자'를 처절하게 응징해야 한다. 그래야 이런 수치스런 부도덕이 비로소 역사의 뒤안길로 사라질 것이다. 나는 처절한 고통 없이 단지 슬픔어린 시선 때문에 사라지는 선한 악을 보지 못했다.

6장
----

화려한 꿈과
비루한 현실

# 1

# '거짓 꿈'을 파는 영남, '거짓 꿈'을 사는 호남

마르크스의 주장대로 종교가 '인민의 아편'이라면 '대통령' 김대중은 호남정치의 아편이다. 천정배가 호남정치를 주창하며 '뉴DJ'를 구호로 내세운 건 이런 상황에 대한 반응이다. 종교에 빠질수록 현실감각이 둔해지듯이, 대통령 김대중이라는 역사경험은 호남인들의 현실감각을 둔하게 만든다. 이런 가정을 해보면 안다. 만약 대통령 김대중이 없었다면 호남인들은 지금 대한민국 민주주의에 대해 어떤 희망을 품고 있을까? 현행 영남패권주의 정치제도가 한없이 연장되고 있는 데에는 '대통령' 김대중이라는 신화가 상당한 기여를 하고 있다. 그 점에서 영남패권세력은 대통령 김대중이라는 역사적 우연에 감사해야 할 것이다.

산모가 출산을 하자마자 출산의 고통을 잊어버리듯이, 호남은 대통령 김대중이 탄생한 순간 대한민국 민주주의의 고통을 잊어버렸다. 그가 어떤 과정을 거쳐 대통령의 자리에 오르게 됐는지 전혀 기억하지 못하는 사람들처럼 보인다. 호남은 마치 누군가 똑똑한 뉴DJ가 등장해 호남몰표로 절대적 지지를 해주면 그도 당연히 대통령이 될 것으로 생각하는 듯하다. 아니 그렇게 믿고 싶어하는 듯하다. 마치 기적 같은 로또 당첨을 경험한 뒤 다시 한 번 그 기적을 꿈꾸며 살아가는 몽상가처럼 호남은 민주정치의 꿈을 꾼다. 그리고 호남정치인들, 영남패권사회의 친구들, 명망가들 모두 그 꿈을 부추겨 대한민국 정치제도의 치부를 감춘다. 물론 그 거짓 꿈을 파는 지존의 자리에는 영남패권 주류세력이 있다.

나는 호남이 호남사람만을 반드시 대통령으로 만들고 싶어 안달한다고는 생각지 않는다. 아니, 정확히 말하면 모두들 그렇게들 말하고 싶어한다. 하지만 이것도 일종의 '정신승리'다. 호남사람은 대통령이 될 수 없다는 현실을 무의식적으로 인정한 사람들의 어쩔 수 없는 '착한 호남 콤플렉스'일 뿐이다. 왜 호남은 반드시 호남의 대리인을 내세우는 것으로 만족하며 착하게 살아야 하는가? 답은 자명하다. 소수지역, 영남패권세력에 가장 강력하게 대항하는 최대 피해지역인 호남사람은 대통령이 될 수 없다는 사실을 속마음으로는 잘 알고 있기 때문이다.

한편으로는 호남출신 대통령을 배출하고 싶은 마음과 함께 다른 한편으로는 친노 대리정치인만을 지원하면서 우리는 왜 이렇게 살 수밖에 없나 하는 자괴감을 느끼는 것, 내게는 이것이 현재 호남에 내재된 이중심리 상태로 보인다.

물론 고향이 호남인 나도 기왕이면 호남출신 정치인이 대통령이 돼 훌륭한 업적을 남겼으면 좋겠다는 바람을 가지고는 있다. 당연히 다른 지역출신이 더 훌륭하다면 그가 대통령이 되는 것에도 아무 유감이 없다. 만약 이 나라가 영남패권주의 세상이 아니었다면 동향 대통령이란 상상의 나래는 이런 정도의 초등학생 글짓기 수준의 생각에서 만족하고 마무리됐을 것이다. 문제는 이 나라가 영남패권주의 세상이라는 사실이다. 그러므로 나는 동향 대통령이란 주제를 초등학생 글짓기 수준의 생각을 넘어 사고할 수밖에 없다.

영남패권주의는 새누리당이 지배하는 대한민국의 이데올로기일 뿐만 아니라 그 한편에서 더불어민주당이 지배하는 야권의 이데올로기이기도 하다. 날마다 허파를 들고나는 이 공기 같은 이데올로기에 의하면 지역주의관념은 오직 호남만이 빠져 있는 나쁜 생각이다. 야권의 영남친노세력은? 아, 그들이야 서로 지지를 해도 지역이 아닌 개혁 마인드가 같아서 그런 것 아닌가!? 그들 생각에 대한민국의 암적인 지역주의는 호남만 잘하면 해결되는 것이다.

지난 2012년과 2007년 대선결과는 조금 색다른 차원에서 흥미로운 비교거리다. 2012년 야권의 대선 후보는 영남 문재인이었고, 2007년 야권의 대선 후보는 호남 정동영이었다. 이 두 후보에 대한 영호남 지지율은 어떻게 나타났을까? 다음이 그 결과다.

호남은 호남출신 정동영보다 영남출신 문재인에게 더 많은 표를 던졌다. 반면 영남에서 정동영의 득표율은 문재인에 비교할 만한 수치가 전혀 아니다. 이를 영남패권사회의 친구 진중권은 이렇게 평가

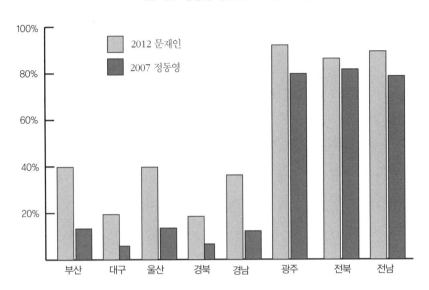

〈문재인·정동영 영호남 득표율 비교[1]〉

한다.

　예를 들어 정동영은 고향에서 해방 후 최대의 표차로 당선되는 기록을 세웠지만, 대선에서는 최대의 표차로 낙선하는 기록을 세웠습니다. 이건 출신의 문제가 아니라, 인물의 문제입니다. DJ는 뭐 영남사람이라 당선됐나요?[2]

　영남패권사회의 친노는 이런 논리(?)에도 열광한다. 얼마나 좋은 영남패권사회의 친구인가? 아, DJ가 훌륭한 인물이라 대통령에 당선됐다고? 김대중이 대통령에 당선되기 전에는 그가 훌륭한 인물인지 몰라서 영남의 권력자들이 그렇게 무참하게 몇 번씩이나 죽이려 했나? 그때 어느 순간을 못 넘기고 김대중이 죽었으면, '그것 봐라, 역시 인물이 못나서 대통령이 못 되잖아'라고 할 참인가?

난 딱히 내가 진보성향이라는 말은 못하겠다. 하지만 무엇이 진보가 아닌지는 잘 안다. 진보를 참칭하는 진중권을 대신해 노동자들에게 해줄 말이 있다. 노동자들은 저런 하질 프로파간다에 속으면 안 된다. 원시자본주의 시절부터 지금까지도 노동자들을 조롱하는 이데올로기가 있다. 그건 노동자들이 자본가보다 인물이 게으르고 무능해서 자본가(부자)가 되지 못 한다는 어처구니없는 프로파간다다. 물론 자수성가하는 사람도 있다. 예컨대 김대중 같은 사람이다. 하지만 사회의 기본 틀은 구조다. 자본주의 틀 속에서 노동자는 노동자로 태어나고 자본가는 자본가로 태어나는 것처럼, 영남패권주의사회에서는 호남(정치)인은 호남(정치)인으로 태어나고 영남(정치)인은 영남(정치)인으로 태어난다. 그런데도 노동자의 처지를 인물의 문제로 치환해 조현아는 인물이 훌륭해 부사장이 되고 박창진은 인물이 못나 노동자가 됐다고 노동자들을 조롱하면 안 된다. 진중권의 얘기가 지금 이런 조롱인지조차 모르겠다면 더 이상 할 말이 없다.

진중권이 보여주듯이 영남패권주의 이데올로기에 의하면 호남이 대통령이 못 되는 이유는 인물이 못나서다. 그러므로 그 논리에 의하면 인물을 키우면 되는 것이다. 애써 선의로 해석하면 그 말에도 일말의 진실은 있다. 말하자면 식민지 시대에 교육으로 인물을 키워 독립을 쟁취하자는 주장만큼의 진실은 분명히 있을 것이다. 또한 대통령 출마와 상관없이 현실적으로 호남뿐만 아니라 어디라도 훌륭한 정치인은 많이 필요하다. 그래서 선거 때마다 좋은 인물들의 영입 노력은 당연히 필요하다.

하지만 호남이 정권교체를 원하므로, 그 정권교체를 위해 호남의 뉴DJ를 키워 그가 앞장서게 하겠다는 건 거짓 꿈을 사는 것이다. 그 거짓 꿈을 파는 곳은 영남이다. 나는 뉴DJ 아니라 계백장군이 호남에서 다시 태어나도 그가 대통령이 될 가능성은 밧줄로 바늘귀를 꿰는 것보다 더 어렵다고 본다. 뉴DJ론은 현 호남정치의 딜레마에 대한 위로는 될 수 있을지 모르지만 해법은 아니다. 그것은 호남이 지금 같은 정치 소외지역으로 고착된 이유를 단순히 인물부재로 치환하는 것이다. 단언컨대 호남이 대통령이 될 수 없는 이유는 인물문제가 아니라 영남패권체제라는 구조문제다.

생각해보라. 천정배·정동영 등이 인물이 못나서 폐기처분되기 직전까지 몰렸는가? 그들이 무엇 때문에 다시 살아났는가? 친노세력이 천정배·정동영를 내칠 때는 인물이 모자란 줄 알았는데 알고 보니 훌륭한 인물이라는 깨달음이 생겨서 더불어민주당에 다시 들어와야 한다고 부끄러움도 모르고 억지를 부렸는가? 앞으로 뉴DJ가 무럭무럭 자라나 친노(이데올로기)의 후예들과 함께하면 이런 일을 안 당하고 살 것 같은가?

생각만으로도 지겹지만 계속해보자. 박정희·전두환·노태우는 차치하자. 김영삼·이명박·박근혜가 그렇게 훌륭한 인물이어서 대통령이 됐는가? 그들이 대통령을 할 수 있으면 거의 아무나 대통령을 할 수 있다고, 아니 어쩌면 더 잘할 수 있다고 본다. 그런데 왜 꼭 호남정치인은 대통령이 되려면 그렇게 훌륭한 인물이어야 한다고 생각하는가? 호남 등 다른 지역 정치인도 대충 아무나 대통령하면 안 되는가? 굳이 그 이유를 설명까지 하려니 지면이 아깝다. 영남정치인이 대충 아무나 대통령이 될 수 있는 건(실제로 된다!) 영남패권 국가이기 때문이고, 호남 등 다른 지역 정치인들은 반드시 훌륭한 인물이어야 대통령이 될 수 있다고 생각하는 건(실제로 되는 게 아니다!) 영남패권주의 이데올로기 때문이다. 이 책의 주제에 맞게 다시 표현하면 '영남 없는 대통령 인물론'이다.

그럼에도 불구하고, 아니 바로 그렇기 때문에(!) 우리나라 정치는 호남 앞에만 서면 이념적으로 한없이 작아지며 자신들의 결정적 치부를 드러낼 수밖에 없다. 말하자면 이런 사태 때문에 저 내면의 밑바닥에서 호남에 대해 뭔가 미안한 것이다. 새누리당은 자신들이 행한 영남패권 때문에 호남에 미안하고, 노무현 이데올로기가 지배하는 더불어민주당은 표 찍는 인질 혹은 자신들의 권력을 위한 '표 셔틀'로 이용만 해서 호남에 미안한 것이다.

2006년, 대선을 1년여 앞둔 요즘 같은 상황에서 한나라당(새누리당)의 대표최고위원 강재섭은 광주 기자간담회 모두발언 후 일문일답을 통해 호남에 이렇게 사과했다.

"근대화 시대에도 동서의 균형발전이 미흡했고 인재발굴 등에서도 차별적인 것이 전혀 없지 않았다. 누군가가 한번은 화통하게 풀고 가야 할 일이다. 도덕적 부분은 말할 것도 없고 역사의 아픈 부분 등을 풀려면 진심으로 사과하는 것이 필요하다고 생각했다."**3**

거의 투명인간의 사과 같은 취급을 받았지만, 한나라당 대표최고
위원의 공식적인 사과는 되짚어볼 가치가 충분하다. 나는 『영남민국
잔혹사』를 통해 이렇게 관찰했다.

> "역사의 아픈 부분"이 광주학살을 의미하고 그것을 "풀려면 진심으로
> 사과하는 것이 필요하다"고 해석할 수 있는지는 좀 모호하다. 그러나 의
> 미상 충분히 그렇게 해석할 수 있다고 본다. (…) 만약 그렇게 해석할 수
> 있다면, 광주학살은 강재섭이 호남에 대해 사과한 이유인 영남패권주의
> 가 극단적 형태로 퇴행한 영남파시즘으로 이해할 수 있다.**4**

강재섭이 위 사과를 했을 때 아무도 나서서 이의를 달지 않았다.
영남이 절대적으로 지지해온 당의 대표가 "역사의 아픈 부분"이라는
표현으로 광주학살을 암시하고, 이것이 한나라당과 관련 있음을 은
유했는데도 그랬다. 이는 영남패권의 존재, 나아가 영남파시즘의 존
재를 한나라당 스스로 인정했다는 의미다.

그렇다면 다른 당은 이 사과를 어떻게 받아들였을까? 민주당 대변
인 유종필은 "한나라당 내에서도 호남에 대해 '참회 수준'의 사과를
함으로써 이 문제를 역사적으로 정리해야 한다는 주장이 있는데, 이
에 비해 너무 형식적인 느낌을 준다"**5**고 논평했다. 반면 노무현의 열
린우리당은 뭐라고 했을까? 좀 어이가 없다. "열린우리당은 강재섭

대표의 광주 사과에 대해 공식적인 언급을 꺼렸다"[6]는 보도가 나왔다.

그때나 지금이나 노무현을 비롯한 친노는 영남패권주의 존재 자체를 인정하는 것을 꺼린다. 어떻게 보면 친노는 한나라당이 스스로 인정하는 영남패권주의를 인정하는 것을 그들보다 더 꺼리는 듯 보일 정도다. 어쨌든 한나라당이 영남패권주의를 인정한다는 것은 자신들의 과오를 개선하는 행위지만, 친노가 영남패권주의를 타의에 의해 인정한다면 스스로 유일한 자랑으로 생각하는 지역주의 양비론 이데올로기를 역사적 과오로 만드는 자멸행위가 될 것이기 때문이다.

이제 2016년, 국민의당이 분당돼 나가자 더불어민주당 대표 김종인은 친노를 대신해 조금 다른 차원에서 호남에 사과한다.

호남은 우리 당이 어렵고 힘들 때 제일 먼저 도움을 요청한 곳이었고, 역사의 고비마다 희생과 헌신을 다해왔습니다. 그러나 중요한 정치적 결정을 하는 과정에서는 소외되는 아픔을 겪었습니다. 이러한 상황이 호남의 자존심에 상처를 준 것에 대해 진심으로 사과합니다. 이제 더불어민주당에서 '호남불가론'은 사라진 용어가 될 것입니다. 호남의 참신하고 유능한 정치인들이 역동적이고 포용력 있는 대권 주자로 성장할 것입니다. 이들이 차세대 지도자가 되어 제2, 3의 김대중으로 자라날 것입니다.[7]

김종인은 호남이 '희생과 헌신'이 있었음에도 더불어민주당이 '소외'시켰고, 더불어민주당에 '호남불가론'이라는 이데올로기가 존재했음을 인정하고 사과했다. 그 사과의 논리적 끝은 호남도 이제 제2, 3의 김대중이 나올 것이라는 유혹이다. 그 값싼 거짓 꿈을 호남더러 비싼 값에 사라는 것이었다.

나는 '호남사람이 대통령 되는 꿈'을 계속 거짓 꿈이라고 말했다. '그럼 어쩌자는 건가' 하는 얘긴 뒤에 다시 하겠다. 그보다 먼저 정리할 얘기가 있다. 도대체 어느 민주주의 국가에서 두 거대 정당이 특정 지역에 대해 지역적 학살과 차별, 소외, 그리고 자존심에 상처를 줬다고 공식적으로 사과하는 일이 벌어지는가? 이런 일을 뻔히 보고도 대한민국 뉴스미디어는 '영남패권'과 '영남파시즘'을 '지역주의 일반'과 '파시즘 일반'으로 치환시켜 사람들의 눈과 귀를 가리고 있다. 거기에 더해 친노는 지금도 그 맨 앞에 서서 반영남패권주의를 주창하는 사람을 향해 '지역주의자'라는 모욕까지 일삼는다.

뭐, 그런 집단이 있다 치자. 어디나 그런 집단은 있으니까. 중요한 건 그들이 스스로를 평가하는, 또는 타인들이 그들을 평가하는 이데올로기적 시선이다. 다른 나라 같으면 그들은 모두 '네오 나치' 정도로 취급받을 것이 분명하다. 하지만 대한민국에선 그들이야말로 가장 선진적인 민주·개혁세력이다. 나는 '호남(출신 대통령)불가론'보다 그런 기괴한 사실이 더 놀랍고, 무섭다. 호남출신 대통령은 나 살아생전 더 이상 못 봐도 좋다. 그러니 이런 공포스러운 세력이나 사라진 세상이 빨리 왔으면 좋겠다.

## 2

# 전략적 오해: '1997 황태연과 2015 김욱 사이'에서

4·13 총선 결과 호남에서 국민의당이 돌풍을 일으키자, 이 현상을 이해하는 데 많은 사람들이 애를 먹는 것 같다. 거기다 『아주 낯선 상식』이 이 현상을 이해하는 데 도움을 주기보다는 오히려 혼란을 부채질하고 있는 것 같다는 생각이 들기도 한다. 그렇게 된 건 총선 전부터 『아주 낯선 상식』을 왜곡했던 일부 논평자들의 영향도 있을 것이다. 하지만 근원적으로는 새로운 사태를 옛날 방식으로만 이해하려는 관성이 여전히 남아 있는 것도 큰 이유라고 본다.

나는 『아주 낯선 상식』이 호남 등의 유권자에게 얼마나 큰 영향을 줬는지는 모른다. 하지만 내가 호남유권자에게 원했던 건 분명히 이뤄졌다. 문제는 내가 원했던 철저한 친노심판이 '호남몰표'에 가까운 방식으로 이루어졌기 때문에 이 현상이 어떤 새로움을 담고 있는 것인지, 아니면 그저 당만 바뀐 '호남몰표' 현상의 지속인지를 구분하기가 힘들어졌다는 것이다. 『CNBNEWS』의 최영태는 「1997 황태연과 2015 김욱 사이」라는 시차적 관점을 통해 이번 4·13 총선을 바라봤다. 이 글로부터 시작해보자.

1997년 황태연의 희망은 그해 대선에서 김대중의 승리로 성취됐다. 그리고 19년 뒤 김욱의 희망은 4.11[4·13] 총선을 통해 '1단계'가 성취된 셈이다. '호남의 이익을 최우선적으로 생각하자'는 김욱 식의 주장에 대해 타지역 사람들은 자연스레 반발심을 갖게 된다. 따라서 김욱 등의 구상이 현실화될지는 앞으로 두고 볼 일이다.[8]

우선 내가 강조하고 싶은 것은 2015년의 내 주장과 1997년의 황태연 주장은 '영남패권주의'라는 동일한 전제에 입각해 사태를 분석하지만 전혀 다른 전략을 도출하고 있다는 점이다. 이는 단순히 시간의 경과 때문에 생겨난 차이가 아니다. 그 차이는 본질적으로 노무현의 경험에서 나온 것이다. 그러므로 2015년의 내 주장을 정확히 이해하려면 우선 1997년의 황태연 주장을 정확히 이해하는 게 필요하다. 1997년 황태연은 『지역패권의 나라』에서 이렇게 주장했다.

한국의 5대 소외지역들(제주, 호남, 충청, 경기, 강원)이란 본질적으로 한국의 '내부식민지'이고 이를 타파하는 근원적 정치개혁을 위해서는 '소외지역들의 연합' 및 '소외지역민과 영남서민의 연대'가 필수불가결하다는 것이다.[9]

황태연의 이론적 꿈은 'DJP연합에 의한 지역등권적 정권교체'의 실현에 의해 이루어진 셈이다. 황태연은 "전근대적 PK패권과 지역 차별을 타파하려는 저항적 지역주의는 이것을 타파하기 위하여 싸우는 동안 한시적으로 정당한 것"[10]이라고 말했다. 하지만 그 정권교체가 영남패권의 영구적 소멸을 가져온 건 아니다. 이제 황태연의 '소외지역민과 영남서민의 연대'론의 핵심전략은 영남패권의 궁극적 소멸 없이 단지 친노의 영남후보론에 맞서는 퇴색한 집권캠페인으로만 존속하게 됐다.

나는 황태연의 전략 자체가 애초에 '영남패권'이라는 누적된 모순을 해결하기 위한 것이었다기보다는 우선적으로 '김영삼의 PK패권'을 상대로 한 정권교체 차원의 전략이 아니었나 하는 생각도 부분적으로 든다. 그 전략적 성격이 무엇이었든, 김대중에 의한 단 한 번의 정권교체 혹은 이어진 노무현정부의 성공으로 영남패권주의를 영구적으로 청산할 수 있었다면 얘기는 간단히 끝날 수 있었다. 하지만 영남패권주의체제의 완전한 소멸은 없었다. 이런 상황에서 황태연의 전략은 이제 장기적인 관점에서 볼 때 지속불가능하게 된 것이다.

황태연의 '소외지역민과 영남서민의 연대'라는 전략이 현 시점에서 지속불가능하게 된 구체적 이유는 이렇다. 우선 그것이 가능하기 위해서는 '호남몰표'가 필수적이다. 그 호남몰표가 바탕이 돼야만 호남당이든, 호남이 주체가 된 당이든, 소외지역민의 연대가 전략적으로 시작될 수 있다. 물론 현재도 그 호남몰표가 딱히 불가능하다고 말할 수는 없다. 하지만 노무현 이후 바로 그 호남몰표가 호남의 무기가 아닌 친노세력의 인질로 전락해버렸다. 더군다나 노무현은 '새누리 당 해체'라는 최대강령을 공식적으로 폐기했다. 그럼에도 불구하고 친노는 그 역사적 사실을 의도적으로 차치해놓고 호남몰표를 자신들 정파의 집권수단으로만 이용하는 데 몰두해왔다. 이런 상황의 탈출구가 반드시 필요했다. 그것이 내 문제의 시작이었다. 그리고 호남은 이번 4·13 총선을 통해 그것을 해냈다.

그런데 내가 『아주 낯선 상식』에서 강조하고 원했던 친노청산이 결과적으로 '호남몰표'에 의한 국민의당 석권의 형식으로 실현됐기 때문에 그것을 지역분리주의적 퇴행으로 이해하는 경향이 생겨났다. 물론 그런 관점은 반영남패권주의 지역당을 터부시하는 영남패권주의 이데올로기의 전형적인 반응이기는 하지만, 다소 설명이 필요한 부분도 있다. 왜냐하면 이런 비난은 결국 이 '호남당'을 오직 지역적 거래를 위한 수단으로만 이용할 것이란 값싼 추측으로 연결되기 때문이다. 예컨대 국민의당 박지원이 이런 말을 한다.

"우리가 다른 지역보다 잘 살자는 게 아니고 균등한 삶을 사는 것이 이 나라의 균형 발전에도 필요하다. 그렇기 때문에 이번에도 호남 사람 들이 뭉쳐서 어떠한 특정 인물이나 특정당을 집권하는데 도와주고 반대 급부를 받자는 겁니다."[11]

그러자 역사학자 전우용은 자신의 트위터를 통해 이렇게 받는다.

"호남사람들이 뭉쳐서 특정 인물이나 특정 당 집권을 도와주고 반대 급부를 받는 것"이 목표라면, "노인들이 뭉쳐서 특정 인물이나 특정 당을 도와주고 반대급부를 받는" 어버이연합과 뭐가 다른가요? '수준'은 위아래로 나뉘지 좌우로 나뉘지 않습니다.[12]

어떤가? 역사학자라 역시 수준이 저 위에 있는 것처럼 보이는가? 그는 왜 계급적 이익추구는 어버이연합과 비교하지 않는지 모르겠다. 일일이 따지는 게 뭐하니 그런 건 차치한다. 전우용은 역사학자답게 이런 말을 남긴다.

'약소민족'이 제국주의를 배격하지 않고 같은 논리로 맞서면, '침략주의 강권주의의 희생을 작하는' 상태에서 벗어날 수 없습니다. 지역주의로 인한 피해는, 지역주의로 극복할 수 없습니다.[13]

전우용은 박지원의 보도를 읽다 갑자기 부분적 시각장애 현상이 일어났음에 틀림없다. 그는 박지원의 "우리가 다른 지역보다 잘 살자는 게 아니고 균등한 삶을 사는 것이 이 나라의 균형 발전에도 필요하다"는 문구를 읽고도, 박지원이 제국주의와 "같은 논리"로 맞서고 있다고 생각했을까? 박지원은 지금 "지역주의로 인한 피해"를 "지역주의로 극복"하자는 게 아니다. 영남패권주의로 인한 피해를 반영남패권주의로 극복하겠다는 말이다. 그건 파시즘을 반파시즘연합으로 극복하겠다는 말과 같은 말이다. 전우용은 역사는 잘 보이지만 현재는 잘 보이지 않는 건가?

사실은 내가 이런 유의 반박을 하고 싶어 전우용의 하찮은 얘기를 끄집어낸 게 아니다. 이런 얘길 꺼낸 건 호남의 국민의당 현상을 너나없이 이런 식으로만 논쟁하는 것에 대해 불만이 있어서다. 내가 『아주 낯선 상식』에서 원했던 것은 그런 일시적인 정략이 아니라 장기적인 프로젝트였다. 나는 근본적으로 모든 정당이 호남표를 얻기 위해 경쟁하기를 원했다. 호남은 이번 4·13 총선에서 친노가 지배해온 더불어민주당을 철저히 심판했지만, 이 심판을 친노가 아닌 더불어민주당 자체를 부정하는 것이라고 이해할 이유는 없다. 부당한 노무현 이데올로기와 친노세력이 청산된다면 그 당 자체를 부정할 이유는 없다. 애초에 역사적 정통성·정당성 없는 정당이었던 새누리당을 지금까지 호남이 거부해온 것과는 상황이 다르다.

그럼 이 당연한 복수정당제 쟁취가 민주주의국가에서 특별한 얘기인가? 이는 영남패권주의 청산전략과 관련해서만 특별한 얘기가 된다. 이론적으로 황태연이 내각제(문제의 핵심이 독일식 정당명부 비례대표 선거제도에 맞춰져 있는지는 좀 모호하다)를 주장[14]하긴 했지만, 지금까지 호남은 실천적으로는 지역등권적 대통령 집권과 이를 위한 호남몰표 전략에 지배받아왔다. 그런데 이 전략이 친노의 '새누리당 해체라는 최대강령 없는 집권전략'으로 전락해버린 것이다. 내 주장은 이런 상황을 타개하기 위한 것이었고, 그 핵심은 영남패권사회와 그 친구들을 호남몰표로 단기간 내에 청산하는 것이 불가능함을 인정하는데 있었다. 그리고 난 그 수단으로 호남에서의 복수정당제 쟁취를 주장했던 것이다.

나는 이제 복수정당제를 쟁취한 호남은 '선택적 몰표 혹은 선택적 분열'로 '영남의 민주화'에 대한 실천과제를 전국적인 형태로 부각시키고, 장기적으로 자유로운 선택을 통해 호남유권자로서의 이익을 극대화해야 한다고 본다. 이는 대통령제에만 집착하면서 직접집권 혹은 대리집권에 대해 무리한 꿈을 꾸는 것도 지양해야 한다는 얘기이기도 하다. 호남은 집권을 못 해서 고통스러운 것이 아니라 자신들의 정당한 권리를 보장받지 못 해서 고통스러운 것이다. 호남(다른 지역도 마찬가지다)은 어떤 정당이든, 정당 내에서든, 정권이든 자신들이 자유롭게 선택한 지분만큼만 대우받으면 된다. 그것이 장기적으로 영남패권주의를 철저히 청산하는 길이기도 하다. 그리고 이를 위해 나는 독일식 비례대표 내각제를 주장했던 것이다.

한데 사고에 있어서도 과거의 습관을 지양하는 건 생각보다 힘들다. 이번 4·13 총선에서 김홍걸이 보여준 모습이야말로 대표적이다. 김홍걸은 "김대중 대통령이 살아계셨다면 지금의 호남분열과 야권분열에 대해서 어떤 말씀을 하셨을까"란 질문에 이렇게 답했다.

"그분은 과거에 호남을 고립시키려는 세력과 맞서서 다른 지역, 다른 정치세력과 손을 잡으면서 그것을 극복해내서서 결국 정권교체까지 이루셨는데, 호남의 정치인들이 스스로를 호남 자민련이면 어떠냐면서 스스로를 고립시키는 그런 행동을 하는 것을 보시면 굉장히 안타까워하실 것이라고 생각합니다."[15]

이 문제에 관한 한 내 생각도 김홍걸의 생각과 거의 같다. 인간이 자신의 경험적 한계를 벗어난다는 것은 대단히 힘들다. 김대중이 살아 있었다면 거의 틀림없이 김홍걸의 주장대로 호남의 일당독재체제 유지를 바랐을 것이다. 김대중을 포함해 지금까지 야권의 모든 전략은 '호남몰표'를 전제로 한 호남의 일당독재를 바탕으로 야권을 통일시켜 (새누리당 타도라는 최대강령이 있든 없든) 새누리당과 정권경쟁을 하는 것이 삼척동자도 알고 있는 유일한 신조였다. 오직 대두되는 고민은 지역연합이냐 영남후보냐의 선택문제였다. 과연 이 양자택일만이 호남이 선택할 수 있는 유일한 방법일까? 그렇게 믿는다면 호남은 친노의 영남후보론에 맞서기 위해서라도 '1997 황태연'을 굳이 폐기할 이유가 없다.

하지만 이제 상황이 변했고, 사고의 틀을 깨야 한다. 중요한 것은 호남당의 존재가 아니라 호남의 복수정당제다. 이 복수정당제를 지켜야 호남은 자신의 지분을 지킬 수 있다. 몰표를 던지더라도 선택적 몰표를 던져야 한다. 호남의 '적통'당 따위는 이제 존재하지 않는다. 국민의당만이 호남의 이익추구를 위한 숙명을 타고난 것처럼 간주해서는 안 된다. 어떤 당이든 호남의 반영남패권주의 투쟁을 위한 수단으로 생각해야 한다. 필요하다면 새누리당에 대한 방어적 투표, 더불어민주당의 반친노 후보에 대한 선택적 지지, 국민의당에 호남의지를 적극적으로 피력하는 공격적 지지 등 자유선택을 통해 정당을 경쟁시켜야 한다. (지금으로선 요원하다고 보지만) 만약 시간의 흐름 속에서 영남패권주의적 현상이 누그러지면 지역투쟁보다 계급투쟁을 중시하는 정당에 투표하는 호남유권자도 차츰 늘어날 것이다.

　다만 호남유권자가 특별히 주의할 점이 한 가지 있다. 국민의당이나 더불어민주당의 호남정치인들은 앞으로 끊임없이 온갖 이유를 갖다대면서 야권통합으로 호남의 일당독재체제를 다시 구축하려들 것이다. 분열이 아닌 통합이 현직 호남정치인들로서는 치열하게 경쟁하지 않고 간편하게 기득권을 유지할 수 있는 가장 편한 방법이기 때문이다. 그땐 또 다른 정당이나 무소속에 투표하는 한이 있더라도 그런 사태는 기를 쓰고 막아야 한다. 호남유권자의 존엄이 걸린 문제다. 그리고 대한민국은 호남유권자를 인질로 생각하지 말고 그들의 선택이 무엇이든 존중해야 한다. 그뿐이다.

　최후의 장기과제가 있다. 궁극적으로 우리나라 정부형태와 선거제도는 투쟁을 통해 반드시 바꾸어야 한다. 호남에 중요한 것은 독자 집권이 아니라 호남의 정당한 지분이다. 이는 호남뿐만 아니라 모든 지역·계층이 공통적으로 요구해야 할 사항이다. 앞에서 최영태는 "'호남의 이익을 최우선적으로 생각하자'는 김욱 식의 주장에 대해 타지역 사람들은 자연스레 반발심을 갖게 된다"고 했다. 하지만 '호남유권자가 어떤 정당에 표를 던지든 그에 상당한 지분(정치적 목소리)을 할당받는 것이 정당하다'는 내 주장에 반발할 이유는 전혀 없다. 다시 강조하지만 호남이든, 영남이든, 충청이든, 어디든 어떤 계층·계급이든 자신들의 정당한 정치적 지분을 넘어서 반민주적 패권을 행사하려 하지 말라는 게 내 주장의 핵심이다.

　'호남유권자(반드시 호남몰표를 의미하는 게 아니다)의 정당한 지분'에 대한 요구를 비하하거나 반대하는 사람들은 이런 사람들이다. 정치적 지분 요구를 반민주적인 나눠먹기라고 생각하는 사람들이다. 이들의 깊은 내면엔 철인哲人정치 같은 이상을 앞세워 사실상 혼자 먹기를 도모하는 사람들이다. 아니면 여전히 호남몰표를 지분 없는 인질로 삼고 싶은 사람들이다. 그것도 아니라면 호남인이 반드시 정권을 잡아야 속이 시원한 사람들이다. 모두 반민주적인 사고방식이다. 물론 대통령제라는 현 정부형태 하에서 이런 식의 지분持分정치는 난관이 있다. 하지만 방법이 없는 건 아니다. 대선에는 어떻게 대처하는 것이 민주주의를 실현하는 것인지는 후술하기로 한다.

나는 지분 없는 철인정치, 호남 일당독재로 뒷받침하는 친노 대리집권, 호남의 '뉴DJ'를 타지역 유권자가 지지해 정권교체를 하는 일, 한두 번의 집권으로 영남패권사회를 개조하는 일… 모두 화려한 꿈일 뿐이라고 생각한다. 그래서 나는 '1997 황태연'을 포기하고 '2015 김욱'을 주장했던 것이다. 그것은 비루한 현실 속에서 각 지역, 각 계층이 공평하게 자신들의 지분만큼 분배받고 패권 없이 살아가기만을 기대하는 비루한 꿈이었다.

실제로 4·13 총선을 계기로 그런 조짐이 일어나자, 호남몰표를 인질로 삼아 화려한 꿈을 꾸던 세력들이 들고 일어나 호남에 온갖 비난을 쏟아부었다. 왜 호남이 자유의지로 행한 선택의 결과를 호남 아닌 사람들이 온갖 수사를 동원해 비난하는가? 지금까지 행여 다른 지역 유권자가 이런 일을 당한 적이 있었는가? 이는 호남이 그간 누구에게 어떤 식으로 인질로 이용만 당하며 살아왔는지를 자명하게 입증한다. 이른바 '민주(선)/반민주(악)' 투쟁을 한다면서 '반민주 영남'이 아닌 '민주 호남'만을 비난하는, 즉 '영남 없는 민주화' 이데올로기를 앞세운 어처구니없는 야만적 호남핍박이다. 이를 지켜보며 나는 내 주장이, 그리고 이번 4·13 총선에서 호남이 행한 선택이 최선이었음을 뼈저리게 확인했다.

**3**

# 『칼의 노래』와
# 노무현 이데올로기:
# 위악과 위선의 잘못된 만남

노무현은 김훈의 『칼의 노래』에 완전히 매료됐던 것으로 보인다. 그는 2003년 MBC 방송 프로그램 〈느낌표〉에 출연, 이 책을 꼭 읽어보라며 "뭐라 할 수 없다. 굉장하다"고 격찬했다. 2004년 탄핵 기간 땐 다시 책을 꺼내 읽었고 충무공 유적지를 돌아보려 했다는 얘기까지 전해졌다. 이런 과정을 거치면서 '인간 이순신' 지지층은 지식인·대학생들 사이에서 일반대중으로 넓혀졌다.[16]

그런데 정작 김훈의 세계관과 노무현·386·친노 지지자들의 세계관은 잘 어울렸을까? 어울릴 수가 없다. 김훈은 세상을 흑백논리로 이해하는 사람이 아니다. 그런 성향은 심지어 그가 '정의/부정의'에 대한 원초적 구별이 가능하다고 보는지조차 의심스러울 지경이다. 그렇다면 노무현·386·친노 지지자들은 김훈, 아니 김훈의 『칼의 노래』의 무엇이 그토록 좋았을까? 아이러니를 자초하는 질문이다.

『칼의 노래』가 100만 부 이상이나 팔리는 데 크게 기여했을 노무현·386·친노 지지자들이 그 책에 흠뻑 빠진 표면적 이유는 아주 단순한 것으로 보인다. 절망뿐이지만 가야 할 길을 가는 이순신의 실존적 태도, 전쟁통에도 사그라질 줄을 모르는 기득권세력의 추한 자기보존 본능, 백의종군, 12척의 전선, 최후의 승전⋯ 이 모든 것들을 자신들의 협애한 정치적 처지에 감정이입시켰을 것이다. 특히 노무현의 탄핵소추를 이순신의 백의종군으로 이해하는 순간 세상에 대한 감정적 정의감은 배가됐을 것이다.

그런데 이런 식의 감정이입을 김훈은 어떻게 받아들였을까? 다시 말하지만 김훈은 그런 식의 일차원적인 세상 이해와 거리가 먼 사람이다. 그는 아예 대놓고 거침없이 거부감을 표시했다.

> "(단호하게) '칼의 노래'를 386 애들이 읽고 이순신 장군이 명량해전 때 배 12척 갖고 300척을 부순 것처럼 하겠다는 거야. 무지몽매에 빠진 거지. 이순신이나 되니까 한 거야. 걔들이 갖고 나가면 다 죽어. 12척과 300척은 현대 사회에서 적용이 안 되는 이야기야. 중세 이야기를 쓴 건데 어떻게 현대 지도자들이 그렇게 하겠다고 TV에다 대고 말하는 거야. 그걸 보고 눈물이 나오더라고. '미쳤구나. 요새 내가 글을 잘못 써 가지고 어린 것들 망치는구나' 했어."[17]

그런데 거꾸로 김훈의 세계관을 노무현·386·친노 지지자들이 듣는다면 어떤 반응을 보일까? 예컨대 김훈의 이런 세계관이다.

"좌익과 진보는 세상을 맡을 수 없어. 물적 토대가 없으니까. 비참하
게도 우리 시대의 물적 토대의 역사는 우익이 만든 거야. 좌익이 반항하
더라도 우익 토대 아래서 반항한 거라고. 그리고 한국사회의 물적 토대
를 건설한 사람은 박정희 대통령이야."[18]

참고로 김훈은 노무현이 아닌 이회창에게 투표했다고 고백했다.[19]
누가 보더라도, 겉에 드러난 세계관만을 기준으로 하면 김훈과 노무
현세력은 서로 상극처럼 보인다. 이상하지 않은가? 김훈과 그의 소설
에 그토록 열광한 독자들의 세계관이 어떻게 이렇게 서로 다를 수가
있을까? 혹시 김훈의 세계관과 그의 소설은 별개일까? 김훈은 그렇
게 생각해주기를 바란다.

"소설을 정치적으로 외연을 넓혀 읽는 것은 위태로운 일이 아닌가 생
각해요. 그게 부담스럽다기보다는 내가 의도한 게 아니라는 얘기예요."[20]

하지만 아무리 그의 소설을 정치로부터 떼내려 해도 그럴 수가 없
다. 친일파가 쓴 소설이 그의 세계관과 별개로 존재하고, 그 소설에
독립군들이 열광하는 것을 상상하기 힘들다. 물론 그 반대의 경우도
마찬가지다.
그렇다면 김훈과 노무현세력 사이에 도대체 무슨 일이 벌어진 걸
까? 둘 중 하나다. 우선 하나는 김훈의 소설을 노무현세력이 잘못 이
해하고, 그저 단순한 선악대결로 이해한 경우다. 그래서 자신들을 선

으로 이해하고 마음껏 감정이입을 한 경우다. 하지만 이런 식의 이해를 바탕으로 그 많은 독자가 감동했다면 그 또한 우리나라 독서문화의 치부를 드러낸 것이다. 다른 하나는, 겉보기엔 상극처럼 보이지만 겉으로 드러나지 않은 모종의 메시지에 작가와 독자가 강하게 내면적으로 공감한 경우다. 이 경우 그 내면적 공감을 읽어내는 것이 쉽지는 않다. 그것이 어렵든 쉽든, 나는 후자라고 본다.

만약 우리가 김훈의 소설을 내면까지 이해해보려고 욕심을 낸다면 그가 무슨 생각을 하면서 그 소설을 썼는지를 이해해야 한다. 조금만 눈여겨보면 그 단서는 『칼의 노래』 머리말에서 모두 찾을 수 있다. 김훈은 『칼의 노래』 머리말에서 이렇게 말한다.

> 나는 정의로운 자들의 세상과 작별하였다. 나는 내 당대의 어떠한 가치도 긍정할 수 없었다. 제군들은 희망의 힘으로 살아 있는가. 그대들과 나누어 가질 희망이나 믿음이 나에게는 없다. 그러므로 그대들과 나는 영원한 남으로서 서로 복되다.[21]

이 머리말은 추상적·은유적으로 읽힌다. 하지만 구체적·경험적 사실이 내재된 표현이다. 김훈은 『한겨레21』의 인터뷰 발언이 문제가 돼 『칼의 노래』 출간 7개월여 전인 2000년 10월에 『시사저널』 편집국장직을 사임한다. 그 인터뷰엔 "남녀가 평등하다고 생각 안" 한다거나, "인종 사이의 혐오감이란 어쩔 수가 없"다거나, 기자가 아니라 "우수한 인종집단은 검찰이나 안기부나 재경원이나 정보통신부에다 있다"거나, 전두환 시대의 용비어천가를 "내가 안 썼으면 딴 놈들이 썼을 테고"라거나, 민중예술 "그걸 예술이라고"라거나, 거대담론하는 언론인 "그런 새끼들 가장 경멸하고 증오한다"거나, "통일을 바라지 않아"라거나, "노동자들이 제일 보수적이고 재벌 리더들이 가장 진보적"이라거나, 『조선일보』를 아주 좋아"한다거나 하는 내용이었다.[22] 그러고는 사임의 변으로 이런 말을 남겼다.

개인적 자아의 진실을 두고 동시대인 전체의 이름으로 칼질을 해대는 이 사회의 야만성에 나는 깊이 절망했다.[23]

그 "절망" 이후 2001년 5월, 김훈은 『칼의 노래』를 들고 화려하게 세상에 돌아온다. 다시 읽어보기 바란다. 위 사퇴의 변과 『칼의 노래』 머리말은 거의 닮아 있다.

이 상황을 정리하면 김훈은 『시사저널』을 사임했던 2000년 10월부터 2001년 5월 사이(그에 따르면 "2개월"[24] 동안) 『칼의 노래』를 집필했고, 그 무렵의 그의 그런 상념이 모두 『칼의 노래』에 반영된 것이다. 그리고 그 몇 년 뒤인 2004년 탄핵소추를 계기로 노무현·386·친노 지지자들은 김훈에게 열광한다. 그러므로 우리는 김훈과 노무현 세력이 만나는 그 신비한 지점이 어디인지를 기어이 알아내야 한다.

사실 김훈이 '선/악' 구분을 하지 않는 게 아니다. 그는 "우익에겐 세 가지 즐거움(右翼三樂)이 있어. 세금 왕창 내고, 아들 최전방으로 보내고, 질서를 지키고. 아 그래야 우익이 완성되는 거 아냐"[25]라고 주장한다. 그게 그의 정의다. 그러면서 그는 자신(들)의 '악'에 대해서 "당사자인 우리 세대가 스스로 나서서 말을 안 할 뿐만 아니라, 우리더러 말을 하라고 다그치는 사람도 없다는 게 더 큰 문제라고 생각"[26]한다고 말한다. 말하자면 김훈은 지금 자신들의 '악'을 말하면서 당신들의 '선'에 대해 묻는 것이다. 즉, '(선에 대한 관념이 있다는 것을 감추고) 자신들을 아예 대놓고 악하다고 인정하면서 니들 우리보다 잘났냐'고 묻고 있다. 위악假惡이다.

반면 노무현세력은 지역주의를 해결해야 한다는 '선'을 말하면서 자신들의 내면의 '악'인 지역주의 양비론, 나아가 영남패권주의에의 투항을 강요한다. 말하자면 당신들의 '선'을 말하면서 자신들의 '악'을 실현하려는 것이다. 즉, '(악에 대한 관념이 있다는 것을 감추고) 자신들을 아예 대놓고 선하다고 주장하면서 니들 우리보다 못났다'고 대답하고 있다. 위선假善이다.

이렇게 해서 김훈의 위악과 노무현의 위선은 절묘하게 만난다. 세상의 비루함에 대해 절실하게 공감하는 곳, 그곳이 바로 그들의 만남의 광장이다. 노무현은 세상의 그 비루함을 헤쳐 나간다는 명분 속에서 자신의 위선을 느끼고 있고, 김훈은 그 비루함을 견뎌낸다는 자인 속에서 자신의 위악을 느끼고 있다. 그렇게 노무현의 위선적 선과 김훈의 위악적 악은 세상의 비루함을 핑계 삼아 서로를 이해하고 승인하며 아이러니한 하모니를 이루는 것이다. 예컨대 김훈은 이런 식으로 노무현을 이해하고 승인한다.

"노 대통령의 마음은 로맨스야. 선한 마음을 담아 세상을 바꾸려고 하는 거지. 그의 낭만주의야말로 역대 누구에도 없던 아름다움이야. 뜻은 옳고 바르고 도덕적이지만, 그 올바른 길을 가기 위한 현실적 물적 토대가 없는 거야."[27]

위선적인 노무현세력은 세상의 밝은 곳에서 김훈의 어두운 세상을 마치 제 마당인 양 편안해하고, 위악적인 김훈은 세상의 어두운 곳에서 노무현의 밝은 세상을 마치 제 뜻인 양 드러내는 것이다. 이것이 김훈에 열광하는 노무현 현상의 비밀이다.

김훈은 『칼의 노래』 책머리에서 "나는 나 자신의 절박한 오류들과 더불어 혼자서 살 것이다"[28]고 선언하고 있다. 위악자가 스스로 세상을 따돌리는 오만한 자기고백이다. 난 김훈의 이런 사회적 증상에 대해 이렇게 썼다.

김훈의 『칼의 노래』의 문제는 '현실적으로 절박한 오류를 인정하는 김훈'이 '역사적으로 절박한 오류가 없는 이순신'의 상념을 통해 '비루한 세상을 자연주의적 관점으로 끝없이 묵인하는 김훈 자신의 절망적 넋두리'를 전한다는 점에 있다. 이런 방식으로 들려오는 환청은 우리에게 큰 혼란을 야기한다. 이렇게 되면 '정의/부정의'의 구별은 온통 판단불능의 몽환적인 혼란 속에 빠질 수밖에 없다. 현실적 부정의(절망)가 역사적 정의(희망)의 입을 빌려 합리화되는 것이다.[29]

노무현이 정치적 대척점에 있다할 김훈의 『칼의 노래』에 열광한 것은 그가 작품 내면의 메시지에 공감했기 때문일 것이다. 그 공감의 정체는 위악(김훈)과 위선(노무현)의 부적절한 이종결합이 아니었을까?

내가 문제 삼는 것은 위악자는 위악자의 길만을 갔어야 한다는 것이다. 김훈은 왜 이완용의 입이 아닌 이순신의 입을 통해 자신의 내면을 합리화하는가? 그것은 위악적인 그가 궁극적으로 '선/악'의 욕망을 이기지 못했다는 의미다. 이렇게 되면 우리는 끝없이 혼란에 빠진다. 그 혼란의 전리품이 바로 반反김훈이데올로기를 드높이며 『칼의 노래』에 열광하는 노무현·386·친노 지지자들이다. 그들은 자신들의 치부를 혼란스럽게 하는 '정의/부정의'의 몽환적인 혼란에 열광하고 있는 셈이다.

김훈은 세상을 있는 그대로 받아들이고자 한다. 이 삶이 저 삶을 규정할 뿐 그 삶 너머의 '선/악' 따위로 세상을 나눌 생각이 없다. 세상의 삶을 자연의 삶처럼 그저 받아들인다. 아니, 받아들여야 한다고 말한다. 그는 『칼의 노래』에서 전쟁터 속 이순신의 삶과 죽음까지도 이렇게 '자연'으로 이해한다.

> 그 저녁에도 나는 적에 의해 규정되는 나의 위치를 무의미라고 여기
> 지는 않았다. 힘든 일이었으나 어쩔 수 없었다. 어쩔 수 없는 일은 결국
> 어쩔 수 없다. 그러므로 내가 지는 어느 날, 내 몸이 적의 창검에 베어지
> 더라도 나의 죽음은 결국은 자연사일 것이었다. 비가 내리고 바람이 불
> 어 나뭇잎이 지는 풍경처럼, 애도될 일이 아닐 것이었다.[30]

하지만 김훈은 인간세상이라는 자연이 자연스럽지 않은 자연이라는 것을 내면에서 인지하고 있다. 그래서 그 자연스럽지 않은 자연에 인위적인 의지를 개입하고 싶어 한다. 그는 그 '자연스럽지 않은 자연'에 칼을 휘둘러 그가 생각하는 '자연스러운 자연'을 회복하고 싶다. 김훈은 『칼의 노래』에서 이순신의 내면을 통해 자신의 내면을 이렇게 드러낸다.

> 죽여야 할 것들을 다 죽여서, 세상이 스스로 세상일 수 있게 된 연후
> 에 나는 내 자신의 한없는 무기력 속에서 죽고 싶었다.[31]

김훈은 "어쩔 수 없는 일"/"죽여야 할 것들"의 구별을 하고 있다. 그도 이 인간세상의 모든 일을 "스스로 세상", 즉 '자연'의 일로 받아

들일 수 없는 것이다. 그래서 그의 위악이 등장한다. 김훈은 겉으로 내뱉는 "어쩔 수 없는 일"이라는 악과 내면에서 감춰지는 "죽여야 할 것들"이라는 선을 "난 정돈된 생각을 가진 사람이 아니"[32]라면서 혼란스럽게 드러낸다. 그리고 그 몽환적 혼란이 오히려 노무현세력의 감성을 자극하는 것이다. 하지만 노무현세력의 그 감성이란 비루한 세상 속 비루한 행동을 성인의 허울로 위안받고 싶은 위악적인 김훈의 그것 맞은편에 생성된 위선적인 대립물에 불과할 뿐이다.

나는 김훈의 위악과 노무현의 위선이 이순신이라는 성인의 탈을 쓰고 부적절하게 만나 열광하는 아이러니에서 역사의 '부자연스러운 자연'을 본다. 나는 그 잘못된 열광을 "어쩔 수 없는 일"이 아니라 "죽여야 할 것들"이라고 생각한다. 나는 위악 없이, 위선 없이 있는 것이 있고, 있어야 할 것들이 있어야 한다고 자연스럽게 말할 수 있는 인간세상을 원한다.

7장

'골룸의 나라'에서
인간으로 살아남기

# 1

## '골룸의 나라'에서

자, 이제 드디어 최후의 독해를 할 수 있는 모든 준비가 끝났다. 시작해보자.

2002년, 민주당 대선 경선을 앞둔 노무현은 이렇게 말했다.

> "민주당을 호남당으로 규정하고 호남당에 반대하는 지역주의에 근거한 반민주당세력이 한나라당입니다. 이걸 해체하고 새로운 판을 짜야 합니다. 90년 3당합당이 우리 정계를 망쳐버린 야합입니다. 이것을 파괴해야 합니다."[1]

2005년, 그러던 노무현은 한나라당과의 대연정을 제안하면서 이렇게 투항한다.

[한나래]당의 역사성과 정통성에 대한 인식의 차이는 대타협의 결단으로 극복하자는 것입니다.[2]

2006년, 다시 시간이 흘러 이제 다음 대통령선거를 위한 후보들의 경쟁이 시작되고 있을 때, 노무현은 투항도 부족해 한나라당의 지위를 격상시켜 민주주의 역사 속에 이렇게 자리매김해줬다.

"정치가 제대로 된다면 [지역주의 부패정당이라며 민주당과의 법통을 끊고 새로 창당한 열린우리당과 자신이 정의롭다는 명분으로 삼던 투쟁대상 한나라당의[3]] 양대산맥이 계속 유지돼 가야 한다."[4]

나는 위 노무현의 세 발언을 그간 끈질기게 수없이 인용했다. 왜? 노무현의 어쩌다 잘못 나온 말꼬리를 잡아 비난하고 싶어서? 참고삼아 진지하게 말해둔다. 내가 이 세상에서 제일 관심 없는 것 중의 하나가 말꼬리다. 잘 읽어보기 바란다. 위 발언이 그저 단순한 말실수로 보이는가? 절대 아니다. 위 발언엔 노무현의 파란만장한 정치적 인생이 모두 집약돼 있다.

그런데도 사람들은 위 발언의 함축된 의미를 잘 이해하지 못한다. 아예 관심조차 없다는 편이 맞겠다. 사람들에겐 그저 노무현이 대북송금 특검으로 김대중을 곤경에 빠뜨린 이야기, 한나라당하고 대연정하자는 건 권력을 넘기는 것이고 이는 지지 유권자들에 대한 배신이라는 이야기, 다음 대통령후보는 누구고, 노무현이 그를 지지해줄

'노무현 정치'의 최대강령은 '한나라당 해체'였다. 3당합당에 끝까지 반대한 행위, "90년 3당합당이 우리 정계를 망쳐버린 야합입니다. 이것을 파괴해야 합니다"라는 발언은 '한나라당 해체'에 대한 그의 진심을 믿게끔 한다. 그러나 노무현은 집권 후반기에 이 최대강령을 스스로 폐기한다. 한나라당의 "역사성과 정통성에 대한 인식의 차이"를 극복하여, "양대산맥이 계속 유지돼 가"기를 희망했다.

것인가 하는 이야기 등등이 훨씬 더 이해하기 쉽고 실감나는 정치적 에피소드였다. 그런 에피소드에 비해 듣는 재미는 떨어지지만, 위 노무현 발언엔 우리나라의 수십 년 정치적 운명을 가른 비장한 역사 얘기가 지금까지도 살아 숨쉬고 있다. 내가 왜 그토록 위 노무현 발언에 강박증 환자처럼 집착했는지 이제 그 이유를 최종적으로 설명하겠다.

노무현의 정치적 인생의 최대강령은 뭐였을까? 첫번째 인용문에 정확히 들어 있다. 그건 '한나라당 해체'다. 나는 그의 그 최대강령을 믿었다. 내가 내 맘대로 "대한민국 최초 '노빠'이자 최초 '반노'다"[5]고 고백했던 건 농담이 아니었다. 최초라는 말은 1988년 5공 청문회 때부터 노무현의 최대강령을 어렴풋이 믿기 시작했다는 의미다. 참고로 난 김대중이 집권하면 그 최대강령이 실현될 것으로 믿었을까? 천만의 말씀이다. 나는 그가 그저 누군가에게 죽지 않고 무사히, 조금 더 욕심을 내면 훌륭히 대통령직을 수행하고 물러나면 좋겠다는 희망 정도만 있었다. 나는 유사 이래 최초의 정권교체 그 자체만으로도 그의 할 일은 다했다고 생각했다. 그런 내가 노무현의 선거운동기간과 대통령 취임 며칠 후까지 내내 그 최대강령을 믿었다. 내가 바보였을까? 바보까지는 너무하고, 나도 순수했다. 어쨌든 난 그때 실현가능성과는 별개로 적어도 노무현이 저 최대강령을 실현하고자 노력은 할 것이라는 진심만은 믿었다.

자, 그럼 최대강령이 '한나라당 해체'라는 건 어떤 실천적 의미를 띠고 있을까? 한나라당은 민주적 정통성·정당성이 없는 정당이라는 말이고, 이 반민주적 정당을 (만약 헌법 절차에 따른 정당해산이 아닌 정치적인 방법으로) 해체하고자 한다면 우리는 문자 그대로 '민주(선)/반민주(악)' 전선을 유지해야 한다는 말이다. 이 민주전선에 '호남몰표'가 동원돼야 하는 건 너무나 당연하다. 그리고 이미 노무현에 집결한 영남은 말할 것도 없고, 새누리당에 포섭돼 있는 영남도 이 기회를 맞아 이 민주전선에 동참해야 한다는 의미다. 그렇게 하면 3당합당으로 실패한 민주역사가 다시 시작할 수 있을 것이라고 기대할 수 있다는 의미다. 여기에 그날이 올 때까지 『조선일보』를 비롯해 그 거대 악을 떠받치고 있는 세력과도 상종하지 말아야 한다는 건 '선'한 세력의 부수적인 의무다. 아, '운동권'의 역사적 책무는 아직 끝나지 않았다는 의미이기도 하다.

어떤가? 많이 들어본 소리 아닌가? 이런 주장은 이 책 앞부분에 등장한 한완상 등의 다시민주주의포럼, 더불어민주당과 친노세력, 그들의 영향권 아래에 있는 허울 좋은 시민단체 등등 야권분열이라는 '역사의 죄'를 운운한 사람들의 두뇌를 지금도 맹목적으로 지배하고 있는 화석화된 교리다.

그런데 지금 나는 위 주장들을 거의 경멸하고 있다. 왜 그럴까? 이제 시간이 많이 흘렀으니 시대에 맞춰 뭔가 참신한 이념을 찾고 싶어서? 아니면 호남이 정권을 못 잡으니 다시 못된 지역주의가 도져서? 아니면 내가 나이가 드니 타락해서? 굳이 고를 필요 없다. 모두 아니다.

내가 지금 위 주장들을 경멸하는 건 폐기된 노무현의 최대강령 때문이다. 그 최대강령이 폐기됐다는 걸 어떻게 아냐고? 그걸 설명해주기 위해 내가 위 노무현 발언에 그렇게 집착하는 것 아닌가!? 노무현은 2005년에 한나라당의 (민주적 정당성을 포함해야 하는) '역사성과 정통성을 인정'했고, 2006년엔 완전히 투항하는 '양대산맥'을 선언한다. 다시 읽어보라. 위 노무현의 발언이 아무 생각 없이 나온 헛소리로 보이는가? 노무현은 집권 말년 '한나라당 해체'라는 최대강령 포기를 명백히 선언했던 것이다.

논리적으로 심각한 문제는 지금부터다. 수십 년을 집착했던 그 최대강령이 폐기됐으면 웬만한 보통 민주시민은 어떤 반응을 보이는 게 순리일까? 한참 슬퍼한 뒤 그에 걸맞는 새로운 삶을 살아가는 게 당연한 것 아닌가?

하지만 친노는 그럴 생각이 전혀 없다. 이제 '새누리당(한나라당) 해체'라는 최대강령은 노무현에 의해 하늘로 사라졌는데, 친노세력은 그 최대강령이 사라졌다는 것을 짐짓 모른 척하며 여전히 '민주(선)/반민주(악)' 전선을 위해 선한 세력의 대변자인 더불어민주당에 표를 던지지 않으면, 특히 호남은 몰표를 주지 않으면 '역사의 죄'를 짓는다는 논리를 전개하는 것이다. 이건 정치적 사기다! 하지만 좋다. 그 정치적 사기야 다시 당해줄 수도 있다. 문제는 그런 사기로만 집권하는 일이 발생하면 우리나라는 이제 모두 '골룸'의 나라로 퇴행해 사는 것을 각오해야 한다. 그럴 수는 없다.

그럼 처음부터 다시, 친노에게 새누리당의 궤멸이라는 최대강령이 존재하는지 여부를 묻는 것은 어떨까? 하지만 그들은 절대 대답할 수 없을 것이다. 노무현이 포기한 최대강령을 아직도 유지한다고? 상상이 되는가? 터무니없는 소리다. 그럼 이제 노무현의 뜻에 따라 최대강령을 포기한다고? 그렇게 확인할 수는 있겠다. 하지만 그땐 집권을 위한 표를 어디서 얻는가? 4·13 총선 때 구사했던 호남몰표를 얻기 위한 겁박논리도 구사할 수 없는데 어찌해야 하는가? 자신들에게 표를 몰아주지 않으면 '역사의 죄'를 짓는다고 운운하는 건 또 어찌해야 하는가? 새누리당을 정상적인 당으로 인정하고 선택할 수 있는가에 대한 대답은? 『조선일보』 타령은?

이 상황에서 그들 친노가 자신들의 정치적 생명을 유지할 수 있는 방법은 딱 한 가지밖에 없다. 그건 겉으로는 최대강령을 유지하는 척하면서(즉 악과 싸우는 선을 가장하면서), 속으로는 오직 권력만을 도모하는 것이다. 예컨대 겉으로는 새누리당을 궤멸대상처럼 적대시하고 국민의당은 그들과 한통속이라며 열심히 선동하면서, 동시에 속으로는 새누리당을 국정 파트너로 인정하고 자신들이야말로 그들과 한통속이 돼 흔쾌히 협력하는 것이다. 그들의 언행일치 유무를 유심히 관찰해보라. 골룸 아닌가? 아니라고? 2005년 대연정 제안 당시 노무현의 발언이다. 감상해보라.

> 노 대통령은 이와 함께 "한나라당은 극복의 대상이 아니라 대화의 상대이고 정책 조율하고 합의하고 할 수 있는 파트너이며 그것이 국민들의 뜻"이라며 "국민들이 한나라당에 약 30% 가까운 지지를 보내고 있는데 파트너 아니라고 말할 수 없으며, 국민들의 뜻이 '네 마음대로 하지 말고 한나라당하고 앞으로 가급적이면 많은 문제에 대해 의논하라'고 명령을 받았던 것"이라고 말했다.[6]

친노도 인간의 양심이란 게 있으면 다음 질문에 솔직히 대답해야 한다. 만약 새누리당 해체라는 최대강령을 포기했다면 어떻게 정치를 해야 하는가? '선'을 위한 호남몰표를 주장하지 말고 호남유권자 앞에서 평등하게 표를 받기 위해 경쟁해야 하는 것 아닌가? 자신들에 투표하지 않는 유권자들을 향해 '역사의 죄'를 운운해서도 안 되는 것 아닌가? 무엇보다 속으로는 대한민국이 한통속이 돼 '영남 없는 민주화' 이데올로기에 안주하면서, 겉으로는 마치 당장이라도 새누리당 해체라는 최대강령을 실천할 것처럼 속이면 안 되는 것 아닌가? 정치가 아무리 복마전이라 해도 '골룸'의 나라 수준으로까지 타락하면 안 되는 것 아닌가?!

나는 노무현의 첫번째 국무회의 이후 그의 최대강령 실현의지를 의심했다. 그리고 열린우리당 창당 의도가 드러나는 순간 거의 '최초'의 반노가 됐다. 이후 노무현의 역정은 사실상 예정된 길이었다. 나는 노무현의 '한나라당 테제(한나라당 승인)' 이후로 '한나라당 해체'라는 우리나라 정치의 최대강령에 대한 내 마음속의 낭만적 꿈을 사실상 포기했다. 하지만 아직까지도 잘 적응이 안 된다. 나는 지금도 친노의, 친노 이데올로기에 지배당하는 더불어민주당의 최대강령 포기를 잘했다고 박수치고 있는 게 아니다. 나는 그저 그 상황에 분노했고, 체념하며, 미련 속에서 지금도 아쉬울 뿐이다.

하지만 이제 지금 되돌릴 수 없는 역사의 시간 속에서 내가 원하는 건 딱 한 가지뿐이다. 나를 현혹하거나 겁박하기 위한 위선의 이데올로기를 더 이상 내 앞에 들이대지 말라는 것이다. 나는 유권자의 표를 왜 원하는가에 대한 정체성과 이상을 담은 솔직한 이념을 원한다. 나는 내 의문에 대답하지 않는 정당의 모든 이념을 의심할 것이다. 나는 은밀하게 폐기된 최대강령을 장식처럼 걸치고 그저 권력이라는 절대반지만을 탐하는 골룸들의 정당을 경멸할 것이다.

내가 앞에서 (역사적 의미의) 노동계급당에 대한 얘기를 하면서 마르크스이론에 따른 노동계급의 특권유무 문제를 거론한 이유가 있다. 내가 볼 때 노동계급당도 최대강령에 솔직해져야 한다. 흰 종이에 강령이라고 적힌 검은 글자를 말하는 게 아니다. 활동가들을 지배하는 의식을 말하는 것이다. 노동계급당은 마르크스가 꿈꿨던 공산사회 건설을 지금도 꿈꾸고 있는가? 아, 꿈은 꿈이지만 그저 먼 미래의 꿈일 뿐이라고? 그럼 공산사회 건설을 위한 노동계급의 역사적 특권도 먼 미래로 설정해야 한다. 노동계급의 역사적 특권이 먼 미래로 설정되면 노동계급의 도덕적 우월성 따위도 먼 미래의 일로 미뤄둘 일이다. 그러고 있다고? 그 대답에 대한 반응은 유권자에게 듣기 바란다.

나는 공산사회 건설에 대한 현실적 의지와 가능성 없이 '노동계급의 역사적 특권'을 설정하는 노동자의 대표나, 새누리당에 대한 현실적 궤멸의지와 가능성 없이 '선을 위한 호남몰표'를 겁박하는 친노는 쌍생아처럼 닮았다고 생각한다. 그렇게 되면 그건 오직 권력을 탐할 뿐인 정치적 사기를 치는 것이다. 그저 평등하게 경쟁해 집권을 원할 뿐이라면 '민주(선)/반민주(악)' 혹은 '노동계급의 역사적 특권'과 거기서 비롯되는 도덕적 우월감 따위의 심리적 허세는 곱게 버려야 한다. 그러기 싫다면 (상상하기 힘들지만) 최대강령이 여전히 존재한다고 선언하라! 그리고 노무현의 역사적 배신과 실패와 그 죄업을 인정하라!! 환영하는 바다. 이후엔 요령껏 투쟁하면 된다. 유권자들이 판단할 것이다.

하지만 현실 속에선 '최대강령 없는 권력추구', 즉 골룸의 모습만이 넘쳐난다. 《세계로신문》 대표 김제완은 『아주 낯선 상식』과 관련한 《프레시안》 논쟁에 참여해 마무리로 이런 말을 남겼다.

문재인 의원은 다시 광주를 방문해 충장로에서 무릎을 꿇어라. 고의
가 아니었다 해도 결과적으로 호남 민심에 상처를 주었다면 치유의 책
임이 있다. 가깝게는 총선 후보 단일화를 위해서 길게 보면 대선 승리를
위해서이다.[7]

김제완 말의 핵심은 "고의가 아니었다 해도 결과적으로"다. 뭐가
"고의가 아니었다 해도 결과적으로" 호남 민심에 상처를 주었다는 말
일까? '감정적인 어떤 것'이다. 이어지는 그의 마지막 인용은 정말 음
험하다. 그는 "문재인 의원이 무슨 잘못을 했다고 그렇게까지 해야
하느냐고 항변할 사람들은 광주의 더좋은자치연구소 이정우 연구실
장의 발언을 귀에 담아야 한다"[8]며 그의 말을 인용한다.

"옳고 그름의 차원에서 접근하는 것은 옳지 않다. 그런 정서(반문재
인)가 있다는 것을 인정해야 한다. 그렇게 하지 않으니 더 확대된다."[9]

나는 김제완이 자신의 맺는말로 이런 글귀를 인용하는 것을 보고
길고 큰 한숨이 나왔다. 내가 주장했던 모든 것, 호남이 반발하고 있
는 모든 것이 감정문제로 치환되는 순간이다. 그럴 만한 오랜 전통도
있다. 이른바 지역감정! 그보다 더 어처구니없는 건 "문재인 의원이
무슨 잘못을 했다고"라는 대사 뒤에 이어지는 "옳고 그름의 차원에서
접근하는 것은 옳지 않다"는 표현이 함축하는 불온성이다.

김제완이 기교적으로 풀어놓은 말을 읽는 독자는, 문재인이 잘못

호남에서 국민의당 바람이 거세게 불며 수도권까지 위협받자 문재인은 광주로 찾아가 무릎을 꿇는다. 그러나 그는 여전히 "분이 풀릴 때까지" 꾸짖어달라며, 호남의 반발을 감정적인 문제로 치부했다. 잘못에 대한 반성 없이, 단지 권력을 위해 무릎 꿇은 그의 행위는 큰 실효를 거두지 못했다.(세계일보, 2016년 4월 9일)

이 없다는 것, 그럼에도 못난 호남사람들이 감정적으로 뭔가 뒤틀려 있다는 것, 그래서 그 감정을 풀어주기 위해 무릎을 꿇으라는 것으로 이해하게 된다. 김제완은 문재인이 잘못이 없다고 생각하면서도 왜 문재인에게 무릎을 꿇으라고 하는가?! 이는 문재인의 양심의 자유를 침해하는 반인권적 발언이다. 아무리 정치인이라도 인간을 이런 식으로 대우해서는 안 된다.

김제완이 이렇게까지 말하는 이유는 딱 하나다. 권력을 위해서다. 권력을 잡기 위해 광주에서 무릎을 꿇으라는 얘기다. 광주가 무슨 깡패 소굴인가? 잘못이 없다고 생각하는 사람이 와서 무릎을 꿇는 것을 보고 흐뭇해서 감정이 풀리게? 이는 골룸적 사고가 아니면 도저히 상상할 수 없는 천박한 발상이다. 그런데다 만약 문재인이 정말 대통령이라도 되는 날엔 상처 입은 자신의 양심에 대한 한을 호남은 어떻게 감당해야 하는가?

그런데 내가 더 경악했던 것은 문재인이 실제로 그와 비슷한 행동을 했다는 것이다. 도대체 이 골룸의 나라를 어찌해야 하는가?

## 2

# 인간으로 살아남기 위하여

〜〜  4·13 총선 개표가 어느 정도 윤곽을 드러내던 밤늦은 시각, 『한겨레』 성한용은 기민하게 칼럼을 올렸다. 그는 칼럼에서 『아주 낯선 상식』의 머리말에 적은 '세속적인 욕망' 부분을 서두에 인용하며 자신의 논지를 풀어나갔다. 그의 칼럼 끝 부분엔 이런 말이 나온다.

선거는 끝났다. 호남은 이제 어떻게 해야 할까? 더불어민주당 혼내줬다고 환호할 때는 아닌 것 같다. 자칫하면 정치적으로 고립된다. 세속화 다음 단계는 과연 무엇일까. 지혜가 필요하다.[10]

앞에서 '호남의 고립' 운운에 관한 얘기는 충분히 했다. 이번엔 '세속화'에 관한 얘기다. 사실 난 성한용의 위 칼럼을 읽고 조금 어리둥절했다. 호남이 거의 일방적으로 국민의당을 선택한 것과 '세속화'는 의미상 어떤 관계를 맺는 것일까? 성한용의 칼럼을 대표적으로 인용했을 뿐, 이런 식의 해석은 넘쳐난다. 그리고 이는 허다하게 '민주화의 성지 광주'라는 관념과 결부시킨 비난으로 이어진다. 이에 관한 『한겨레』의 김보협의 글이 흥미롭다. 이런 내용이다.

특히 호남 유권자들의 표심을 두고는 민주화의 중심이라는 상징성을 버리고 세속화됐다(…)는 '제 논에 물대기 식' 해석은 좀 이른 것 같다. (…) 호남이 세속화됐다기보다는 오만한 더민주를 조지면서 야권 대선 주자 폭을 넓혀놓는 노회한 선택을 한 결과라고 본다.[11]

지금 나만 이상한 건가? 김보협의 주장은 국민의당을 선택한 것이 "민주화의 중심이라는 상징성을 버리고 세속화됐다"는 의미로 받아들이는 사람들이 있지만 아직은 이 선택이 절대적인 것은 아니니 섣부른 판단을 하지 말자는 의미로 읽힌다. 즉 '국민의당을 선택하는 건 곧 세속화'라는 해석 자체를 부정하는 게 아니다. 신기하다. 도대체 이런 해석이 어떤 논리적 사고과정을 거쳐 나오는 것일까?

내가 『아주 낯선 상식』에서 '세속화'와 관련된 개념을 제시하며 어떤 주장을 펼친 건 맞다. 그런데 왜 국민의당이 그 세속화의 상징이 됐을까? 예컨대 광주·전남 비상시국회의 연합단체는 국민의당을 "악마의 출현"을 돕는 세력으로 비유하고, "호남에서의 광주정신의 세속화를 넘어선 지역이기주의" 태도를 지적하면서, 안철수를 "흡사 새누리에서 파견한 간자의 모습"이라고까지 비난한다.[12]

# 대선 내다보며 총선 읽기

편집국에서

김보협
디지털 에디터

이번에도 또 틀렸다. 여론조사와 정치인, 정치전문가들에 의존하는 언론의 선거 전망은 곧잘 틀린다. 그래서 민심은 늘 무섭고 선거 결과는 대체로 대이변이다. 기자생활 20년 중 절반가량을 정치 쪽에 있었지만 예측은 점점 조심스러워진다. 보수적으로, 비관적으로 예측해야 그에 미치지 못한 결

시민들이 '수학'으로 풀어 그나마 이 정도의 결과를 만들어놓았는데, 내년 대선에서는 '교차투표'라는 이번 총선의 공식이 통하지 않는다. 내년 대선이 4·13 총선 이후 만들어진 3당 체제로 치러질 가능성이 큰 만큼, 새누리당·더불어민주당·국민의당이 각각 자신의 정체성이 분명한 후보를 내어 경쟁하든가, 아니면 새누리당 후보에 맞설 야권단일후보를 만들기 위해 또다시 피곤하고 지루한 절차를 밟아야 한다. 새누리당이 헌법까지 바꿔가면서 야권이 반길 결선투표제를 도입할 가능성은 없어 보인다.

많은(지역구 기준) '일시적이나마' 제1당을, 국민의당엔 호남 제1당을 만들어준 민심이다. 특히 호남 유권자들의 표심을 두고는 민주화의 중심이라는 상징성을 버리고 세속화됐다거나 "국민의당을 정권교체의 도구로 선택한 것"(안철수 대표)이라는 '제논에 물대기식' 해석은 좀 이른 것 같다. '민주주의'라는 같은 디엔에이를 공유하고 있는 호남과 호남 바깥의 민주개혁세력의 선택이 엇갈린 점은 분명하다. 정당투표 성향이 강하게 드러났던 호남의 선택엔, 나라가 이 모양 이 꼴이 되도록 거대 야당인, 그

더불어민주당에 표를 주면 '신성화', 국민의당을 찍으면 '세속화'? 이런 식의 오해가 난무하지만 호남 세속화의 상징은 국민의당이 아니라 복수정당제의 쟁취다.(한겨레, 2016년 4월 18일)

아마도 사태가 이렇게 전개된 건 다음과 같은 이유 때문이 아닌가 싶다. 우선 『아주 낯선 상식』의 '세속화' 개념이 세속화되는 과정에서 약간의 문제가 생긴 것이다. 나는 특정 정당, 예컨대 국민의당만을 지지해야 그것이 세속화라고 생각하지 않았다. 나는 일당독재체제가 유지되는 상황에서 호남유권자를 인질로 잡아 몰표를 요구하면서, 그 이유를 '신성화'된 5·18과 연관시켜 호남에 오직 희생만을 요구하는 사태를 타파하기 위해 '세속화' 개념을 도입했다. 그래서 복수정당제 쟁취를 '세속화'의 전제조건으로 주장했던 것이다.

그런데 이 개념이 마치 국민의당의 등장에 의해 (선거 전엔) 복수정당제가 자리 잡을 사태 때문에, 그리고 (선거 후엔) 복수정당제가 자리 잡은 사태 때문에 국민의당을 선택하면 호남이 '세속화'된 것이고, 더불어민주당 일당독재체제가 지속되면 '신성화' 유지라는 식의 세속적 의미 왜곡이 발생한 것으로 보인다.

하지만 이렇게 상상해보자. 만약 호남에서 더불어민주당과 국민의당이 반반씩 의석을 나눠가졌다면 어떻게 말할 것인가? '신성화'당과 '세속화'당이 반반씩 표를 나눠가졌다고 할 것인가? 그리고 대한민국의 다른 지역에서 더불어민주당에 투표한 유권자는 신성화당에 투표한 것이고, 국민의당에 투표한 유권자는 세속화당에 투표한 것인가? 당연히 터무니없는 얘기다. 복수정당체제에 의해 호남의 모든 표가 세속적 경쟁을 거쳐 '세속화'된 것이다. 더불어민주당의 양향자가 '삼성의 전자장비사업 유치' 노력을 공약하면 신성화 공약이고, 국민의당 천정배가 '기아차 생산능력 확대' 추진을 공약하면 세속화 공약이고 하는 건 아니지 않는가?

더 밀고 나가보자. 만약 더불어민주당이 사라지고 야당이 국민의당으로 대체돼 호남에 일당독재가 다시 시작되면 어떻게 될까? 국민의당 안에서, '신성광주'의 역사적 희생과 의무를 운운하며 거기에서 세속적 이익을 얻으려는 세력이 반드시 다시 등장할 것이다. 그들은 자신들의 세속적 이익이 보장되는 일당독재체제를 위해 호남의 신성화를 교묘하게 요구할 것이며, 호남의 세속화는 다시 위협받게 될 것이다. 한마디로 국민의당이 세속화의 상징이 아니라 복수정당제만이 호남 세속화의 증거일 뿐이다.

만약 호남의 세속화와 관련된 오해가 이런 정도에서 그친다면 그나마 다행으로 보인다. 더 큰 문제는 이런 식의 '세속화' 개념을 정략적으로 더불어민주당을 옹호하고 국민의당을 공격하는 무기로 사용할 가능성이 있다는 것이다. 말하자면 '신성한 더불어민주당'과 '세속적 국민의당'이라는 식의 프로파간다의 가능성이다. 다음은 서울대 조국의 4·13 총선 평가다.

> 호남 민심은 더민주를 응징하고 국민의당을 '호남 1당'으로 만들어
> 주었지만, 호남 민심은 국민의당이 '호남 자민련'이 되어 새누리당의 하
> 위 파트너로 '연합정부'를 구성하거나 ─김대중이 아니라 김종필의 길─,
> "호남 세속화"(『아주 낯선 상식』 김욱 지음, 개마고원 펴냄)를 추진하라고
> 밀어준 것은 아닙니다. 호남과 비호남 민주진보세력을 갈라 치고, 후자
> 에게 "친노패권"이라는 낙인을 찍는 것은 역사에 죄를 짓는 일입니다.[13]

조국은 호남이 국민의당을 "'호남 세속화'를 추진하라고 밀어준 것
은 아"니라고 말한다. 앞에 인용한 주장들과는 방향이 조금 다르다.
앞 주장들에선 '더불어민주당＝신성화, 국민의당＝세속화'를 전제로
한 해석이었다. 그런데 이번엔 '국민의당≠세속화'라는 것이다. 말하
자면 더불어민주당이든, 국민의당이든 모두 호남이 세속화의 의미로
선택한 것이 아니라는 해석이다. 이는 곧 호남은 '호남자민련' 할 생
각 말고 영원히 '신성광주'의 의무를 생각해 더불어민주당의 일당독
재체제와 함께하라는 주장이다.

형법학자의 주장으로는 보기 힘든 특정 정파를 위한 견강부회다.
전세계의 모든 복수정당제 민주국가에서 벌어지는 정당 간의 경쟁은
모두 세속적 경쟁이다. 복수정당체제 하에서 더불어민주당을 선택하
든 국민의당을 선택하든 모두 세속적 경쟁에 의한 세속적 선택이 될

수밖에 없다. 복수정당제만이 민주국가에서 민주적 인간으로 살아남기 위한 유일한 방법이다. 그것만이 현실의 삶 속에서 세속적 욕망을 위한 세속적 경쟁을 치르게 한다. 상기해보라. 유사 이래 일당독재체제하에서 개인 우상화, 권력 사유화, 이념적 신성화를 벗어날 방법이 있었는가? 지금 조국은 그중 이념적 신성화를 호남에 영구적으로 요구하고 있는 것이다.

대한민국의 야권은 지금까지 '영남 없는 민주화' 이데올로기에 지배받으며 야권의 이합집산에만 관심이 있었다. 이런 상태에서 노무현은 '한나라당 해체'라는 최대강령까지 폐기했다. 그럼에도 불구하고 더불어민주당은 시치미 뚝 떼고, 마치 아무 일 없었다는 듯이 호남에 '민주/반민주'라는 신성투쟁을 요구해왔다. 하지만 실체 없는 허구적 투쟁을 호남몰표가 행할 수는 없다. 노무현이 폐기한 최대강령을 실천하자며 호남의 영구적인 신성투쟁을 요구하는 건 호남을 영구적인 권력의 도구로 삼고 싶다는 불온한 속임수일 뿐이다.

그런데 호남의 세속화와 관련해 조국과 또 다른 상반된 견해가 있다. 진중권의 주장이다. 일단 들어보자.

그[진중권]는 "게다가 그나마 안철수를 지탱해주는 게 김욱이 말한 "호남의 세속적 욕망"을 대변해 달라는 지역주의의 요구인데, 이걸로 어떻게 대선을 치릅니까?"라며 "그렇다고 안 내세우자니 당장 호남을 배반했다는 소리 들을 텐데. 문재인의 현재가 그의 미래입니다"라고 했다.[14]

진중권의 발언은 조국과는 다르게 '국민의당=세속화' 기조 위에서 있다. 거기에 "지역주의의 요구"라는 말을 장식처럼 덧붙여놨다. 이 '국민의당=세속적 욕망=지역주의의 요구'라는 말을 반대해석하면 '더불어민주당≠세속적 욕망=지역주의의 요구'라는 의미다. 그렇다면 더불어민주당은 호남의 어떤 요구를 실현해줄 정당이란 말인가? 아주 간단하다. 다시 반대해석하면 된다. 그가 볼 때 더불어민주당은 호남의 '세속적 욕망=지역주의의 요구'와는 아무 인연이 없고, 오직 계층적·전국적 이념을 실현하는 정당이다. 반면 국민의당은 '호남의 지역주의의 요구'에 인질로 잡혀 있기 때문에, 그 대표인 안철수는 전국을 대변해야 하는 대통령후보로서의 자격도 없고, 가능성도 없다는 주장이다. 훌륭한 주장인가?

이제 선거는 끝났고, 그 결과를 토대로 얘기해보자. 정의당은 국회의원에 당선된 고양과 창원 지역을 대변해야 하니까 전국을 대변해야 하는 대통령선거에 나서면 안 되는가? 아, 고양과 창원만의 지역주의적이고 세속적인 욕망을 실현할 필요 없으니까 상관없는 일이라고? 그럼 국민의당은 호남 국회의원이 대부분이니까 호남'만!'의 지역주의적이고 세속적인 욕망을 실현해야 하는 정당인가? 그래서 그것으로 "어떻게 대선을 치"르냐고 걱정하는가? 호남의 세속적 욕망이란 기껏 영남의 패권적 지배를 반대하는 것이다. 그런데 그 세속적 욕망 실현을 주장하는 호남이 이번에는 국민의당을 통해 호남패권주의를 위해 뭉쳤다고 걱정하는 건가? 페미니즘이 여성패권을 실현할까봐 남성들은 페미니즘에 겁을 먹고 그것을 타파하기 위해 노력해야 하는가? 대한민국 노동자가 지금 패권을 실현하기 위해 노동운동을 하는가? 세상을 그렇게 보는 것이 진보의 정신인가?

이번에는 다른 측면에서 반복해보자. 위에서 나는 "그렇다면 더불어민주당은 호남의 어떤 요구를 실현해줄 정당이란 말인가?"라고 물었다. 진중권의 얘기가 말이 되려면 더불어민주당은 호남의 세속적 욕망, 즉 지역주의의 요구와는 아무 인연이 없고, 오직 계층적·전국적 이념을 실현하는 정당이라고 해야 한다. 그럼 다시 묻는다. 그렇게 오직 계층적·전국적 이념을 실현하기 위한 정당이라면 계층적·전국적 득표를 위해 노력해야지 왜 호남몰표를 겁박하는가!? 호남몰표를 받아 계층적·전국적, 특히 표를 받지 못한 영남을 균형 있게 배려하기 위해서? 그리고 호남은 그 자랑스러운 신성이념을 위해 현실을 초월해 더불어민주당을 인질처럼 지지해야 한다고? 그것이 바로 '호남 신성화'라는 감옥이다. 그리고 그것이 바로 호남 세속화의 천박성을 강조하며, 그 희생을 발판삼아 자신들의 세속적·당파적 이익을 추구하는 프로파간다다.

이쯤 얘기했는데도 알아듣지 못하면 나로선 더 이상 방법이 없다. 계속 진도를 나가야 한다. 이제 민주적 인간으로 살아남기 위한 방법론에 대해 간단히 정리한다. 이 얘기는 편의상 강준만과 나의 상당히 큰, 그리고 고종석과 나의 미묘한 생각의 차이를 정리하는 것으로 대신하는 게 효율적일 것 같다.

우선 강준만과 나의 상당히 큰 생각의 차이다. 이 문제에 대한 강준만의 고민은 오래됐고, 이미 많이 알려져 있어 그것을 토대로 할 수밖에 없다. 근자에 어떤 생각의 변화가 있다면 자칫 왜곡의 위험이 있지만 생각의 변화가 있다 할지라도 '구조'보다는 '인물'에 대한 그의 오래된 관심으로 미루어 근본적으로 큰 변화는 아닐 것으로 짐작한다.

강준만은 기본적으로 인간의 착한 심성을 우선적으로 기대하는 것 같다. 반면 나는 그것을 마지막으로 기대한다. 예컨대 강준만은 "지역주의 타파를 원하는 사람이라면 연고에 집착하지 말고 누가 옳은가 그른가 하는 걸 따져줘야 할 것이다"[15]고 말했다. 나는 이 주장에 대해 "만약 이런 식이라면 결국 지역주의는 지역 패권을 쟁취할 수도 있는 강한 지역의 이성(선한 마음)이 욕망을 누르는 시점까지는 불가피하게 감수해야 할 악몽으로 존재할 것"[16]이라며 반박했다.

다음은 이념과 물질적 욕망문제인데, 강준만은 인간의 착한 심성을 전제로 이념도 개인적인 실천에 초점을 맞추는 듯한 인상이다. 반면 나는 이념도 인간의 세속적(물질적) 욕망이 규범화된 것으로 보고, 정치사회적 실천을 강조하고 있다. 예컨대 강준만은 "'힘의 논리'에 따른 '밥그릇 싸움' 성격의 지역주의 타파"를 부정적으로 보면서, "지역주의로 지역주의를 깨보겠다"는 발상을 경계한다.[17] 반면 나는 '저항의 정의'도 기본적으로 힘의 논리라고 생각하며, 그 저변에 있는 '밥그릇 싸움'[18]을 정치사회 제도적으로 해결해야 한다고 본다. 그렇게 영남패권주의를 반영남패권주의로 깨야 한다는 것이다.

끝으로 가장 중요한 차이일 수도 있는데, 강준만은 지역문제를 '서울/영남이 수혜를 받으면서 분할지배 되는 지방 내부식민지'[19] 관계로 본다. 반면 나는 "'영남패권주의(수도권을 지배하는 영남패권계층＋영남) vs 반영남패권주의(수도권의 호남출신 등 소외계층＋호남 등 소외지역)'"[20] 관계로 본다. 예컨대 강준만식의 관점을 극단적으로 밀어붙이면 지방분권의 강화, 궁극적으로는 연방제 수준의 분권 주장으로 나갈 수밖에 없다. 반면 내 생각을 극단적으로 밀어붙이면 이미 집중이 끝난 서울(수도권) 영남패권의 제도적 분권, 즉 독일식 비례대표 내각제와 양원제 같은 중앙정부의 제도적 분권 주장으로 나갈 수밖에 없다.

한편 고종석과 나의 견해 차이는 큰 틀에서는 거의 발견할 수 없다. 내가 느낀 아주 미묘한 차이가 있다면 친노와 친문을 보는 시각이다.

고종석은 "지금 친노라고 불리는 세력은 사실 반노무현 문패다"[21]라는 트윗을 한 적이 있다. 분명하진 않지만 이 말은 문재인을 추종하는 세력은 말하자면 (그것이 무엇이든) 노무현 정신을 따르지 않는 패권적 세력이라는 의미를 함축하는 것 같다. 만약 그렇다면 고종석은 예전 노사모의 순수함을 상기하며 현재 문재인 추종세력의 만행에 가까운 극렬함을 그것과 비교해 두 집단을 구분하는 것이 아닌가 싶다.

반면 나는 친노를 노무현 이데올로기를 추종하는 세력으로 규정했다. 그래서 문재인 추종세력이 행태적으로 아무리 극렬해도 노무현의 '영남패권주의에 투항한 지역주의 양비론'을 부정하는 '반노무현' 세력이라고 보지는 않는다. 나는 정치세력으로 친노와 친문을 편의

상 구별하더라도 이념적으로 구별하지는 않는다. 박정희 없는 박근혜를 상상할 수 없는 것처럼 노무현 없는 문재인을 상상할 수 없다는 게 나로서는 더 잔인하고, 괴로운 역사적 현실이다.

# 3

# '영남 있는 민주화' 쟁취하기

『한겨레』 김보협은 강준만의 저서 『정치를 종교로 만든 사람들』을 이런 글로 소개했다.

> 그[강준만]는 또 2003년 열린우리당 창당을 주도한 분열세력에겐 관대하면서 왜 2016년 안철수는 욕하느냐고 묻는데, 이렇게 돌려서 답하고 싶다. 그때나 지금이나, 지지기반을 넘어 확장하려는 의미로 '탈호남'이라고 말하면, 그것을 '호남을 넘어서(beyond 호남)'가 아니라 '호남 빼고(except 호남)'로 오독 혹은 오도하는 이들이 있다고.[22]

김보협은 자신의 돌려진 "답"을 통해, 자신을 포함하는 『한겨레』가 어떤 이유에서든 2003년 열린우리당세력엔 "관대"하고, 2016년 국민의당세력은 "욕"한다는 걸 인정한 셈이다. 그런데 그의 돌려진 답은 사실상 동문서답이다. 열린우리당과 국민의당이라는 현상은 '독해'의 문제가 아니라 '사실'의 문제이기 때문이다. 세상 사람들의 독해와 상관없이 뉴스미디어는 그 사실에 대해 보도하고 평가해야 한다. 예컨대 다른 시점에 비교할 만한 유사한 국제분쟁이 일어났으면 『한겨레』는 그 사실을 평가하고 보도하는 게 아니라 그 사실에 대한 사람들의 반응, 즉 독해를 기준으로 평가하고 보도하는가?

다음으로 김보협이 말한 "오독 혹은 오도" 얘기다. 그는 '호남을 넘어서'를 '호남 빼고'라는 의미로 이해하는 이들을 이 편파적 사태의 책임자로 지목한다. 일단 그렇다 치자. 그 이유는 열린우리당에 관대한 비밀을 나름 합리화한다. 그럼 국민의당을 "욕"하는 비밀은 뭔가? 그가 문제 삼는 게 호남이니까 국민의당은 '호남만(!) 넣은' 당이라고 생각해서인가? 그건 정독인가? 국민의당과 그 관련자들이 지금까지 단 한번이라도 국민의당은 호남'만' 넣겠다고 주장한 적이 있었는가? 물론 국민의당에 합류한 천정배가 "가장 개혁적이고 진보적인 호남이 선도하는 전국적 개혁신당의 탄생은 필요하다고 생각한다"[23]는 지론을 펼치고는 있다. 그렇다면 이는 '호남을 넘어서'가 아니라 '호남만'을 주장한 것인가?

이제 김보협이 말한 그 오독의 내용을 직접 읽어보자. 우선 열린우리당 창당 이데올로기에 대한 문제다. 정말 열린우리당에 '호남 빼고' 이데올로기는 없었는가? 내 경우를 말하겠다. 내가 노무현정부의 성과를 '호남 없는 개혁'이라는 용어로 비판[24]했던 이유는, 노무현의 열린우리당이 개혁을 위해 지역(호남이 아니다)이라는 관념을 아예 고려의 대상으로 하지 않겠다고 주장하면서도, 그 실태는 호남을 배제하는 형태로 진행됐고, 그 때문에 실패할 수밖에 없었던 역사적 사실을 담기 위한 것이었다. 그런데 김보협이 이 멀쩡한 역사적 사실을 부정하므로 다시 검토해볼 일이다.

노무현의 열린우리당은 정말 '호남을 넘기 위해 호남을 뺀' 사실이 없었는가? 열린우리당은 출발의 의도부터가 명백히 불온했다. 호남을 넘기 위해 호남'색(!)'을 뺄 이유가 없었다면 왜 새천년민주당의 '법통'을 끊어야만 했는가? 그 정치공학이 역사적·민주적·헌법적·도덕적으로 정당한 행위였는가!?

영남패권주의 나라에서 그것에 저항하는 반대당이 가장 피해 받은 호남 위주로 단결하는 건 역사적으로 정당하고도 당연한 현상이다. 그것을 부정하는 건 영남패권주의와 싸우지 말라는 얘기다. 생각해보라. 자본주의체제에서 자본가에 맞서기 위한 주된 조직은 어쩔 수 없이 노동단체일 수밖에 없다. 그런데 이 노동단체에 착한 중산층이 합세해 노동을 넘기 위해 노동색을 빼야 한다며, 그 노동단체의 법통을 끊으면 그것이 정당한 행위인가? 김보협과 『한겨레』는 그것을 반대한 세력이 노동을 넘기 위한 선의를 노동을 빼기 위한 의도로 "오독 혹은 오도"했다며, 그것을 핑계 삼아 그들의 사실행위를 옹호해도 된다고 믿는가?

그런데 열린우리당은 왜 그렇게까지 무리하며 호남색을 빼야 했을까? 그들이 주장하는 대로, 이 세상의 모든 국가단위의 정치엔 지역이라는 개념이 들어가서는 안 되고, 국가와 정당은 오직 지역 없는 계층·계급이라는 단일한 모순과 이해관계만을 따져야 하고, 자신들의 머릿속엔 오직 계층·계급이라는 단일기준만 들어 있었다면, 왜 그들의 눈엔 새천년민주당의 주된 지지세력이 호남인지, 영남인지, 미아리 주민인지, 말죽거리 주민인지가 그토록 잘 보였을까? 영남사람의 눈으로 영남을 보기 때문이다.

2003년 당시 나는 새천년민주당을 영남사람들도 많이 지지해줬으면 좋겠다고 생각했다. 하지만 그것을 위해 새천년민주당의 역사적 정통성·정당성을 부정하는 차원에서 법통을 단절하고 호남색을 빼서 영남사람들의 지지를 구걸해야 한다는 발상은 상상조차 못 했다. 이런 발상을 노무현은 "전라도당 소리 듣기 싫어서 분당했다"[25]는 발언으로 표현했다고 한화갑이 전한 바 있다. 나는 영남에게든, 일본에게든 그런 식으로 역사의 정의를 구걸해야 한다고는 정말이지 상상조차 못 했다. 그런데 그것을 열린우리당세력은 해낸 것이고, 김보협을 포함한 『한겨레』는 그들을 지지했고, 지금까지 그것을 추호도 후회하지 않는 것이다. 그들은 그런 이데올로기를 가진 노무현의 추종세력, 즉 친노다.

『한겨레』의 김보협은 돌려진 답으로 응수했지만 친노 수장 문재인은 2012년 이미 열린우리당 창당에 대해 사과했다. 얘기가 나왔으니 다시 정확히 인용한다.

"제가 관여했던 일은 아니지만 그 일(민주당과 열린우리당의 분당)이 참여정부의 큰 과오였다고 생각합니다. 호남에 상처를 안겨주고 참여정부의 개혁역량을 크게 떨어뜨렸습니다. 지금도 그 상처가 우리 속에 남아있다는 것을 느낍니다. 제가 사과드리겠습니다."[26]

문재인은 분명히 "호남에 상처를 안겨주"었다고 말했다. 왜 호남에 상처였을까? 열린우리당 창당은 호남인이 생각하는 역사적·민주적·헌법적·도덕적 정통성과 정당성에 대한 배신행위였기 때문이다. 그리고 그것을 인정해 사과한 것이(라고 나는 믿는)다.

뿐만 아니다. 2016년 이번 총선 땐 더불어민주당 대표 김종인은 '선언'의 형식까지 동원해 "이제 더불어민주당에서 '호남불가론'은 사라진 용어가 될 것"[27]이라고 말했다. 김종인은 더불어민주당에 '호남불가론'이 있었다는 것을 인정한 것이다. 나는 한 정당이 이 지경까지 정의를 상실한 속에서도, 그에 반발하는 다른 독자세력이 생겨나지 않을 것이라고 철석같이 믿었다는 게 도무지 믿어지지 않는다. 도대체 어떤 종류의 민주·개혁적 경지에 도달하면 인간이 그런 반민주주의적인 패권주의를 열렬히 지지할 수 있을까?

이제 이 사태를 충분히 정리해놨으니 돌려진 대답 말고 직접 대답할 수 있을 것이다. 김보협이 생각하기에 이 '호남불가론'은 호남을 뺀 게 아니라 넣은 것인가? 그래서 지금까지 더불어민주당을 "욕"하지 않았는가? 만약 김종인의 말을 듣고 보니 '호남불가론'이 있었던 거 같다고 인정한다면 그건 기자로서 사실관계를 인지하지 못한 무능과 책임이 있는 것이고, 여전히 지금도 그런 게 없다고 본다면 김보협의 관점에선 김종인이 "오독 혹은 오도"한 것이다. 그렇다면 김종인의 "오독 혹은 오도"에도 불구하고 더불어민주당(의 김종인)을 "욕"하지 않는 이유는 또 무엇인가?

갈 길은 먼데 얘기가 조금 길어졌다. 그럴 수밖에 없다. 어떤 사람이 '조선이 일본제국에 식민 지배를 당한 건 마땅하다'는 이상한 주장을 하는 건 쉽다. 하지만 그것이 잘못된 주장이라는 걸 입증하는 건 어쩌면 평생이 걸릴 수도 있다. 아마 부족할지도 모른다. 내 글이 친노의 간단하지만 이상한 주장보다 길고 어려워지는 건 그런 이유 때문이다.

이어서 이 주제를 시원하게 마무리지어줄 중문학자 김용옥의 주장도 그런 현실의 대표적 사례다. 『한겨레』는 총선 이후에도 호남의 자유의지와 싸우기를 작정한 듯싶다. 그렇게 호남을 조롱하고 공격해야 호남이 인질로 다시 돌아온다고 믿는 모양이다. 『한겨레』는 대중적 브랜드를 가진 김용옥을 그 수단으로 등장시킨다. 그는 선동적으로 이런 괴이한 소리를 내지른다.

내가 아주 분노하고 있다. 호남인들의 선택에 대해서다. 1980년의 위대한 광주항쟁을 계기로 우리 민족은 민주주의를 쟁취하는 길로 나섰다. 호남이 우리 역사에서 민주의 주체요, 정의의 대들보 노릇을 해주고 있다는 것을 누구라도 인정했다. 그런데 그 호남인들이, 물론 여러 가지 이유를 댈 수 있겠지만, 이번 선거에서 말도 안 되는 모습을 보였다. 나는 같은 동포의 한 사람으로서 가혹하게 질타하고 싶다. 이제 전라도 없이는 민주가 불가능하다는 통념은 박살이 났다. 호남의 지지 없이도 야

당이 제1당이 될 수 있다는 사실은 뭘 의미하냐. 전라도 신화가 깨진 것이다.[28]

아마 이런 김용옥의 괴이한 언설에 열광하고 싶은 사람들이 많을 것이다. 그리고 난 또 숙명처럼 '그것은 괴이한 소리'라고, 조금 길고 어렵게 반박해야 한다. 김용옥은 호남인들의 선택에 "아주 분노"했다는데, 그 이유란 게 호남인들이 "이번 선거에서 말도 안 되는 모습을 보였"기 때문이란다. 무엇이 그에게 "말도 안 되는 모습"으로 비쳤던 것일까? 제시된 구체적 이유는 아무 것도 없다! 다만 어떤 결정적 암시는 있다. 그는 "이제 전라도 없이는 민주가 불가능하다는 통념은 박살이 났다"고 말한다. 아, 그의 말인즉슨 '전라도가 반민주적 선택을 했다'는 주장으로 겨우 해석된다.

김용옥의 증상을 파악했으니 이제 그의 정신상태가 어떤 지경인지 진단해보자. 그가 "이제 전라도 없이는 민주가 불가능하다는 통념" 운운한 것으로 미루어 그도 '우리나라는 아직 민주가 아니다'는 것을 인정한 것으로 보인다. 그렇다면 우리나라는 왜 아직 민주가 아닐까? 보통은 새누리당의 존재 그 자체 때문이라고 생각한다. 그렇다면 그 새누리당을 지지하는 영남세력 등이 바로 반민주의 근원이다. 그런데 김용옥의 사고 속에 영남에 대한 분노와 질타는커녕 영남이라는 개념조차 없다. 오직 민주화의 "신화"와 업보는 호남에 있으며, 설령 새누리당을 찍지 않더라도, 호남이 인질상태를 벗어나 복수정당제 하에서 자유투표를 하면 그건 즉시 책임을 물어야 할 "분노"와 "질타"의 대상이 된다. 이것이 바로 '영남 없는 민주화'라는 정신분열적 이데올로기의 발현이다.

한 걸음 뒤로 물러서보자. 혹 새누리당의 정통성·정당성 문제가 아니라 그 당의 일시적인 정책 때문에 우리나라는 아직 민주가 아니라고 보는 걸까? 그런 사고라면 더 이해하기 힘들다. 호남이 여러 정통성·정당성 있는 정당 중에서 자유롭게 각자 특정 정당을 선택했는데 그것이 그렇게 비난받을 일이었단 말인가? 더군다나 국민의당이 새누리당보다 더 반민주적 정책을 제시했는가? 그래서 영남보다 호남에 더 분노하는가? 원한다면 한걸음 더 뒤로 물러나보자. 혹 분열의 걱정 때문에? 그렇더라도 이상하지 않은가? 분열 걱정을 하는 이유가 뭔가? 새누리당의 승리 가능성 때문 아닌가? 그럼 새누리당의 승리를 바라는 지지자의 결집에 분노하고 질타해야지 애먼 국민의당 지지자에게 분노하고 질타하는 것이 정상적인 정신상태인가? 어떤 경우라도 모두 '영남 없는 민주화'라는 정신분열적 이데올로기의 발현이다.

거의 다 왔다. 최종적으로 "이제 전라도 없이는 민주가 불가능하다는 통념은 박살이 났다"는 김용옥의 발언을 진단해보자. "전라도 없이는" 어디의 민주가 불가능한가? 경상도(패권)의 민주화가 불가능하다. 따라서 말을 정확히 하려면 '이미 민주화된 전라도 없이는 여전히 민주화가 안 된 경상도(패권)의 민주화가 불가능하다는 통념'이라고 해야 한다. 즉 지금까지 민주화된 호남으로 영남(패권)을 민주화시키려 노력해왔지만 잘 안 됐다고 해야 한다.

그렇다면 명제를 이렇게 세워야 한다. '영남(패권)의 민주화 없이는 대한민국의 민주화는 불가능하다!' 새누리당이라는 패권적 정당에 대한 영남의 지지 때문에 대한민국 민주주의가 문제라고 생각한다면 이 명제에 반대하는 사람은 아마도 없을 것이다. 그런데 『한겨레』가 판을 깔아주자, 제멋에 겨운 김용옥은 아직 민주화가 안 된 영남이 아니라 이미 민주화된 호남만을 겨냥하며 분노하고 질타했다. 자, 그러니 이젠 모두가 이렇게 말할 수 있다. '김용옥이 민주주의자라는 통념이 박살이 났다!'

앞에서 나는 영남 없는 민주화를 "노무현에 의해 이미 폐기된 '한나라(새누리)당 해체=민주(선)/반민주(악)'라는 최대강령을 앞세우지만 여전히 반민주 상태에 머물러 있는 영남의 책임은 현실 바깥으로 추상화시키고, 현실 속 민주화의 근원인 호남몰표에만 정치공학적으로 집착하면서 하찮은 권력만을 추구하는 세력의 위선적 이데올로기"라고 정의했다.

이 '영남 없는 민주화' 이데올로기는 문제를 총체적으로 영구히 지연시키는 원인이기도 하다. 우리나라 민주주의는 아직 민주화되지 못한 영남을 어떻게 민주화시킬 것인지, 즉 그들의 새누리당으로의 결집을 어떻게 저지하느냐에 달려 있는 것이지 영남을 제외한 나머지 지역, 특히 호남의 일당독재체제를 어떻게 유지하느냐에 달려 있는 것이 아니다. 물론 노무현의 '한나라당 테제' 이전에는 호남몰표로 '민주(선)/반민주(악)' 투쟁을 성공시킬 수 있다는 꿈이 있었다. 하지만 이제 슬프게도 그런 꿈을 꿀 수 없다. 대한민국은 그저 '민주화 이후의 영남패권주의'라는 과도기를 견뎌내고 있을 뿐이다.

앞으로 호남이 복수정당제를 고수하면 자연스레 우리나라 민주주의의 가능성을 영남에 묻게 될 것이다. 호남의 복수정당제는 우리나라 민주주의의 책임을 이미 민주화된 호남이 아닌 아직 민주화되지 못한 영남에 묻는 방식이기도 하다. 대한민국의 완전한 민주화를 원한다면 호남이 아닌 영남을 민주화시키라는 요구이기도 하다. 노무현의 '한나라당 체제' 이후 영남지지 새누리당 해체라는 최대강령은 폐기됐지만 영남의 복수정당제는 가능하다고 본다. 어차피 '새누리당 해체'라는 꿈이 없다면 영남의 개혁적 지역당에 의한 복수정당제 성립도 과도적으로 유용한 방식이라고 본다.

이제 더 이상 호남이 '민주화의 성지'라는 관념을 악용해 호남을 집권만을 위한 인질로 삼으면서, 그것을 거부하는 호남을 향해 '역사의 죄' 운운하지 말아야 한다. '영남 없는 민주화' 이데올로기는 거짓 정치를 지연시키며 거짓 역사를 만들어갈 뿐이다. 모든 것은 '영남 있는 민주화', 즉 영남의 복수정당제 가능성에 달려 있다. 말을 바꾸면 영남패권주의를 위한 영남의 일당독재체제를 지양하지 못하면 어차피 모든 것이 거짓이고, 모든 것이 불가능하다.

그러므로 최대강령이든 최소강령이든 새누리당과 싸우고 싶다면 그 근원의 지지세력인 영남의 결집과 싸워야 한다. 그건 불가능하다고? 호남의 민주적 분열에 욕을 하는 건 개혁주의자라고 칭찬까지 받으니 너무 쉽지만, 영남의 패권적 결집에 시비 거는 건 빨갱이로 몰릴 수도 있으니 너무 무서워 안 된다고? 그런 싸움을 하면 출세하기도 힘들고, 책도 안 팔리고, 심지어 뉴스도 안 팔린다고? 그렇다면 자신을 민주주의자라고 참칭하면 안 된다. 그리고 그렇다면 어차피 대한민국 민주화는 불가능하다! 여전히 민주화되지 못한 영남과는 싸울 생각조차 못하고, 이미 민주화된 호남하고만 싸우는 것은 역겹기 짝이 없는 '영남 없는 민주화' 이데올로기다. 이것은 최악으로 치닫는 정신분열적 민주화 이데올로기다. 치유해야 한다. '영남 있는 민주화'를 쟁취해야 한다.

# 4

# 그리고 다시 한 번,
# 제도투쟁에 대하여

소설가 장정일은 헌법재판소에 의한 통합진보당 사건을 얘기하면서 독서가다운 톤으로 『아주 낯선 상식』에 대해 이런 코멘트를 남겼다.

시절을 하 수상하게 하는 것은 진보를 진보이게 하는 테제가 사라진 진보 진영과 어떻게든 보수·반공주의 틀 안에서 생존해보겠노라고 진보 정책을 내팽개친 야당이다. 최근 보수 기독교계가 주최한 국회 기도회에서 동성애 차별 금지와 관련된 차별금지법을 "하나님의 이름으로 결코 받아들일 수 없다"고 말한 더불어민주당 박영선 의원이 후자를 입증하고 있다면, 김욱의 『아주 낯선 상식:'호남 없는 개혁'에 대하여』(개마고원, 2015)는 전자의 증상이다. 한국 정치의 주요 모순을 '영남 패권주의(수도권을 지배하는 영남 패권계층＋영남) 대 반영남 패권주의(수도

권의 호남 출신 등 소외계층＋호남 등 소외 지역)'로 설정하고 있는 한, 진
보 정치는 살아나지 않는다.[29]

장정일은 『아주 낯선 상식』을 "진보를 진보이게 하는 테제가 사라
진 진보 진영"의 증상이라고 봤다. 『아주 낯선 상식』과 관련해서만
말하자면 진보라는 관점을 '해산'하니 지역이라는 관점이 '대체' 증상
으로 나타난 거 아니냐는 의미인 듯싶다. 뭐, 세상을 그렇게 보면 그
렇게 보일 수도 있겠다. 한데 난 이런 해석에 '까마귀 날자 배 떨어진
다'는 속담이 가장 먼저 생각났다.

진보든 보수든, 우리가 세상을 제대로 이해하려면 사건과 사건을
끼워 맞추는 것에 재미를 느낄 일이 아니라 사실관계 그 자체를 우선
정밀히 관찰해야 한다. 나는 진보 테제가 사라져 『아주 낯선 상식』처
럼 지역모순을 설정하는 '증상'이 나타났고 그것이 진보정치를 가로
막는 게 아니라, 영남패권주의 강화가 진보 테제를 사라지게 해 『아
주 낯선 상식』 같은 저항이 일어났고 그 저항이 성공해야 오히려 진
보정치를 살려낼 것이라고 본다. 이 문제와 관련해 호남 누리꾼 윤중
대의 발언을 검토할 필요가 있다. 그는 '일베현상'을 이렇게 설명했
다.

온라인 공간에서 호남을 향한 혐오발언이 급증하는 까닭도 여기에
있다. 장기간의 경제 불황과 수도권 집중화로 영남패권 내부에서도 계
급적 분화가 이루어지면서, 영남 지역을 중심으로 하는 청년과 소외계

층에 의한 인종주의적인 반호남 정서가 대두하고 있는 것이다. 이는 경제 사회적 근원을 갖는 기존의 영남패권 체제와는 구별되는, 일종의 유사 파시즘적 현상이다.[30]

문제는 그 다음이다. '영남패권 내부의 계급분화'가 자연스레 계급정당화로 연결되지는 않는다는 점이다. 1930년대 독일이 자연스레 계급정당화되지 않은 것과 같다. 말하자면 우리나라 지역문제는 인종문제가 아니므로 "영국 노동자는 아일랜드 노동자를 대할 때 자신이 지배민족의 일원인 양 생각한다"[31]는 마르크스의 관찰은 무시해도 되느냐는 것이다. 잔혹한 영남파시즘까지 경험한 우리나라에서 지역관념이 어느 날 갑자기 영구히 사라질 것으로 기대하기는 힘들다. 내가 양원제를 주장하는 것도 이런 문제의식 때문이다. 어쨌든 영남패권 내부의 소외계층이 호남·여성·외국인 등에 대한 공격을 강화하는 것으로 파쇼화할 것인지, 계급적 진보를 지향할 것인지는 우리 사회 진보세력의 역량에 달려 있다.

장정일이 지역당이 등장하게 되면 진보정치가 압살될까봐 걱정했던 것이라면 그건 그의 팔자 때문이라고 본다. 영국의 스코틀랜드국민당SNP이 스코틀랜드를 장악했다고 해서 영국 노동당이 압살되고 있다는 얘기는 들어본 적이 없다. 나는 우리나라 진보가 호남 중심의 정당, 혹은 호남당에 적대적인 이유를 지역당이 진보를 압살할까봐 그러는 것이 아니라고 생각한다. 지금까지 그런 '증상'은, 영남(세력)을 상대로는 진보정치를 확장시킬 수 없기 때문에 그나마 운신의 폭을 넓힐 가능성이 있는 호남(세력)을 상대로 반지역당 이데올로기를 공격적으로 내세웠던 것이라고 본다. 말하자면 진보도 예외 없이 '영남 없는 진보(민주화)' 이데올로기의 포로가 되는 '증상'을 보인 것이다.

나는 우리나라에서 아무리 반영남패권주의 지역투쟁을 목표로 하는 지역당이 횡행한다 해도 그것이 진보정치의 압살을 가져올 것이라고는 우려하지 않는다. 오히려 그것은 영남패권주의를 약화시켜 진보의 숨통을 틔어줄 것으로 확신한다. 지역당만 없으면 진보당이 그 자리를 채울 것인데, 지역당 때문에 진보당이 이 지경이라고 생각하는 건 순진한 발상이다. 1990년대 중후반 지역당체제 시절에 나온 황태연의 다음 주장을 통해 상황을 돌이켜보기 바란다.

저항적 지역주의가 대두되기 이전, 즉 1987년 이전에는 충-호남 사람들의 절반 이상이 여당을 지지했(…)다. 따라서 내부식민지민들의 저항적 지역주의가 해체된다면 극우보수적 여당은 이전처럼 충-호남에까지 그들의 정치적 영향력을 확대하여 노동자를 짓누를 것이다. 이렇게 되면 노동자를 짓누르는 한국의 극우보수주의는 난공불락이 된다.[32]

물론 상황은 변한다. 이후 언젠가 제도투쟁을 통해 제도만 제대로 갖춰놓는다면 지역당과 계급당도 얼마든지 연대해 민주주의를 가로막고 있는 영남일당패권체제를 종식시킬 수 있다고 본다. 그리고 그 이상의 진보적 체제변화는 정치발전의 정도에 따를 것으로 기대할 수 있다. 과도적인 지역당의 등장을 '못 볼 꼴을 봤다'는 식으로 두려워하는 것은 정치에 대한 치졸한 이해다. 걱정할 건 '영남패권주의적 반민주 증상'이지 '민주적 지역당'의 등장 같은 게 아니다.

이와 관련해 한 가지 덧붙일 얘기가 있다. 이른바 지역토호세력에 대한 과대망상이다. 대한민국 지역토호세력의 부정적 영향력을 필요 이상으로 강조하는 사람들은 대체로 세상을 구조가 아닌 개인 위주로 보는 사람들이다. 내 개인적 관점이지만, 나는 개개個個 인간의 특성을 부수적으로만 관찰한다. 내게 보다 중요한 문제는 이런 사람 저런 사람이 아니라 그들의 그런 행동을 결정짓는 물질적 운동관계와 그것을 반영하는 구조적 제도다. 예컨대 나는 한반도 남부의 지역토호세력인 인간 박근혜가 어떤 개인적 이익을 추구하는지에 대한 관심보다는 그녀를 만들어내는 정치사회적 이해관계와 구조에 더 관심이 많다.

그런데 정치사회의 구조문제를 언제나 개개 인간의 문제로 치환시켜버리는 관점이 존재한다. 개개 인간의 이해관계가 중요치 않다는 것이 아니라 그 우연적인 개인의 이해관계 너머의 정치사회 구조적 동인을 놓쳐버리는 것이 문제라는 의미다. 예컨대 문재인은 선거를 앞둔 결정적 시점에 논란 많은 광주를 방문해 '선언'이라면서 이런 관점을 포함시킨다.

호남을 볼모로 자신의 기득권에만 안주했던 구시대적 정치, 호남 민심을 왜곡해서 호남을 변방에 가두어 두려는 분열적 정치인. 여러분들은 그런 정치인들에 대한 강한 교체 의지를 가지고 계실 겁니다. 더불어 민주당의 후보들을 통해 바로 그런 구시대적, 분열적 정치인을 심판할 수 있습니다. 호남인에게 지역 정당이란 불명예를 안기면서까지 그들만의 영달을 쫓는 세력이 이 신성한 호남 땅에서 더 이상은 발붙이지 못하도록, 더불어 민주당의 모든 호남 후보들은 끝까지 싸워 나갈 것입니다. 시민 여러분이 그들에게 힘을 주십시오.[33]

문재인은 지금 반영남패권주의에 대한 호남의 반발을 "호남 민심을 왜곡해서 호남을 변방에 가두어 두려는 분열적 정치인", 즉 "그들만의 영달을 쫓는 세력"의 문제로 치환해버린다. 이렇게 구조를 외면하는 인간적 관점에 맞닥트리면 더 이상 대화불능이다.

거기에서 끝나지 않는다. 예컨대 구조의 문제를 우연적인 개개 인간의 문제로 치환하는 순간 당장 이런 반격을 당하게 된다. 문재인은 더불어민주당의 기득권을 유지해 권력을 잡으려는 대통령병 환자인가? 노동조합의 대표는 자신의 개인적 영달을 위해 노동자들의 고통을 이용하는 기득권세력인가? 김대중은 호남을 변방에 가두고 호남기득권을 유지했던 호남대통령이었는가? 김구는 식민지권력을 대변하는 기득권을 누렸는가? 이런 관점에서는 모든 조직의 수장은 수장이 되는 순간 바로 공격받아야 할 기득권세력이 된다. 이른바 지역토호든 중앙정치인이든, 개인 차원의 기득권이 궤도를 벗어난 문제라면 그건 법적으로 처리하면 될 일이다. 그게 아니라면 인간의 활동은 합리적 제도와 선택 속에서 이해해야 한다.

사실 이번 4·13 총선에서 지겹게 들은 프로파간다가 바로 위 문재인의 선언에 모두 함축돼 있다. 그의 세상 이해의 한계다. 당연히 문재인의 주장은 이유 있는 반격을 당한다. 천정배는 이렇게 응수했다.

"툭하면 지역주의라고 하거나, 호남이 변방이 된다거나, 고립된다거나, 호남정치인들이 기득권을 지키려고 한다거나 하는 식의 상투적인 비판은 우리에겐 적용되지 않는다. (…) 특정지역의 희생에 의해 이뤄지는 정권교체는 정의가 아니다. 야당 내의 패권세력을 우리가 밀어봤자, 복종해봤자 그것은 정권교체도 불가능하고 그렇다고 호남의 정당한 이익도 지킬 수 없다."[34]

정리하면 영남패권주의라는 구조적이고 장기적으로 누적된 호남의 불만에 대해 문재인은 개개 호남정치인이 기득권과 영달을 좇아 선동적으로 만들어내는 허상으로만 보고 대응했다. 단순히 선거전략상의 문제였을까? 아니다. 그건 내가 투항적 영남패권주의세력으로 규정했던 친노가 호남의 반영남패권주의 투쟁에 대응하는 정형화된 이데올로기다. 예컨대 2015년, 분당이 있기 훨씬 전에도 조국은 호남민심을 이런 식으로만 진단하고 대책을 제시했다.

결론적으로 호남 민심은 새정치연합 내부 '친노 기득권'에 비판적이면서도 '호남 기득권'의 청산 역시 강력 희망한다. (…) 그런데 문제는 노선 차이가 아닙니다. 기득권이 문제입니다. 특히 각 계파는 기득권 유지

및 확장을 위하여 호남 민심 중 일부만을 부각해 싸우고 있습니다. 김대중과 노무현 모두의 성과를 끌어안고 과오를 극복하면서 무능과 부패로 점철된 박근혜 정권과 싸워야 할 제1야당이 '친김대중'과 '친노무현'으로 갈라서서 상대를 비방하는 퇴행현상이 재현되고 있습니다.[35]

조국의 호남민심 진단은 오직 기득권과 개개 인간의 공천문제 등에만 집중돼 있다. 이런 시각으로는 왜 "'친김대중'과 '친노무현'으로 갈라서서" 싸움이 일어나고 있는지 이해할 수가 없다. 그는 그것이 그저 개개 인간의 (기득권 유지와 공천이라는) 이해관계와 관련 있다고만 생각할 것이다. 그러니 국민의당이라는 분당사태가 왜 일어났는지 이해할 수가 없는 것이다. 그저 "김대중과 노무현 모두의 성과를 끌어안고 과오를 극복하면서 무능과 부패로 점철된 박근혜 정권과 싸워야 할 제1야당"이라는 허망하기 짝이 없는 기도만 한다. 이런 기도가 이루어지지 않는다면 그건 개개 인간의 욕심과 기득권 때문인 것이다. 너무나 상투적인 세상이해다.

물론 정치인들이 민심과 유리되면서 싸우는 경우도 흔하다. 하지만 그리고 싶은데 민심의 등에 올라탈 수가 없어서 그런 식으로는 싸우지 못하는 경우가 훨씬 더 많다. 즉 민심을 선동해 싸운다기보다는 민심의 등에 올라타 싸우는 것이다. 선동이라면 둘째가라면 서러울 히틀러도 민심의 등에 올라탔다고 봐야지 자신의 개인적 이해관계를 위해 선동으로 민심을 하늘에서 뚝 만들어냈다고 보는 것은 세상을 완전히 거꾸로 보는 것이다.

그런데 조국식으로 세상을 보면 선동은 너무 쉽다. 그게 지역주의 선동이라면 더욱 쉽다고 볼 것이다. 우리는 물어야 한다. 그렇게 지역주의 선동이 쉽다면 왜 호남은 노무현 이후 지금까지 13년 동안을 그 쉬운 지역주의를 폭발시키지 못하고 일당독재체제 속에서 살고 있었을까? 왜 지금인가? 지역주의 선동이든, 계급 선동이든, 전쟁 선동이든 다수가 그 선동에 반응하는 데는 모두 이유가 있다. 설령 어떤 주장을 정치인들의 선동으로 치부한다 하더라도, 그것은 언제든지 필요할 때마다 곳간에서 꺼내 쓰는 손쉬운 악마가 아니다.

그런 개개 인간 얘기가 듣기에 재미있을지는 몰라도 사태의 본질이 따로 있는 경우가 대부분이다. 조국은 나의 독일식 비례대표 내각제 주장도 이런 식으로 관찰한다.

"이 맥락이 첫째는 자신들의 공천 기득권, 현역 기득권을 영구히 보장하려면 뭐든지 한다는 게 있는 것 같고요. 두 번째는 김욱 교수님 말씀과 관련해서 보게 되면, 그걸 추진하는 입장으로 봐서는 그런 식의 (현재 현) 제도 이전에 사람의 문제인데, 그 사람은 일정지역의 현역의 원들이 있을 때만 그게 가능한데 그 분은 호남지역 외에는 지금 없는 것 아닙니까? 그분들 입장에서는 수도권에서 안정적 세력이 유지되지 않으니까, 그거를 뭐 영남패권주의다 뭐 여러 가지 이데올로기로 포장을 해서 호남현역분들을 강고하게 뭉칠 수 있고, 기득권세력을 뭉치려면 그러한 이론적 틀이 필요했던 게 아닌가 생각합니다."[36]

조국에 따르면 사태의 본질은 언제나 정치인들의 공천권·기득권
이다. 적어도 그런 문제에 대한 의심이 항시 우선이다. 심지어 나의
반영남패권주의 투쟁 주장도 "기득권세력을 뭉치려면 그러한 이론적
틀이 필요했던 게 아닌가 생각"한다는 식으로 거꾸로 치부한다. 그는
단 한 번도 영남패권주의라는 게 실제로 있어서 정치인들이 공천권
다툼을 계기로 그런 이슈를 선점하는 게 아닌가 하는 의심을 한 적이
없다. 한마디로 조국 등 친노세력은 영남패권주의를 개개 정치인들
의 사적 이해관계를 위한 선동수단으로만 이해하려 한다. 하지만 나
는 정치인들의 그런 사적 이해관계조차도 실재하는 반영남패권주의
민심의 등 위에서 공적으로 실현될 수밖에 없다고 본다. 나도 친노식
으로 말한다면, 친노의 그런 음모론적 태도야말로 그들 친노가 문제
를 회피해 '자신들의 기득권'을 유지하는 전형적인 방식이다.

이상의 정치철학적 관점을 반영해, 나는 『아주 낯선 상식』에서 호
남에서의 복수정당제 쟁취와 독일식 비례대표 내각제로의 개헌을 제
도개혁 방안으로 제시했다. 호남에서의 복수정당제 쟁취는 4·13 총
선을 통해 이뤄졌다. 문제는 국가적 차원의 독일식 비례대표 내각제
의 쟁취인데, 물론 이는 간단한 문제가 아니다. 그것은 거의 1987년
수준의 투쟁을 요구할지도 모른다.

하지만 여소야대 상황에서 많은 국민들이 적극적으로 원한다면 생
각보다 좋은 기회가 찾아올지도 모른다. 스스로를 진보주의자라고
생각하는 세력도 그 길만이 '지역과 계급의 이중모순'을 풀 수 있는
유일한 방법이란 데 대해서는 동의할 것이다. 그러니 '영남 없는 민주

화' 이데올로기에 지배받으며, 부정의하게 호남을 공격하는 데 역량을 쏟을 일이 아니라 함께 개헌투쟁에 동참해야 할 것이다. 영남패권주의를 장기적으로 뒷받침해온 현 영남패권주의 선거제도는 어쨌든 폐기돼야 한다. 그것은 민주주의 제도가 아니다.

# 2017년 대통령선거 혹은 개헌에 대하여

우리나라 헌법의 권력구조 규정은 독특하다. 좋게 말해 독특한 것이고 나쁘게 말하면 이런 권력구조로도 나라가 평화롭게 유지되고 있는 게 신기하다. 사실 그냥 유지되고 있을 뿐, 그 독특한 헌법이 영남패권주의세력을 만들어내는 바탕이 되고 있는 걸 생각하면 신기하다기보다는 착잡하다.

우리 헌법의 권력구조의 주요 특징은 ① 5년 단임 대통령제와 그와 어울리지 않는 국회 동의 총리제 ② 단원제 국회 ③ 대통령과 국회의원 선거 시기의 엇갈림 ④ 대통령선거의 결선투표와 비례대표의원 정원의 비非규정 등이다.

이 규정들은 어떻게 영남패권주의에 복무하는가? 우리나라 영남패권주의가 반민주적이라는 것은 단지 그들이 지역적 결집을 기반으로 권력을 행사하는 게 싫다는 말이 아니다. 지역적 결집이든 계급적 결집이든, 민주주의는 "민주적 기본질서"(헌법 제8조 제4항)에 벗어나지 않는 한 모든 정치세력에 대해 그에 상응하는 권력지분을 공평하게 보장해야만 한다. 이 전제를 벗어나면 그건 곧 민주주의를 벗어났다는 의미다.

그런데 영남패권은 이 전제를 벗어나 행사된다. 『아주 낯선 상식』에서 밝힌 대로 새누리당(계열)은 수십 년간 정당지지율을 훨씬 웃도는 의석점유율로 대한민국의 다른 정파를 지배해왔다. 대통령선거도 사정은 마찬가지다. 따라서 나는 그 권력의 내용을 따지기 전에 그 권력 자체의 민주적 정당성을 인정할 수 없다. 우리가 지배당하는 영남패권은 헌법이 반민주적제도 실행을 방조해서 생겨난 괴물일 뿐이다.

2017년엔 다시 대통령선거가 있다. 반영남패권주의 투쟁 차원에서 이에 대응할 수 있는 방법은 아주 제한적이다. 개헌까지를 함께 염두에 두고 '민주적'으로 영남패권주의에 대응할 수 있는 경우의 수를 제시한다.

**1) 현행 대통령선거제도를 전제한 '후보단일화'의 경우**

2017년 대선에서도 우리는 아주 익숙한 장면을 보게 될 것이다. 1987년 이후로 반복된 단일화 이벤트다. 주로 현 야권의 문제로 제기됐지만, 그것은 성공했든 실패했든 헌법의 제도미비 때문에 발생하는 문제를 현실에 감당시키는 통과의례다. 형식적 의미에서 볼 때,

그것은 기본적으로 후보(혹은 정파)의 피선거권을 침해하는 위헌적 발상이다. 여기서 반복 설명하지 않는다.

지금까지의 후보단일화에는 그보다 더한 반민주적 내용이 내재돼 있다. 그것은 후보단일화를 특정 후보의 '정치적 양보' 차원에서만 이해하려 한 것이다. 이는 한 정파를 대표하는 후보의 문제를 후보 개인의 문제로 치환하는 발상이다. 어떤 개인이 개인만을 대표한다면 언제, 누구에게라도 양보할 수 있다. 하지만 한 정파를 대표하는 후보 개인은 독단적으로 '양보'를 결정할 수 없다. 더군다나 그 양보는 존재하지도 않는 최대강령 '민주(선)/반민주(악)'의 이름으로 강요될 것이며, 희생하지 않으면 '역사의 죄'를 짓는 것이라 운운하게 될 것이다. 한 정파에게 어떤 정치적 보상도 없이 '특별한 희생'을 요구하는 것은 두 말할 것도 없이 반민주적 폭압이다.

우리나라가 대통령제 국가임에도 불구하고 후보단일화 필요성이 심각하게 제기되는 것은 우리 정치상황이 근원적으로 연정이 필요한 상황이라는 것을 의미한다. 실제 정치상황을 현행 헌법이 담아내지 못하니 그것을 현실적인 편법으로 해결하려는 고육지책인 것이다.

하지만 그 고육지책이 불가피하다면 그것은 이제 개인의 양보나 은밀한 뒷거래가 아닌 공개적인 합의로 전환해야 한다. 헌법 개정이 힘들어서 내각제를 도입하기 힘들다면 실질적으로 그 단일화 합의를 내각제 방식으로 운용해야 한다. 예컨대 더불어민주당과 국민의당이 내년 대선에서 후보단일화를 해야 한다면 '보상 없는 특별한 희생'이나 은밀한 뒷거래가 아닌 공개적이고 투명한 내각제적 합의를 해야 하고, 그것을 비난하지 말아야 한다는 의미다. 그것이 현 조건에서 민주주의 정신을 실현하는 길이다.

이제 정치공학적인 판단이 남았다. 만약 더불어민주당과 국민의당이 그런 공개적인 합의를 한다 해도 합의된 단일후보를 지지하지 않을 유권자가 발생한다. 이 또한 불가피하다. 과거 정동영 출마 땐 친노의 비토만이 문제됐지만, 앞으로는 호남의 비토도 반드시 문제될 것이다. 그러므로 후보단일화가 만능이라는 생각은 근거 없는 낙관이다. 그 낙관을 현실화하려면 그에 대한 대비책을 찾아야 할 것이다.

### 2) 현행 대통령선거에서 결선투표제만 도입할 경우

현행 대통령선거제도를 유지한 채 개헌 없이 입법으로만 결선투표제를 도입할 수 있을까? 헌법해석상 난점이 있다.

우리 헌법상 대통령선거 당선자가 반드시 과반수를 채워야 하는지에 관한 규정은 없다. 공직선거법으로 "유효투표의 다수를 얻은 자를 당선인으로 결정"(제187조 제1항)한다고 규정했을 뿐이다. 하지만 헌법상 "최고득표자가 2인 이상인 때에는 국회의 재적의원 과반수가 출석한 공개회의에서 다수표를 얻은 자를 당선자로 한다"(제67조 제2항)는 규정이나, "대통령후보자가 1인일 때에는 그 득표수가 선거권자 총수의 3분의 1 이상이 아니면 대통령으로 당선될 수 없다"(제67조 제3항)는 규정을 감안할 때 결선투표제도를 개헌사항이 아니라 입법사항이라고 보는 것은 상당한 무리가 있다. 두 헌법조항 모두 과반

미달 당선자를 예정하고 있으며, 더군다나 국회 결선투표의 경우에도 과반 의결정족수를 요구하고 있지 않기 때문이다.

물론 헌법이 과반수 미달 당선자'도' 예정하고 있다고 해서 법률로 과반수 당선자를 규정하는 것을 금하는 건 아니라고 주장할 수는 있다. 그리고 법률로 1인 후보의 과반수 당선을 규정해도 그건 당연히 "3분의 1 이상" 규정에 어긋나는 것이 아니라고 우길 수도 있다. 하지만 애초에 그런 식으로 과반수를 강제하는 것이 헌법정신이냐는 의문이 남는다. 아무래도 무리한 헌법해석으로 생각된다.

설령 결선투표제 도입이 개헌 없이 가능하다고 해도 나는 그것이 민주주의라는 관점에서는 차악次惡이라고 생각한다. 그것은 강제적·합법적으로 한 정파에게 패권을 보장해주는 것이다. 이는 결선투표제 없이 정파 간 지분합의를 통해 후보단일화를 이루는 것보다 민주주의 관점에서는 후퇴한 것일 수 있다. 나는 더불어민주당이든 국민의당이든 한 정파가 결선투표를 통해 설령 새누리당을 이긴다고 해도 그것은 반민주적인 패권의 실현이라고 본다.

우리나라 국민은 독재권력에 대한 향수 때문인지, 아니면 강력한 패권으로 북한과 대결해야 한다는 생각 때문인지, '합리적인 나눠먹기'에 대한 명분상의 거부감이 너무나 강한 편이다. 말하자면 혼자 다 먹어야 정치도덕적인 정의의 실현이라는 것이다. 21세기 복지국가를 지향한다면 권력의 나눠먹기가 전제돼야 한다. 나는 권력을 혼자 먹으려는 정파가 부富의 나눠먹기를 잘할 수 있으리라고 기대하지 않는다.

### 3) 천당과 지옥으로부터 동시에 유혹받는 내각제 개헌의 경우

국민들은 개헌을 얘기하면서 그냥 '내각제'라고만 주장하는 정파를 조심해야 한다. 현 선거제도 하에서 그냥 내각제를 실현하면 그건 지옥으로 가는 입구에 들어선 것이다. 그런 주장은 현 우리나라의 반민주적인 영남패권주의적 선거제도를 이용해 일본 자민당식 영구집권을 획책하겠다는 의미다.

내가 주장하는 건 독일식 비례대표 내각제다. 일본식 내각제와는 천당과 지옥 사이만큼이나 먼 거리에 있는 제도다. 이는 최근엔 많이 알려져 있어 반복설명하지 않겠다. 간단히 말해 정당지분만큼 의석점유율을 보장해주는 민주주의적 제도다. 새누리당에서는 정변 차원의 변화가 없는 한 결사반대할 것이다. 그러니만큼 현 야권은 반드시 쟁취해야 한다.

다만 한 가지, 대통령선거에서는 결선투표를 시행하고, 국회의원 선거제도에는 정당명부식 비례대표제를 채택하자는 견해가 있다. 위험천만한 생각이다. 우리나라는 이런 식의 상상적 조합으로 여소야대 정국을 효율적으로 돌파할 정치적 역량이 아직은 없는 나라다.

어쨌든 만약 독일식 비례대표 내각제를 쟁취할 수 있다면 우리나라 정치는 이상향으로 갈 수 있는 기회를 잡은 것이다. 나는 그것이 불가능한 꿈이라고만은 생각하지 않는다.

## 4) 다이너마이트를 안고 갈 이원정부제 개헌의 경우

이원정부제二元政府制는 기본적으로 외교·국방·통일·비상대권 등은 대통령이, 내정은 총리가 맡는 형태다. 한데 이는 정략적인 관점에서 논의될 가능성이 매우 큰 제도다. 물론 이 제도가 이상한 정부 형태는 아니다. 문제는 두 정당이 대통령과 내각을 각각 집권하는 이른바 '동거정부' 형태를 우리나라가 소화할 수 있는 정치적 역량이 있느냐다. 불가능한 건 아니겠지만 아직은 위험하다고 본다.

하지만 여기서도 내 주된 관심은 이원정부라는 권력배분이 아니라 그 권력을 만들어내는 제도에 있다. 즉 내각을 구성하는 선거제도가 독일식 비례대표제냐, 현행 우리나라식이냐에 따라 그 민주적 성격은 다시 천당과 지옥 사이를 헤매게 될 것이다.

정치공학적 의미에서 이 제도는 정치인들이 권력을 나눠 집권하면서 자신들의 일자리를 넓히는 관점에서 논의될 가능성이 가장 큰 제도다. 예컨대 반기문을 대통령으로 하고, 내각은 새누리당 의원들이 장악하는 꿈이다. 그들이 무슨 꿈을 꾸든 국민들의 관심은 국회의원 선거를 독일식 비례대표제로 하느냐 아니면 현행 유사 제도를 하느냐, 대통령 결선투표가 있느냐 없느냐만 관찰하면 된다.

나는 만약 이 제도가 독일식 국회의원선거제도가 아니라 현행 유사 선거제도를 유지하면서, 동거정부 형태까지 되는 경우 다이너마이트를 안고 가는 제도라고 생각한다. 이 음모친화적 제도는 그 제도적 음모가 뭔지를 날카롭게 지켜봐야 한다.

### 5) 새누리당 대선 승리로 여소야대 정국이 지속될 경우

현 체제로 새누리당이 대선에서 승리할 경우, 새 정부에서도 여소야대가 2년여 더 지속된다. 새누리당은 현 상황에서도 그러겠지만, 새 정부가 들어서면 더욱 여소야대를 타개하기 위해 야권에 연정을 제의할 가능성이 있다.

만약 더불어민주당이 연정을 받아들이면 3당합당의 재현이 될 것이다. 이미 역사적 경험이 있으니 자세히 재론할 필요는 없다. 한편 국민의당이 연정을 받아들이면 어떤 일이 벌어질까? 자멸할 것이다. 그 이유는 이렇다.

우선 호남은 새누리당과의 연정을 이해하지 못한다. '새누리(한나라)당 해체'라는 최대강령은 노무현에 의해 이미 폐기됐다. 하지만 호남유권자는 아직 동의하지 못한다. 즉 '아직' 새누리당과 수교한 상태가 아니다. 새누리당과 아직 수교하지 않은 지역의 절대적 지지를 받는 정당이 제멋대로 새누리당과 연정을 하는 것은 호남과 인연을 끊겠다는 의사표시다. 새누리당과의 연정은 호남의 동의를 반드시 필요로 한다. 아마 그 동의가 있다면 대한민국 정치체제는 후천개벽이 될 것이다.

다음은 전략적인 관점이다. 연정에 참여하는 것은 정부의 책임을 함께 지는 것이다. 따라서 국민의당이 원치 않는 정책도 함께 해야 한다. 원하는 정책만 캐스팅보터 지위를 활용하면서 국민의당이 생각하는 입법에 대해 주도적으로 최선·최대의 압박을 가할 수 있는

데, 원하지 않는 정책 사안까지 함께 책임을 지며 굳이 새누리당과의 연정으로 운신의 폭을 좁혀야 할 이유가 뭘까? 장관 몇 자리 때문에? 그 외 떡고물이 좀 탐나서? 지지자들에게 그렇게 보인다면 그 날로 끝이다.

나는 이 책에서 많은 이야기를 했다. 하지만 그 많은 이야기도 이 세상에 돌아다니는 무수히 많은 이야기들에 비하면 바닷가의 모래 한 알에 불과할 것이다. 불행하게도 그 모래의 거의 전부는 꿈을 꾸는 사람들이 듣고 싶은 이야기들로만 가득차 있다. 그런 책들이 세상의 진실을 대신할 수는 없다. 그런 책들 속의 이야기들을 현실이라고 믿고 싶었던 돈키호테는 나중에 어떻게 됐을까? 그는 조카딸에게 이런 유언을 남기며 죽었다.

이제 나는 자유롭고 맑은 이성을 갖게 되었구나. 그 증오할 만한 기사도 책들을 쉬지 않고 읽은 탓에 내 이성에 내려앉았던 무지의 어두운 그림자가 이제는 없어졌거든. 그 책들이 가지고 있는 터무니없음과 속임수를 이제야 알게 되었단다. 이러한 사실을 참으로 늦게 깨달아, 영혼의 빛이 될 다른 책을 읽음으로써 얼마간이라도 보상할 수 있는 시간이 조금밖에 남지 않았다는 것이 단지 원통하구나.[1]

우리는 모든 이야기들을 의심해야 한다. 특히 지배이데올로기에 물든 상식적인 책들을 의심해야 한다. 나 역시 내 책에 대한 맹목적 신뢰를 요구하지 않는다. 내가 바라는 것은 오직 한 가지다. 이 세상을 있는 그대로 자신의 눈으로 보라는 것이다. 그러면 지금까지 보지 못했던 새로운 세상이 눈앞에 나타날 것이다. 그 세상은 당신에게 '있는 것은 있는 것이고, 있어야 할 것은 있어야 할 것이다'라고만 말할 것이다. 거기서부터 시작하면 된다. 그렇게 열린 세상이야말로 아무도 당신에게서 빼앗지 못할 당신만의 자유로운 세상이 될 것이다.

이번 4·13 총선은 모두가 놀란 낯선 선택이었다. 하지만 그것은 우리들 정치적 삶의 누적된 진실을 자연스레 드러냈을 뿐이다. 이제 우리는 그 드러난 정치상황을 과학적으로 이해하고, 그것을 토대로 내일의 삶을 위해 노력해야 한다. 지배이데올로기에 갇힌 맹목적 기도로 과학적 분석을 대신해서는 안 된다.

나는 우리나라 현 정치상황을 ① 계층·계급적 이해관계 표출을 왜곡하는 새누리당 영남패권주의체제 하에서, ② 노무현은 '한나라(새누리)당 해체'라는 최대강령을 이미 폐기하고 투항했지만, ③ 호남은 새누리당 정당승인을 아직 하지 않고 있으며, ④ 친노세력은 마치 '새누리당 해체'라는 최대강령이 여전히 존재하는 것처럼 '민주(선)/반민주(악)' 전선을 내세워 세상을 속이면서, 호남이 새누리당 정당승인을 아직 하지 않고 있는 정황을 이용해 호남겁박으로 권력만을 추구하고 있는데, ⑤ 대한민국은 '영남 없는 민주화'라는 영남패권주의 투사 이데올로기에 지배당한 채 '여권(영남)결집'이 아닌 '야권(호남)분열'만을 비난하고 있다고 이해한다. 따라서 나는 호남정치가 영남 대통령후보를 세워 '호남몰표'로 뒷받침해 '대리집권'을 하려는 전략에서 탈피해 ① 호남에서 모든 정당을 경쟁시키는 복수정당체제를 유지하고, ② 독일식 비례대표 내각제를 쟁취해 영남패권주의를 극복함으로써 진정한 민주주의를 쟁취해야 한다고 주장한다.

이상은 모두가 알고 있지만 차마 아무도 말하지 못하는 불편한 정치적 진실이자 소박한 민주적 주장일 뿐이다. 어쨌든 나로선 이 뻔한 진실을 입증하는 것이 저 번쩍거리는 물건이 '맘브리노의 투구'가 아니라 '세숫대야'임을 입증하는 것만큼이나 힘든 일이었다. 그리고 더 이상의 혜안이 필요한 주장 또한 내 능력 범위 밖의 일인 듯싶다. 그러니 나로선 이것으로 충분하다. Q.E.D!

## 머리말

1 미겔 데 세르반테스 사아베드라, 안영옥 옮김, 「돈키호테1」, 열린책들, 2014, 127쪽.

2 미겔 데 세르반테스 사아베드라, 안영옥 옮김, 「돈키호테1」, 열린책들, 2014, 291쪽.

3 미겔 데 세르반테스 사아베드라, 안영옥 옮김, 「돈키호테1」, 열린책들, 2014, 366~367쪽.

## 프롤로그

1 중앙선거관리위원회, http://info.nec.go.kr. 이하 도표 중 세대별 투표율만 제외.

2 2016년 방송3사 출구조사는 「2030의 '선거 반란'」, 인터넷 「한겨레」, 2016년 4월 14일; 2012년 실제투표율
은 중앙선거관리위원회, 「제19대 국회의원선거총람」, 중앙선거관리위원회 선거1과, 2012, 427, 434쪽.

3 중앙선거관리위원회, http://info.nec.go.kr.

4 「[사설] 호남의 선택을 주목한다」, 인터넷 「경향신문」, 2016년 4월 8일.

5 「문재인 "2% 부족했지만 새로운 출발 될 것"」, 「뉴시스」, 2012년 12월 20일.

## 1장

1 칼 마르크스, 김호균 옮김, 「서문」, 「정치경제학 비판을 위하여」, 중원문화, 1988, 7쪽.

2 김욱, http://blog.aladin.co.kr/kimwook/8299076

3 「노무현-이인제, 대조적인 승부수 97년 대선후보로 '맞대결' 벌일 뻔」, 《오마이뉴스》, 2003년 1월 11일.

4 유시민, 「김근태 의원님, 개혁신당은 분열이 아닙니다」, 《오마이뉴스》, 2003년 5월 16일.

5 노무현, 「지역구도 등 정치구조 개혁을 위한 제안: 당원동지 여러분께 드리는 글」, 《프레시안》, 2005년 7
월 28일.

6 「노대통령 "선거에 걸림돌 된다면 당 비판 감당"(종합)」, 「연합뉴스」, 2006년 8월 27일.

7 「노대통령-광주전남 언론인간담회 전문」, 인터넷 「한겨레」, 2003년 9월 17일.

8 김욱, 「'노무현 이데올로기'를 죽여야 세상이 바뀐다!」, 《프레시안》, 2016년 2월 17일.

9 김욱, 「아주 낯선 상식」, 개마고원, 2015, 35쪽.

10 「[전문] 노 대통령·대구경북 언론인 만남 "요즘 대구가 어렵죠?"」, 《오마이뉴스》, 2003년 8월 19일.

11 김욱, 「아주 낯선 상식」, 개마고원, 2015, 61쪽.

12 유시민, 「김근태 의원님, 개혁신당은 분열이 아닙니다」, 《오마이뉴스》, 2003년 5월 16일.

13 「[속보] 김한길, 총선 불출마 선언 "야권연대 불발 책임"」, 인터넷 「한겨레」, 2016년 3월 17일.

14 「최재천 "천, 처음에 안 빼고 더민주와 통합까지 거론"」, 『연합뉴스』, 2016년 3월 15일.

15 「김종인, 야권통합 전격제안…"탈당한 분들 명분 사라져(종합)」, 『연합뉴스』, 2016년 3월 2일.

16 「김종인, 야권통합 전격제안…"탈당한 분들 명분 사라져(종합)」, 『연합뉴스』, 2016년 3월 2일.

17 「[단독|인터뷰 전문] 더불어민주당 김종인 비상대책위 대표」, 인터넷 『중앙일보』, 2016년 3월 7(수정8)일.


## 2장

1 「천정배, 열우당 창당 사과…"호남정치 부활로 빚 갚을 것"」, 『뉴스1』, 2015년 12월 29일.

2 「천정배, 신당 주도권 안철수한테 뺏길라…뜬금없는 '과거사 사과'?」, 인터넷 『머니위크』, 2015년 12월 28일.

3 「천정배 국민회의 창당준비위원장, 12년 전 '케케묵은 과오' [끄]집어낸 이유」, 인터넷 『머니위크』, 2015년 12월 29일.

4 「천정배, 내일 광주서 열린우리당 창당 주도 사과 회견(종합)」, 『연합뉴스』, 2015년 12월 28일.

5 「천정배, 내일 광주서 열린우리당 창당 주도 사과 회견(종합)」, 『연합뉴스』, 2015년 12월 28일.

6 「"참여정부 과오 사과"…호남에 고개 숙인 문재인」, 《오마이뉴스》, 2012년 9월 27일.

7 「[종합] 민주 대선후보 토론회 '기싸움' 치열」, 『뉴시스』, 2012년 7월 23일.

8 「"민주당, 70% 내주겠다는 각오로 통합 나서야"」, 인터넷 『한겨레』, 2011년 8월 8일.

9 「"민주당, 70% 내주겠다는 각오로 통합 나서야"」, 인터넷 『한겨레』, 2011년 8월 8일.

10 「문재인 "승리의 그릇에 민심 담아야한다" 야권연대 재촉구」, 인터넷 『국민일보』, 2016년 3월 29일.

11 김종구, 「[김종구 칼럼] 정치인의 얼굴, 그리고 거울」, 인터넷 『한겨레』, 2016년 3월 30(수정31)일.

12 「[사설] 편파 선거방송, 이대로 방치해야 하나」, 인터넷 『한겨레』, 2016년 4월 5일.

13 김의겸, 「호남 자민련이라고요? DJ가 하늘에서 통곡합니다」, 인터넷 『한겨레』, 2016년 1월 10일.

14 김욱, 「분열하면 안 된다고요? 노무현이 하늘에서 웃겠습니다」, 인터넷 『한겨레』, 2016년 1월 15일.

15 「더 이상 '인질'로 살기 싫다」, 인터넷 『시사IN』, 제435호, 2016년 1월 11(승인20)일.

16 굽시니스트, 「[본격 시사IN 만화] 아주 쉬운 상식」, 인터넷 『시사IN』, 제441호, 2016년 2월 23(승인29)일.

17 김욱, http://blog.aladin.co.kr/kimwook/8373795

18 장은주, 「호남이 '세속화' 되어야 한다고?」, 《프레시안》, 2016년 1월 28일.

19 김욱, 「선거 전엔 '호남 몰표'! 선거 후엔 '호남 없는 개혁'?」, 《프레시안》, 2016년 2월 2일.

20 장은주, 「영남 패권, 새누리당 고립으로 죽이자」, 《프레시안》, 2016년 2월 15일.

21 정희준, 「'친노'도 '영남 패권'도 없다! 문제는 '서울'!」, 《프레시안》, 2016년 2월 10일.

22 김욱, 「'노무현 이데올로기'를 죽여야 세상이 바뀐다」, 《프레시안》, 2016년 2월 17일.

23 정희준, 「왜 호남은 노무현을 증오하는가?」, 《프레시안》, 2016년 2월 29일.

24 주동식, 「'영남 패권'은 히로뽕, '친노 패권'은 헤로인!」, 《프레시안》, 2016년 3월 7일.

25 「이윤석 발언논란, '해명 NO' 도대체 하고자 한 말 뭐였나」, 인터넷 『스포츠투데이』, 2015년 12월 15일.

26 「이윤석 '야당은 전라도당' 발언 논란에 함께 출연한 이준석 "앞뒤 잘라 비판한 것"」, 인터넷 『스포츠경향』, 2015년 12월 15일.

27 「이윤석 발언논란, '해명 NO' 도대체 하고자 한 말 뭐였나」, 인터넷 『스포츠투데이』, 2015년 12월 15일.

28 「'강적들' 이윤석 '전라도·친노당' 발언 공식사과 "신중치 못한 발언"」, 『동아닷컴』, 2015년 12월 15일.

29 「문재인 "2% 부족했지만 새로운 출발 될 것"」, 『뉴시스』, 2012년 12월 20일.

30 「"진보통합, '최악의 시나리오'로 가고 있다"」, 《프레시안》, 2011년 11월 20일.

31 박광희, 「[메아리] 실체 없는 호남홀대론」, 인터넷 『한국일보』, 2016년 4월 8일.

32 박광희, 「[메아리] 실체 없는 호남홀대론」, 인터넷 『한국일보』, 2016년 4월 8일.

33 박광희, 「[메아리] 실체 없는 호남홀대론」, 인터넷 『한국일보』, 2016년 4월 8일.

34 박광희, 「[메아리] 실체 없는 호남홀대론」, 인터넷 『한국일보』, 2016년 4월 8일.

35 박광희, 「[메아리] 실체 없는 호남홀대론」, 인터넷 『한국일보』, 2016년 4월 8일.

36 박광희, 「[메아리] 실체 없는 호남홀대론」, 인터넷 『한국일보』, 2016년 4월 8일.

37 「김홍걸, 국민의당 직격 "아버지 추억팔이 하지 마라"」, 『미디어오늘』, 2016년 3월 30일.

38 김욱, 「호남은 '표 찍는 인질'이 아니다」, 인터넷 『한겨레21』, 제1098호, 2016년 2월 5(수정11)일.

39 「김홍걸 "분열의 이름으로 DJ정신 거론마라"…국민의당에 직격탄」, 『연합뉴스』, 2016년 3월 31일.

40 노무현, 「지역구도 등 정치구조 개혁을 위한 제안: 당원동지 여러분께 드리는 글」, 《프레시안》, 2005년 7월 28일.

41 「노대통령 "선거에 걸림돌 된다면 당 비판 감당"」, 『연합뉴스』, 2006년 8월 27일.

42 「[종합] 안, 이틀째 호남 민심 '공략'…야권연대는 거부」, 『뉴시스』, 2016년 4월 3일.

43 「D-5, 재야단체가 뿔났다…"정당투표 4번 이후로"」, 『뉴시스』, 2016년 4월 8일.

## 3장

1 고종석, https://twitter.com/kohjongsok, 2016년 3월 11일에서 재인용.

2 녹색당 강령, http://www.kgreens.org/platform.

3 김욱, 「김대중·노무현 정부는 진보에 어떤 영향을 미쳤나」, 『월간 인물과 사상』(2006, 8), 70~72쪽.

4 K. 마르크스, F. 엥겔스, 김재기 편역, 「공산당 선언」, 『마르크스·엥겔스 저작선』, 거름, 1988, 83쪽.

5 K. 마르크스, F. 엥겔스, 김재기 편역, 「공산당 선언」, 『마르크스·엥겔스 저작선』, 거름, 1988, 77쪽.

6 K. 마르크스, F. 엥겔스, 김재기 편역, 「공산당 선언」, 『마르크스·엥겔스 저작선』, 거름, 1988, 77쪽.

7 K. 마르크스, F. 엥겔스, 김재기 편역, 「공산당 선언」, 『마르크스·엥겔스 저작선』, 거름, 1988, 78쪽.

8 고종석, https://twitter.com/kohjongsok, 2016년 2월 14일.

9 존 그레이, 김승진 옮김, 『동물들의 침묵』, 이후, 2014, 73쪽.

10 홍세화, 「[특별기고] 영남패권주의와 민주주의의 퇴행」, 인터넷 『한겨레』, 2016년 2월 4(수정5)일.

11 「홍세화 vs 고종석, '사회 연대' (상)」, 《프레시안》, 2004년 6월 5일.

12 「[1987년 그뒤, 20년] 민주개혁세력 어디로 ① 최장집 교수」, 인터넷 『한겨레』, 2007년 1월 21(수정2월9)일.

13 최장집, 『민주화 이후의 민주주의』, 후마니타스, 2002, 109쪽.

14 「하버드大총장 '성차별' 곤욕」, 인터넷, 『경향신문』, 2005년 1월 18일.

15 「하버드大총장 '성차별' 곤욕」, 인터넷, 『경향신문』, 2005년 1월 18일.

16 나무위키, https://namu.wiki/w/%EC%A7%84%EC%A4%91%EA%B6%8C.

17 위키백과, https://ko.wikipedia.org/wiki/%EC%A7%84%EC%A4%91%EA%B6%8C.

18 「신은미 콘서트 황산테러에 진중권 "두 종편이 조성한 극우 분위기 탓"」, 『뉴스1』, 2014년 12월 11일.

19 「진중권 "넘어선 안될 선 넘어…" 자살세 발언 5년만에 사과」, 『동아닷컴』, 2009년 6월 2일.

20 「진중권 "더민주, 승복 없다면 다시 콩가루 집안 될 것"」, 인터넷 『국민일보』, 2016년 4월 22일.

21 진중권, https://twitter.com/unheim, 2016년 2월 5일.

22 홍세화, https://twitter.com/hongshenx, 2016년 2월 6일.

23 「진중권 "헌법 위에 박근혜?…이걸 총선 슬로건으로"」, 인터넷 『국민일보』, 2016년 2월 7일; 「진중권 "국민의당 교섭단체 못 만들어 탈당파 몸값 똥(?)값됐다"」, 인터넷 『국민일보』, 2016년 2월 6일.

24 진중권, https://twitter.com/unheim, 2016년 2월 6일.

25 노무현, 「[전문] 노무현 대통령 원광대학교 명예박사 기념 특강」, 『뉴시스』, 2007년 6월 8일.

26 진중권, https://twitter.com/unheim, 2016년 2월 6일.

27 김욱, 『아주 낯선 상식』, 개마고원, 2015, 283쪽.

28 김욱, 『아주 낯선 상식』, 개마고원, 2015, 66쪽.

29 김욱, 『아주 낯선 상식』, 개마고원, 2015년, 12쪽.

30 자크 데리다, 진태원 옮김, 『마르크스의 유령들』, 그린비, 2014, 12쪽.

31 진중권, https://twitter.com/unheim, 2016년 2월 6일.

## 4장

1 「한완상 등 재야 원로 "김종인은 오만, 안철수는 불손"…야권 후보 단일화 직접 추진」, 인터넷 『경향신문』, 2016년 3월 16일.

2 「[전문] 안철수 "사방이 적뿐인 광야에 있지만 돌아갈 수 없다"」, 『뉴스1』, 2016년 3월 6일.

3 「이종걸 "야권분열, 보수정권 개헌의석 차지하는 재앙"」, 『뉴스1』, 2016년 3월 7일.

4 유시민, 「김근태 의원님, 개혁신당은 분열이 아닙니다」, 《오마이뉴스》, 2003년 5월 16일.

5 김수영, 「어느 날 고궁을 나오면서」, 『김수영 전집 1』, 민음사, 2003, 313~314쪽.

6 김욱, 「이창동의 〈박하사탕〉을 다시 읽는다」, 《오마이뉴스》, 2003년 3월 7(최종19)일.

7 「이창동 장관, 대구참사 발언 해명」, 『연합뉴스』, 2003년 3월 5일.

8 김욱, 『영화 속의 법과 이데올로기』, 인간사랑, 2002, 258쪽.

9   「김종인 "총선 후 패권주의 정당 회귀하는 상황 절대 안 와"」, 『연합뉴스』, 2016년 3월 27일.

10  「"호남 표심 창 싫어 나 찍었다"」, 인터넷 『경향신문』, 2003년 9월 24일.

11  이대근, 「[이대근 칼럼] 대체불가 한국정치」, 인터넷 『경향신문』, 2016년 3월 29일.

12  「문재인 "승리의 그릇에 민심 담아야한다" 야권연대 재촉구」, 인터넷 『국민일보』, 2016년 3월 29일.

13  조대엽, 「[정동칼럼] 문재인을 위한 변명」, 인터넷 『경향신문』, 2016년 4월 21일.

## 5장

1   에드워드 버네이스, 강미경 옮김, 『프로파간다』, 공존, 2009, 81쪽.

2   에드워드 버네이스, 강미경 옮김, 『프로파간다』, 공존, 2009, 78~79쪽.

3   권범철, 「한겨레 그림판」, 인터넷 『한겨레』, 2015년 12월 21(수정22)일.

4   정희준, 「왜 호남은 노무현을 증오하는가?」, 《프레시안》, 2016년 2월 29일.

5   정희준, 「왜 호남은 노무현을 증오하는가?」, 《프레시안》, 2016년 2월 29일.

6   국립국어원 표준국어대사전, http://stdweb2.korean.go.kr/search/List_dic.jsp.

7   국립국어원 표준국어대사전, http://stdweb2.korean.go.kr/search/List_dic.jsp.

8   카를 마르크스, 강신중 옮김, 『자본 I -1』, 길, 2008, 334쪽.

9   「[인터뷰] 천정배 "호남당이면 어떻습니까"」, 『노컷뉴스』, 2016년 4월 11일.

10  「김홍걸 "호남당이면 어떻냐는 말은 망언" 천정배 겨냥」, 『뉴시스』, 2016년 4월 12일.

11  「프리즘— 양향자 "정권교체가 광주의 길" 호소문」, 인터넷 『무등일보』, 2016년 4월 12일.

12  「민주당 이부영-노무현 부총재 「지역등권론」에 문제제기」, 『동아일보』, 1995년 5월 31일.

13  「호남을 근거로 한 제1야당 고립 작전」, 인터넷 『시사IN』, 제435호, 2016년 1월 11(승인20)일.

14  공지영, https://twitter.com/congjee, 2016년 4월 8일.

15  아돌프 히틀러, 서석연 옮김, 『나의 투쟁 상』, 범우사, 1996, 415쪽.

16  「문재인 "사랑하는 안호영과 정권교체 이루겠다"」, 『뉴스1』, 2016년 4월 12일.

17  소중한, 「'호남 개새끼론'은 틀렸다」, 《오마이뉴스》, 2016년 4월 18일.

18  아돌프 히틀러, 서석연 옮김, 『나의 투쟁 상』, 범우사, 1996, 417쪽.

19  성한용, 「[성한용 칼럼] 호남의 세속화 그 이후」, 인터넷 『한겨레』, 2016년 4월 13일.

20  소중한, 「'호남 개새끼론'은 틀렸다」, 《오마이뉴스》, 2016년 4월 18일.

## 6장

1   중앙선거관리위원회, http://info.nec.go.kr.

2   진중권, https://twitter.com/unheim, 2016년 2월 19일.

3   「[한나라당] 강재섭 대표최고위원 전남 광주 기자간담회 모두말씀」, 『연합뉴스(보도자료)』, 2006년 8월 10일.

4   김욱, 『영남민국 잔혹사』, 개마고원, 2007, 159~160쪽.

5   「[민주당] 〈논평〉 한나라당의 대호남 사과에 대해」, 『연합뉴스(보도자료)』, 2006년 8월 10일.

6   「민주당 "강 대표 사과 수준 미미하다"」, 《오마이뉴스》, 2006년 8월 10일.

7   「[전문] 더불어민주당 김종인 대표 광주선언」, 『뉴시스』, 2016년 2월 25일.

8   「'호남 재집권' 꿈 응답받을까…1997 황태연과 2015 김욱 사이」, 『CNBNEWS』, 2016년 4월 28일.

9   황태연, 『지역패권의 나라』, 무당미디어, 1997, 8쪽.

10  황태연, 『지역패권의 나라』, 무당미디어, 1997, 346쪽.

11  「[인터뷰] 박지원 "당내 분위기 하나로 모아지면 원내대표 짐을 지겠다"」, 인터넷 『PBC뉴스』, 2016년 4월 26일.

12  전우용, https://twitter.com/histopian, 2016년 4월 26일.

13  전우용, https://twitter.com/histopian, 2016년 4월 26일.

14  황태연, 『지역패권의 나라』, 무당미디어, 1997, 349~353쪽.

15  「[정면인터뷰] 김홍걸 "박지원, 호남 유권자 호주머니 들어왔다는 오만한 태도"」, 인터넷 『YTN RADIO』, 2016년 4월 5일.

16  「[21세기 왜 이순신인가] 문화계, 충무공에 푹 빠졌다」, 인터넷 『세계일보』, 2004년 7월 29일.

17  「본보 문화부 기자들, 김훈을 만나다」, 인터넷 『한국일보』, 2004년 12월 29일.

18  「본보 문화부 기자들, 김훈을 만나다」, 인터넷 『한국일보』, 2004년 12월 29일.

19  「"더 이상 기사를 쓸 자신이 없다"」, 『미디어오늘』, 2003년 9월 22일.

20  「[정동초대석] 소설가 김훈 "소설을 정치적으로 읽는 건 위험"」, 인터넷 『뉴스메이커』, 제727호, 2007년 6월 5일.

21  김훈, 「책머리에」, 『칼의 노래』, 생각의 나무, 2010(특별한정판).

22  「[쾌도난담] 위악인가 진심인가」, 인터넷 『한겨레21』, 제327호, 2000년 9월 27일.

23  「[클릭! 현장21] '쾌도난담' 파문 김훈씨 전격 사표」, 『동아닷컴』, 2000년 10월 9일.

24  「한산대첩 무대서 '칼의 노래'를 논하다」, 『연합뉴스』, 2007년 7월 1일.

25  「본보 문화부 기자들, 김훈을 만나다」, 인터넷 『한국일보』, 2004년 12월 29일.

26  「환락가 한가운데서 그 시절 치부를 읽는다」, 인터넷 『한겨레』, 2012년 6월 29일.

27  「본보 문화부 기자들, 김훈을 만나다」, 인터넷 『한국일보』, 2004년 12월 29일.

28  김훈, 「책머리에」, 『칼의 노래』, 생각의 나무, 2010(특별한정판).

29  김우진(김욱), 『누가 이순신을 쏘았는가』, 청어람, 2012, 12쪽.

30  김훈, 『칼의 노래』, 생각의 나무, 2010(특별한정판), 78~79쪽.

31  김훈, 『칼의 노래』, 생각의 나무, 2010(특별한정판), 32쪽.

32  「[쾌도난담] 위악인가 진심인가」, 인터넷 『한겨레21』, 제327호, 2000년 9월 27일.

## 7장

1 「"'권노갑-IJ 대권동맹' 살아 있지만 이인제, 민주당 후보 정통성 없다"」, 《오마이뉴스》, 2002년 2월 20일.

2 노무현, 「지역구도 등 정치구조 개혁을 위한 제안: 당원동지 여러분께 드리는 글」, 《프레시안》, 2005년 7월 28일.

3 이에 관한 자세한 경과설명은 김욱, 『정치는 역사를 이길 수 없다』, 개마고원, 2013, 120쪽 참조.

4 「노대통령 "선거에 걸림돌 된다면 당 비판 감당"」, 『연합뉴스』, 2006년 8월 27일.

5 「더 이상 인질로 살기 싫다」, 인터넷 『시사IN』, 제435호, 2016년 1월 11(승인20)일.

6 「노대통령 "권력 통째 내놓는 것도 검토"」, 인터넷 『한겨레』, 2005년 8월 26일.

7 김제완, 「문재인은 충장로에서 무릎을 꿇어라! 억울하더라도…」, 《프레시안》, 2016년 3월 9일.

8 김제완, 「문재인은 충장로에서 무릎을 꿇어라! 억울하더라도…」, 《프레시안》, 2016년 3월 9일.

9 김제완, 「문재인은 충장로에서 무릎을 꿇어라! 억울하더라도…」, 《프레시안》, 2016년 3월 9일.

10 성한용, 「[성한용 칼럼] 호남의 세속화 그 이후」, 인터넷 『한겨레』, 2016년 4월 13일.

11 김보협, 「[편집국에서] 대선 내다보며 총선 읽기」, 인터넷 『한겨레』, 2016년, 4월 17일.

12 「광주·전남비상시국회의 "국민의당 안철수 대표 국민과 역사 앞에 사과하고 정계 은퇴해야"」, 인터넷 『광주일등뉴스』, 2016년 4월 11일.

13 조국, 「2017년, 야권 판 키워 이깁시다!」, 《프레시안》, 2016년 4월 25일.

14 「진중권 "권노갑, 차기 대선후보 안철수 아닌 정동영?"」, 인터넷 『국민일보』, 2016년 4월 12일.

15 강준만, 「'호남의 보수성' 논쟁」, 『인물과 사상 23』(2002, 7), 171쪽.

16 김욱, 「지역과 계층, 이중모순을 인정하자」, 『인물과 사상 28』(2003, 10), 147쪽.

17 강준만, 「'호남의 보수성' 논쟁」, 『인물과 사상 23』(2002, 7), 171쪽.

18 김욱, 「지역과 계층, 이중모순을 인정하자」, 『인물과 사상 28』(2003, 10), 146쪽.

19 강준만, 『지방 식민지 독립선언』, 개마고원, 2015, 81~85쪽.

20 김욱, 『아주 낯선 상식』, 개마고원, 2015, 61쪽.

21 고종석, https://twitter.com/kohjongsok, 2016년 3월 9일.

22 김보협, 「정치의 종교화, 알고나 말하라지만」, 인터넷 『한겨레』, 2016년 3월 3일.

23 「천정배 "새정치와 총선경쟁할 '뉴DJ' 광주에 100명도 넘어」, 『뉴스1』, 2015년 5월 15일.

24 김욱, 「노무현, 2002년의 꿈과 2006년의 현실」, 『월간 인물과 사상』(2007, 1), 67쪽.

25 「"고건 전 총리 민주당 합류, 언제든지 환영"」, 『미디어다음』, 2006년 9월 12일.

26 「"참여정부 과오 사과"…호남에 고개숙인 문재인」, 《오마이뉴스》, 2012년 9월 27(최종28)일.

27 「[전문] 더불어민주당 김종인 대표 광주선언」, 『뉴시스』, 2016년 2월 25일.

28 「중국이 미국보다 조금 더 리니언트한 제국 되지 않을까」, 인터넷 『한겨레』, 2016년 4월 22일.

29 장정일, 「민주주의 앞에 붙여야 할 형용사」, 인터넷 『시사IN』, 제444호, 2016년 3월 12(승인25)일.

30  윤중대, 「호남이 더민주를 버리자, 영남 일베는…」, 《프레시안》, 2016년 5월 11일.

31  K. Marx and F. Engels, Ireland and the Irish Question; 로날도 뭉크, 이원태 옮김, 『사회주의 혁명과 민족주의』, 민·글, 1993, 38쪽에서 재인용.

32  황태연, 『지역패권의 나라』, 무당미디어, 1997, 358쪽.

33  「문재인 "호남이 지지 거두면 정계 은퇴하고 대선불출마"」, 인터넷 『한겨레』, 2016년 4월 8일.

34  「천정배, "문재인 호남차별 해소 의지 없어"」, 인터넷 『아시아 경제』, 2016년 4월 12일.

35  조국, 「호남 민심이 새정치연합에 요구하는 것 세 가지」, 인터넷 『한겨레』, 2015년 5월 13(수정19)일.

36  〈노유진의 정치카페〉(87편 2부), https://www.youtube.com/watch?v=VvQsftKyEMl&feature=youtu.be, 2016년 2월 1일.

## 에필로그

1  미겔 데 세르반테스 사아베드라, 안영옥 옮김, 『돈키호테2』, 열린책들, 2014, 880쪽.